FRANCOPHONIES
D'AMÉRIQUE

FRANCOPHONIES
D'AMÉRIQUE

1992   Numéro 2

Les Presses de l'Université d'Ottawa

FRANCOPHONIES
D'AMÉRIQUE

1992   Numéro 2

Directeur :
JULES TESSIER
Université d'Ottawa

Conseil d'administration :
GEORGES BÉLANGER
Université Laurentienne, Sudbury

PAUL DUBÉ
Université de l'Alberta, Edmonton

RAYMOND HUEL
Université de Lethbridge

RONALD LABELLE
Université de Moncton

Comité de lecture :
GEORGES BÉLANGER
Université Laurentienne, Sudbury

ARMAND CHARTIER
Université du Rhode Island, Kingston

PAUL DUBÉ
Université de l'Alberta, Edmonton

RAYMOND HUEL
Université de Lethbridge

PIERRE PAUL KARCH
Université York, Toronto

RONALD LABELLE
Université de Moncton

Secrétaire de rédaction :
JEAN-MARC BARRETTE

Préposée aux publications :
LORRAINE ALBERT

Cette revue est publiée grâce à la contribution financière des universités suivantes :

L'UNIVERSITÉ D'OTTAWA,
L'UNIVERSITÉ LAURENTIENNE DE SUDBURY,
L'UNIVERSITÉ DE MONCTON,
L'UNIVERSITÉ DE L'ALBERTA – LA FACULTÉ SAINT-JEAN
L'UNIVERSITÉ DE LETHBRIDGE

Ce numéro a bénéficié d'une subvention provenant du Secrétariat des affaires intergouvernementales canadiennes (SAIC) du gouvernement du Québec.

Pour tout renseignement concernant l'abonnement veuillez consulter la page 253, en fin d'ouvrage.

 UNIVERSITÉ D'OTTAWA
UNIVERSITY OF OTTAWA

Imprimé au Canada

TABLE DES MATIÈRES

L'OUEST CANADIEN

LES ÉTATS-UNIS

GÉNÉRAL

PUBLICATIONS RÉCENTES ET THÈSES SOUTENUES

CALENDRIER DES ÉVÉNEMENTS UNIVERSITAIRES

FRANCOPHONIES
D'AMÉRIQUE

UNE OPÉRATION DE MAILLAGE POUR RENFORCER LES LIENS
ENTRE LES ISOLATS DE LANGUE FRANÇAISE

Une revue qui en est à ses débuts suscite toujours un quelconque scepticisme auprès de certains lecteurs chagrins qui se demandent si ça va durer. Ceux-là n'auront qu'à parcourir ce deuxième numéro de *Francophonies d'Amérique* pour constater que la qualité s'est maintenue et qu'une fois de plus, nous avons atteint notre objectif d'offrir une vue d'ensemble sur la recherche et sur les publications émanant des isolats francophones nord-américains. Qui plus est, en dépit de conditions adverses, ces collectivités font montre d'une exceptionnelle vitalité ainsi qu'en témoignent la liste impressionnante des publications récentes et les nombreux articles reproduits dans nos pages.

À ce chapitre, il faut souligner une concordance de faits sans précédent : au cours des trois dernières années, l'Acadie, l'Ontario et l'Ouest canadien ont été dotés, chacun, d'une anthologie de poésie, alors que les « Francos » de la Nouvelle-Angleterre, « les plus oubliés », selon l'expression de Paul Sérant (*Les Enfants de Jacques Cartier*, 1991, p. 263), se sont enrichis de trois ouvrages de qualité portant sur leur histoire. Pareil événement méritait d'être souligné et ces six publications exceptionnelles sont toutes recensées dans le présent numéro.

Ces parutions récentes sont venues compléter d'autres ouvrages de référence aussi utiles que précieux, dont voici quelques titres publiés depuis une dizaine d'années et limités aux seules anthologies et histoires littéraires : l'*Anthologie de textes littéraires acadiens 1606-1975* de Marguerite Maillet, Gérard LeBlanc et Bernard Émont (Éditions d'Acadie, 1979), les *Portraits d'écrivains - Dictionnaire des écrivains acadiens* de Melvin Gallant et Ginette Gould (Éditions d'Acadie, 1982), et l'*Histoire de la littérature acadienne* de Marguerite Maillet (Éditions d'Acadie, 1983); le *Répertoire littéraire de l'Ouest canadien* d'Annette Saint-Pierre (Éditions du Cefco, 1984); la très considérable *Anthologie de la littérature franco-américaine de la Nouvelle-Angleterre* publiée par Richard Santerre (National Material Development Center, 1980-1981, 9 vol.), collection à laquelle il faut ajouter une autre

anthologie comprenant quelques textes qu'on ne retrouve pas dans la
précédente, *Les Francos de la Nouvelle-Angleterre* de François Roche
(LARC & LCC, 1981), et, plus près de nous, les *Textes de l'exode* de Maurice
Poteet dont la dernière partie est consacrée à la littérature (Guérin, 1987);
l'anthologie intitulée *Littérature française de la Louisiane* (National
Material Development Center, 1981) et deux petites anthologies de poésie
contemporaine engagée et d'une valeur certaine, soit *Cris sur le bayou*
(Intermède, 1980) ainsi que *Acadie tropicale* (Univ. Southwestern, 1983), et
finalement les deux forts volumes de Réginald Hamel sur *La Louisiane créole
littéraire, politique et sociale* (Leméac, 1984). L'histoire de la littérature franco-
ontarienne verra bientôt le jour grâce à l'infatigable René Dionne et un
monumental « Dictionnaire des écrits de l'Ontario français » (DÉOF) est en
cours de préparation sous la direction de Jean-Pierre Pichette et de Gaétan
Gervais.

Cette liste, sans doute incomplète, donne néanmoins un bon aperçu des
outils qui sont à la disposition de quiconque veut parfaire ses connaissances et préparer un cours sur ces littératures, sans compter les multiples
études de toutes natures dans des domaines non littéraires, en histoire, en
sociologie et en linguistique, par exemple. Par ailleurs, plusieurs titres
épuisés sont devenus disponibles grâce à des rééditions, celles des Plaines
notamment (Saint-Boniface), ou à la suite d'initiatives prises par des institutions comme la Chaire d'études acadiennes (Moncton), ce qui permet de
mettre au programme des oeuvres complètes et non uniquement des
« morceaux choisis ».

En sus des cours traditionnellement offerts sur la littérature de la France,
et plus récemment du Québec, puis de sa propre région, on a maintenant
tous les moyens d'ouvrir ses perspectives à l'échelle d'un continent, à la
grandeur de l'Amérique française. Ainsi, le Département des lettres
françaises de l'Université d'Ottawa, en 1985, a ajouté à sa liste de cours sur
les littératures française, québécoise et ontaroise un cours à trois volets intitulé « Autres expressions littéraires en Amérique du Nord ». Ce demi-cours
de trois crédits est consacré, successivement, aux littératures de l'Acadie,
de l'Ouest canadien et des États-Unis (Nouvelle-Angleterre et Louisiane).
En somme, une fois le cycle terminé, c'est quarante-cinq heures d'enseignement magistral qui ont été allouées à chacune de ces littératures, pour un
total de cent trente-cinq heures.

La population étudiante réagit toujours très favorablement à cet heureux
dépaysement teinté d'exotisme, où le traditionnel fait bon ménage avec le
moderne et l'expérimental. La Sagouine et Pélagie ont eu une influence
occultante et c'est une révélation que de découvrir, derrière ces matriarches,
une galerie d'écrivains acadiens doués pour le récit, à l'écriture
parfois assaisonnée de régionalismes mais résolument contemporaine.
L'Ouest canadien offre deux traditions : la française, symbolisée par

Constantin-Weyer et Georges Bugnet, et la canadienne qui permet un choix des plus variés dans tous les genres. En Franco-Américanie, il faut commencer par *Jeanne la fileuse* d'Honoré Beaugrand et faire lire *Les Enfances de Fanny* de Louis Dantin, un roman qui a remarquablement bien subi l'épreuve du temps puisqu'il remporte un vif succès auprès des jeunes. Ces derniers apprécieront une expédition à La Nouvelle-Orléans où on leur montrera, au passage, une littérature créole blanche inspirée par les modèles français des XVIIIe et XIXe siècles, dans le domaine du théâtre surtout, pour ensuite remonter le Mississipi jusqu'aux bayous, riches d'une tradition orale ininterrompue et d'une poésie contemporaine gouailleuse, contestataire même. L'Ontario offre le même contraste : des textes de facture ancienne dont les premiers datent du Régime français, tels les récits du frère Sagard ou de Champlain, et une production actuelle où non seulement la thématique, mais aussi l'écriture reflètent un contexte sociolinguistique particulier.

Il faut profiter de la conjoncture favorable pour créer ce genre de cours dès maintenant. En effet, les centres de recherche et les colloques sur les littératures régionales sont devenus des activités « branchées » dans les milieux universitaires européens notamment. Aux États-Unis, les « études canadiennes sont en plein essor » et environ 700 professeurs, répartis dans quarante-sept états, dispensent à quelque 23 000 étudiants des cours touchant « des domaines aussi diversifiés que la politique canadienne, l'histoire du Canada, la littérature québécoise ou la structure commerciale canadienne ». (*La Presse*, jeudi 21 novembre 1991, p. D 18) Vivement, qu'on inclue dans ces programmes des cours sur « les autres littératures d'expression française en Amérique du Nord » !

L'instauration de ces cours, non seulement aux États-Unis mais aussi au Canada, produirait un effet de maillage extraordinaire, à la façon d'une armature confortable pour tous les créateurs, chercheurs et éditeurs qui fonctionnent en français dans des milieux parfois hostiles, toujours insidieusement minés par l'acculturation. Nous avons, à portée de la main, un gigantesque marché intérieur à peine entamé et il n'en tient qu'à nous de l'occuper. On a peine à imaginer les retombées d'une telle opération en termes de chiffre d'affaires pour nos valeureuses maisons d'édition, sans compter un vigoureux stimulant pour les écrivains, ainsi reconnus à l'extérieur de leur Landerneau littéraire, et un catalyseur à nul autre pareil pour les études comparatives.

C'est dans cette perspective que nous avons provoqué un véritable chassé-croisé dans nos comptes rendus, de façon à exporter la production régionale et à lui faire prendre le large... Les trois ouvrages consacrés à l'histoire de la Franco-Américanie ont été recensés en Ontario et en retour, deux recueils de poèmes ontarois ont été dirigés sur l'État de New York, à Albany, et une pièce de théâtre publiée dans le Nord de l'Ontario a pris la route de l'Acadie tropicale, à Bâton-Rouge. Il y a eu échange d'anthologies entre l'Acadie et l'Ouest, chacun évaluant celle de l'autre. L'anthologie de poésie franco-ontarienne, quant à elle, a été expédiée à Moncton, et, en contrepartie, un essai en provenance des Maritimes a été acheminé sur Toronto, alors qu'Ottawa héritait d'un roman de l'Ouest canadien et d'un recueil de poésie acadienne. Ce faisant, nous avons voulu réaliser, à une petite échelle, le genre de maillage évoqué plus haut, afin que les publications de chaque région accèdent plus sûrement à une reconnaissance continentale, opération dans laquelle tous trouvent leur profit : les éditeurs en élargissant leur marché, les écrivains, leur audience, et les critiques, leurs horizons.

Jules Tessier, directeur
Francophonies d'Amérique

PHILIAS-FRÉDÉRIC BOURGEOIS : PRÉCURSEUR DE L'ETHNOLOGIE ACADIENNE

Ronald Labelle
Université de Moncton

Parmi les grands nationalistes acadiens de la fin du XIXe siècle et début du XXe siècle, Philias Bourgeois fut un des plus remarquables et aussi un des plus controversés. Avant de parler de ses écrits ayant rapport à l'ethnologie, il convient de donner quelques éléments biographiques qui aideront à comprendre sa vision de la culture acadienne.

Bourgeois est né à Memramcook, Nouveau-Brunswick, en 1855 et c'est là qu'il a passé toute sa jeunesse, à part deux ans de noviciat chez les Pères Sainte-Croix à Montréal. Il est toujours demeuré attaché à son coin de pays, malgré ses nombreux déplacements.

Il y a vraiment deux côtés à ce personnage. Dans ses écrits, il apparaît comme un homme guidé par une foi inébranlable, croyant en la mission de l'Église de mener le peuple acadien selon des principes stricts et sains. D'un autre côté, dans sa vie personnelle il était très instable. D'un tempérament querelleur, il était souvent en conflit avec ses supérieurs et il aurait apparemment connu un problème d'alcool qui rendait difficile l'accomplissement de ses fonctions en tant que prêtre[1]. À partir de son ordination, à l'âge de 24 ans, en 1879, jusqu'à sa mort prématurée en 1913, il se déplaça une quinzaine de fois, commençant sa vocation comme Père Sainte-Croix à Memramcook, pour ensuite être prêtre séculier en Nouvelle-Angleterre et en Nouvelle-Écosse; se retrouvant par après chez les Pères Eudistes à la Pointe-de-l'Église (N.-É.), pour retourner finalement chez les Pères Sainte-Croix. S'il y a une constante au cours de sa vie, c'est son attachement à Memramcook, où il est revenu demeurer à cinq reprises et où il a choisi de passer ses derniers jours.

Philias Bourgeois a été un écrivain prolifique, qui ne manquait pas d'occasions d'exprimer ses idées sur des sujets entourant la question de la survivance acadienne et le rôle de l'Église. Sa carrière d'écrivain s'étend de 1892 à 1912. C'est à la suite de l'encouragement obtenu lors d'une visite auprès de l'historien Rameau de Saint-Père à Paris en 1891 qu'il s'est lancé dans cette carrière[2]. Il a rédigé trois livres d'histoire du Canada, une histoire du Nouveau-Brunswick, un livre intitulé *Les Anciens Missionnaires de l'Acadie devant l'histoire*, et deux livres sur lesquels nous reviendrons, *La Vie de l'abbé François-Xavier Lafrance* et *L'École aux apparitions mystérieuses*. Il a aussi publié plusieurs brochures et rédigé au delà d'une centaine d'articles pour les journaux acadiens, *Le Moniteur Acadien* et *L'Évangéline*[3].

Tout au long de sa vie active, il a été impliqué dans de nombreuses polémiques. En 1895, après avoir retiré sa collaboration au *Moniteur Acadien*, journal à tendance politique conservatrice, il devint rédacteur de *L'Évangéline*, sous la condition expresse de l'anonymat[4]. Il accordait alors son appui au Parti libéral de Wilfrid Laurier, mais tentait d'éviter de se compromettre en se servant du pseudonyme « Viator » pour signer ses articles.

Dans ses écrits sur l'histoire, Bourgeois présente les Acadiens comme étant fervents et dévoués à leurs prêtres, qui les guidaient sagement. À l'époque où il écrivait, il dénonçait l'émigration vers les États-Unis et insistait sur la promotion de l'agriculture, sur l'attachement aux moeurs des ancêtres, sur le besoin de développer l'éducation sous l'autorité de l'Église et sur son rêve d'un rapprochement étroit avec les Canadiens français du Québec. Il prônait une union de tous les francophones du Canada, où tous partageraient la même foi, les mêmes symboles et une même fête nationale, la Saint-Jean-Baptiste[5]. Sa vision d'un Canada français uni sous la domination du Québec lui a valu bien des reproches de la part de l'élite acadienne. Mais ce qui nous intéresse ici, c'est plutôt sa vision de la culture traditionnelle du peuple acadien.

Philias Bourgeois présentait les anciens Acadiens comme un modèle de vertu et d'humilité. Il était plein d'éloges pour leur simplicité et leur fidélité à l'Église. Il voyait un rapport étroit entre les usages et coutumes des Acadiens et les Saintes Écritures[6]. C'est pourquoi était désireux de faire connaître les éléments de leur culture traditionnelle. Les écrits qui nous restent concernant le folklore acadien ne sont pas nombreux, mais ils occupent une place importante dans l'oeuvre de Bourgeois à cause de leur souci du détail. Il y a, dans le volume intitulé *La Vie de l'abbé François-Xavier Lafrance*, un chapitre sur les moeurs et coutumes acadiennes, dont la matière se retrouve aussi dans une série d'articles publiés entre septembre 1897 et février 1898 dans le journal *L'Évangéline*. Il s'agit de la première partie d'un texte préparé pour une conférence au Collège Saint-Joseph en 1896. La seconde partie, qui n'a pas été publiée, est maintenant disparue[7].

Bien des nationalistes acadiens ont louangé les qualités des ancêtres, mais en s'en tenant le plus souvent à des généralités. Leur image idéalisée du passé trahissait dans bien des cas un manque de connaissance du sujet. Bourgeois, qui était issu d'une famille modeste, était bien placé pour décrire la vie rurale. Son chapitre sur les moeurs et coutumes nous présente une description brève mais très précise des habitudes alimentaires, des éléments du costume, des maisons, de l'hygiène, des techniques agricoles, de la sociabilité, des transports et du langage populaire des anciens Acadiens. Bourgeois défend ainsi le fait que l'ensemble de son texte constitue une généralisation sur le passé :

> Mais les grandes lignes d'un portrait qui représente un groupe local, on les reconnaît très facilement dans la physionomie des autres Acadiens des provinces maritimes, d'où le lecteur peut conclure que les moeurs et coutumes des Acadiens, nos pères, d'où qu'ils soient, se ressemblent dans tous les points essentiels qui constituent le fond d'un tableau ethnologique[8].

Au sujet de la littérature orale, Bourgeois s'en tient en général à quelques brèves remarques, mais il ajoute aussi quelques anecdotes sur « Gros Jean » Doiron, un homme fort légendaire du début du XIXe siècle. Ailleurs dans ce même livre, on trouve des notes au sujet d'un personnage original nommé Moïse Cartel, dont la maison se trouvait sur l'emplacement de l'actuel Monument Lefebvre à Saint-Joseph, Nouveau-Brunswick.

L'importance accordée à la culture populaire par Philias Bourgeois s'explique à la lumière de son idéologie conservatrice, et sa vision du passé subit, bien sûr, l'influence de cette idéologie. Mais ce qui rend valables ses descriptions du passé est l'exactitude des détails. L'introduction à son chapitre sur les moeurs et coutumes se lit ainsi :

> Nous nous permettons de décrire dans ce chapitre les moeurs et coutumes de nos pères telles qu'un observateur les aurait saisies sur le vif, au sud de notre province, il y a cinquante ans. Puisqu'un seul chapitre y est consacré, ce sera nécessairement une étude très abrégée, un simple aperçu des usages d'une autre époque. C'est une peinture éthnologique [*sic*] qui aura toutefois son importance avant longtemps, car nos moeurs, nos usages, nos travaux même changent d'une manière notable depuis un quart de siècle, et ils ne laisseront pas de se modifier, d'évoluer au point que, dans vingt ans, il sera curieux pour les Acadiens nés dans le vingtième siècle de lire ce que furent les coutumes de leurs aïeux au milieu du dix-neuvième.
>
> On nous dit souvent : Hâtez-vous de reconstituer le mieux possible dans vos écrits la vie humble mais pleine de charmes des paysans acadiens d'autrefois. Nous ne pouvons ici qu'effleurer le sujet, mais nous lirons toujours avec plaisir les écrits où des observateurs compétents feront revivre les récits de nos pères, recueilleront le vrai *folklore* acadien, décriront, par le menu, les usages et modes d'actions des générations disparues, et raconteront ces légendes du temps passé qui ont bercé notre enfance et que nos mères, le soir, à la lumière de la grande cheminée ou de la chandelle de suif, nous racontaient sérieusement afin de nous faire tenir bien sages[9].

Il est malheureux que l'état de santé et les multiples préoccupations de Philias Bourgeois ne lui aient pas permis d'écrire davantage sur le folklore acadien, mais il y a un autre aspect de son oeuvre qui est intéressant pour les études acadiennes. C'est que Bourgeois avait beaucoup d'admiration pour la foi simple des paysans et prenait au sérieux les récits d'expériences surnaturelles chez le peuple. Il était inquiet par la montée du rationalisme au XIXe siècle, et mettait en garde les catholiques contre l'abandon du merveilleux. Il s'est donc penché sur les témoignages de phénomènes mystérieux chez les Acadiens, en y cherchant des éléments d'un merveilleux qu'il considérait fondamental dans le christianisme.

Son livre sur la vie de l'abbé François-Xavier Lafrance contient en appendice deux pages de notes au sujet de voix mystérieuses qui se faisaient entendre à l'Île Saint-Jean (Île-du-Prince-Édouard) vers le début du XIXe siècle. Il y présente des témoignages qui décrivent les circonstances où on avait entendu des voix qui sanglotaient ou qui entonnaient des chants religieux dans des églises de l'Île. Sans se prononcer sur la véracité des témoignages, Bourgeois termine avec l'observation suivante : « J'ai pitié d'un homme qui me dit qu'il ne veut pas croire un fait parce qu'il est trop extraordinaire, ou parce qu'il ne le peut expliquer[10]. »

Les faits cités dans ses notes sur les voix mystérieuses proviennent pour la plupart de prêtres ou de personnes instruites, mais Bourgeois s'est aussi intéressé à un phénomène dont les témoins étaient de simples enfants de paysans. Il s'agit des apparitions de Scoudouc, qui se sont déroulées entre 1893 et 1896. Indépendamment des autorités religieuses, Bourgeois a décidé de mener lui-même une enquête sur ces apparitions en 1896, et il a abordé cette question avec la rigueur d'esprit qui lui était typique. Son rapport d'enquête a été publié chez Beauchemin sous la forme d'un petit livre portant le titre *L'École aux apparitions mystérieuses*. Le fait que Bourgeois n'avait pas été mandaté par l'Église pour faire cette étude lui a valu les reproches du *Moniteur Acadien*, qui publia un article au sujet d'une décision de Rome concernant des supposées apparitions en Europe[11]. Bien que le jugement de Rome n'eût aucun rapport avec les apparitions de Scoudouc, la réputation de Bourgeois en a souffert. Son livre a été interdit dans au moins trois paroisses acadiennes, sous prétexte que Bourgeois commentait un sujet sur lequel l'Église ne s'était pas encore prononcée.

Pourtant Bourgeois n'a pas écrit son livre dans le but de convaincre la population du bien-fondé des apparitions. Vu son goût du merveilleux et son admiration pour la foi paysanne, il aurait pu publier uniquement les témoignages qui incitaient les lecteurs à croire aux apparitions. Mais il a plutôt choisi de se placer en observateur neutre et de présenter les faits tels qu'il les a recueillis. Dans son avant-propos, Bourgeois écrit qu'il ne voulait pas encourager la superstition mais qu'en traitant le sujet, il ne voulait pas non plus poser en rationaliste, ce qui serait l'excès contraire[12]. Il en résulte un livre unique qui nous fournit un portrait ethnologique de la mentalité religieuse dans un village acadien de la fin du XIXe siècle.

L'étude de Bourgeois a malheureusement un défaut majeur. C'est qu'il corrige le langage de ses informateurs pour le transcrire dans un français peu représentatif du parler acadien. Au sujet des informateurs, il écrit : « Ils sont responsables de leurs déclarations, que nous publions sans aucune transmutation, hormis l'expression et le langage populaire que nous avons corrigés pour l'intelligence de tous les lecteurs[13]. »

Bourgeois admirait pourtant le parler populaire des Acadiens. Peut-être cherchait-il à éviter les critiques qui lui seraient sûrement venues de la part du *Moniteur Acadien* et d'ailleurs, s'il avait osé reproduire tels quels les témoignages recueillis. Il en résulte un texte où tous les témoignages ont été modifiés par l'auteur et où certaines nuances ont sans doute été perdues.

L'étude commence par une description du village de Scoudouc, qui comptait 120 familles à la fin du XIXe siècle et qui n'était encore qu'une desserte de la paroisse de Shédiac. Il n'y avait donc pas de curé résidant à Scoudouc, fait significatif, car l'auteur mentionne que chaque fois qu'on avait fait venir le curé de Shédiac, les manifestations surnaturelles avaient cessé.

Les personnes interrogées par Bourgeois étaient surtout des jeunes filles âgées de 10 à 14 ans, qui étaient les principales voyantes des apparitions. Il a aussi interrogé l'institutrice qui enseignait à Scoudouc lors du début des apparitions, ainsi qu'une mère de famille, quelques garçons et deux vieillards des alentours. Sa technique d'enquête était intéressante. Il a d'abord questionné chaque personne individuellement et est retourné cinq semaines plus tard pour leur poser encore les mêmes questions. Bourgeois écrit que les descriptions fournies par ses informateurs étaient à peu près pareilles lors des deux enquêtes.

Les apparitions les plus courantes étaient celles d'une dame voilée, habillée en blanc avec une ceinture bleue autour de la taille et aussi d'un enfant aux longs cheveux blonds. Mais il y a des informateurs qui disaient avoir vu un vieillard avec une longue barbe grise, un crucifix avec un Christ doré, des prêtres et même des anges. Il est intéressant de noter que les informateurs parlaient toujours de « la dame » et « l'enfant » et non de la Sainte Vierge et Jésus.

Tout cela avait commencé le 19 septembre 1893, alors que trois jeunes filles assises au seuil de la porte de l'école avaient cru entendre du bruit à l'intérieur. En regardant par la fenêtre, deux des trois ont cru voir une dame en blanc, avec les mains jointes et les yeux levés vers le ciel. À partir de ce moment, les apparitions n'ont pas cessé et l'institutrice, qui ne voyait rien mais qui était troublée par le comportement étrange des enfants, quitta l'école après quelques mois. Bourgeois écrit que cette dernière n'avait pas une opinion fixe au sujet des apparitions. Il ne mentionne cependant pas ce qu'en pensaient les institutrices qui ont pris la relève à partir de janvier 1894.

Quoique l'on pourrait facilement être tenté d'attribuer tout le phénomène à l'imagination des enfants, le témoignage le plus coloré est celui d'une femme âgée de 53 ans. Voici un exemple de ses visions : « Le premier dimanche du mois qui a suivi cette dernière apparition, je suis retournée à l'école et j'ai aperçu une procession dans laquelle il y avait une trentaine de personnages en marche. J'ai vu aussi une « dame » vêtue de blanc et portant, sur sa tête, une couronne couverte de diamants d'un vif éclat[14]. »

Loin de se limiter aux impressions de quelques enfants, les apparitions de Scoudouc sont un phénomène collectif qui nous révèle la mentalité religieuse en milieu rural acadien à la fin du XIXe siècle. Malgré la bizarrerie des faits rapportés, Bourgeois encourage ses lecteurs à les prendre au sérieux, sans toutefois se prononcer de façon catégorique sur leur véracité : « ... quand un peuple aime mieux nier les faits de ce genre, ou préfère les attribuer à l'illusion que de se donner la peine de les examiner sérieusement, c'est signe que le sens des choses surnaturelles s'affaiblit, c'est une indication que la foi, chez ce peuple, n'est plus vive comme autrefois[15]. »

Dans la conclusion de son ouvrage, Philias Bourgeois évoque la possibilité que la Sainte Vierge essayait vraiment d'envoyer un message au peuple acadien, et c'est là qu'on voit le lien entre sa conception des valeurs traditionnelles des Acadiens et le phénomène des apparitions :

> Qui sait si elle [Marie] ne vient pas nous supplier de rentrer dans le bon chemin, afin de préserver notre foi intacte, nos familles et nos foyers intacts, de garder dans leur intégrité l'honnêteté et ces autres vertus qui furent celles de nos pères. [...] nous ne serions pas surpris de la voir intervenir [...] quand s'affaiblissent de plus en plus, ces moeurs honnêtes, pieuses et austères[16].

Afin de renforcer son message qu'il fallait continuer dans la voie des ancêtres, Bourgeois aurait eu tout avantage à insister sur la véracité des apparitions. Mais il s'est contenté plutôt de présenter à ses lecteurs les faits, tels qu'il les a reçus de ses informateurs. Dans la présentation de son chapitre sur les moeurs et coutumes acadiennes dans *La Vie de l'abbé François-Xavier Lafrance*, Philias Bourgeois avait écrit qu'il composait une « peinture ethnologique ». Il aurait pu en dire autant dans le cas de *L'École aux apparitions mystérieuses*. Ce dernier ouvrage a ceci d'unique qu'il s'agit non d'un texte composé de généralités, mais plutôt de la présentation d'une série de faits relevés à un moment précis dans un village du sud-est du Nouveau-Brunswick. L'enquête de Philias Bourgeois dans le village de Scoudouc, à l'été de 1896, est sans doute la première enquête ethnographique a avoir été complétée en Acadie et l'ouvrage qui en a résulté mérite donc d'être reconnu comme la première étude ethnologique acadienne.

NOTES

1. Sylvie Houle-Rhéaume, c.s.u., «Idéologie du Père Philias-Frédéric Bourgeois, c.s.c.», dans *Cahiers de la Société historique acadienne*, vol. 11, n° 4, 1980, p. 342 et 343.

2. Ronnie LeBlanc, «Philias Bourgeois, historien acadien», dans *Cahiers de la Société historique acadienne*, 42 (vol. 5, n° 2), 1974, p. 58 et 59.

3. Mère Saint-Marc Bédard, c.s.u., *Bio-bibliographie du Révérend Père Philias F. Bourgeois, c.s.c.*, St-Léonard (N.-B.), 1964, p. 45 à 69.

4. Mère Saint-Marc Bédard, c.s.u., «Biographie du R.P. Philias F. Bourgeois, c.s.c.», dans *Cahiers de la Société historique acadienne*, 10, 1966, p. 14.

5. Sylvie Houle-Rhéaume, *op. cit.*, p. 357 et 358.

6. *Ibid.*, p. 352.

7. Mère Saint-Marc Bédard, c.s.u., *Bio-bibliographie* [...], *op. cit.*, p. 66 et 67.

8. *Ibid.*, p. 82.

9. *Ibid.*, p. 170.

10. Ronnie LeBlanc, *op. cit.*, p. 60.

11. Philias-Frédéric Bourgeois, *L'École aux apparitions mystérieuses*, Montréal, Beauchemin, 1896, p. 7.

12. Philias-Frédéric Bourgeois, *L'École aux apparitions mystérieuses*, Montréal, Beauchemin, 1896, p. 7.

13. *Ibid.*, p. 18.

14. *Ibid.*, p. 44.

15. *Ibid.*, p. 67.

16. *Ibid.*, p. 81.

LE JOURNAL *L'ÉVANGÉLINE*
ET LES AVATARS DU MODÈLE HÉROÏQUE ACADIEN

James de Finney
Université de Moncton

Dans l'Acadie renaissante des années 1860-1880, les tribunes des Conventions nationales, les chaires d'églises et les journaux résonnent aux appels à l'héroïsme. Sur le plan littéraire, le journal *L'Évangéline* participe à l'effort collectif en s'adressant aux auteurs : « Élevez vos coeurs bien aimés jeunes gens; [...] lorsque vos ailes auront acquis leur dimension virile, vous chanterez nos exploits, nos vertus et notre gloire[1].» Après tout, l'histoire de l'Acadie, récit de l'exil et du retour au pays, n'est-elle pas spontanément héroïque? On est cependant en droit de s'étonner lorsque, soixante-dix ans plus tard, l'auteur des *Poèmes acadiens*[2] chante encore « Notre immortelle héroïne, Dame Marie de Latour », « D'Entremont, héros acadien » et « La marche héroïque ». Et que dire du procès virulent qu'on intentera à Évangéline[3], première héroïne acadienne, au cours des années 1970 et des efforts qu'on déploiera pour la remplacer par Beausoleil-Broussard, la Mariecomo, Évangéline deusse et autres Pélagie-la-Charrette! Au Québec entre temps, Maria Chapdelaine retrouve sa juste place, ni trop importante ni trop effacée, dans l'imaginaire collectif. Pourquoi Évangéline? et comment a-t-elle survécu aussi longtemps? Pourquoi cette production incessante de figures héroïques en tous genres pendant presque cent ans? Faut-il y voir l'efficacité du personnage de Longfellow ou plutôt la force des institutions qui ont su l'imposer et la maintenir? Ou simplement un autre exemple des nombreuses littératures qui émergent dans le contexte colonial difficile de la fin du XIXe siècle?[4]

Si nous interrogeons *L'Évangéline* plutôt que les oeuvres à ce sujet, c'est d'abord parce que ce journal a nourri régulièrement le public acadien de figures, de mythes, de modèles, de récits et d'émotions de 1887 à 1981. Mais aussi parce qu'il porte dans presque chaque numéro les traces de cette fabrication de modèles héroïques. Il est aussi le lieu de convergence de textes « importés » par la rédaction, de textes produits sur place, de directives de production/consommation et de stratégies diverses adoptées par les institutions (censure, renseignements bibliographiques, etc.) pour canaliser la lecture et perpétuer les modèles autorisés. Lieu aussi de rencontre de l'imaginaire populaire et de la culture plus livresque de l'élite. Et comme le souligne Micheline Cambron[5], à la suite de Jacques Dubois[6], un journal de ce genre suppose un travail semi-collectif, axé inévitablement sur les réalités sociales et la conjoncture de son époque. Bref, *L'Évangéline* permet de suivre au jour le jour les aléas de ce processus et de commencer à rendre compte du développement d'un imaginaire collectif.

Typologie et hiérarchie des figures héroïques

Dans *L'Évangéline*, la recherche/fabrication de figures héroïques passe par toute une gamme de tentatives diverses, toute une rhétorique fondée sur le programme d'écriture esquissé plus haut. On ne surprendra personne en affirmant qu'Évangéline a été l'héroïne préférée des Acadiens, mais ce qu'on connaît moins c'est l'ampleur et la diversité des efforts idéologiques et littéraires liés à la création et au maintien des nombreuses figures qui peuplent la galerie du journal. Un rapide survol montre qu'en plus d'Évangéline (personnification de la tragédie de 1755) on valorise des figures qui incarnent d'autres composantes de l'imaginaire collectif ou qui répondent à des besoins plus pragmatiques. En simplifiant quelque peu l'analyse, on peut dégager du corpus une hiérarchie de ces figures, allant des « notables » qu'on honore souvent (députés, ecclésiastiques, nationalistes, etc.) jusqu'à Évangéline et la Vierge Marie, en passant par des figures plus anonymes tirées du peuple, des militaires et divers personnages qu'on peut rapprocher plus ou moins d'Évangéline.

Sur le plan diachronique, on assiste, tout au long de l'histoire du journal, moins à la transmission de modèles héroïques clairs et préétablis, même si tel est parfois le cas, qu'à un long et tâtonnant travail d'élaboration de figures héroïques appropriées. Comme le souligne Chebel, en parlant du développement des identités collectives, dont le phénomène examiné ici représente la dimension symbolique et esthétique :

> L'idée d'une identité stable, fixée en une gestalt unique, est difficilement défendable. L'enchaînement : identité —> désidentification —> réaction —> ré-identification —> identité II —> paraît être une base explicative exigible pour la compréhension d'un tel phénomène. [...] Si ce processus arrive à terme (le critère étant la perception positive d'un potentiel identitaire intime : confiance en soi, sentiment de plénitude, etc.), cela signifie qu'une autre identité s'est constituée, née des cendres de la première, l'identité II. Cependant cet état n'est lui-même pas protégé des désorganisations ultérieures. [...] L'identité est un phénomène cyclique, continuellement instable, continûment à la recherche d'une stabilité nécessairement fragile [...][7]

Mais avant d'examiner l'évolution du phénomène, on distinguera cinq types de figures héroïques.

1) Le peuple héroïsé

Par un effort analogue à celui qu'on observe alors à Montréal et Québec, *L'Évangéline* cherche à valoriser le « petit peuple » en élevant le statut non pas de personnes issues du peuple, mais des fonctions essentielles que remplissent le cultivateur[8] et la mère de famille[9]. On publiera force textes dédiés « Aux paysans[10] » ou « À ma mère », les premiers écrits surtout par des poètes enthousiastes, les seconds par des ecclésiastiques, des enfants reconnaissants[11], etc. Sans compter les innombrables « essais » lyrico-pragmatiques du genre « La femme. Propos d'un philosophe[12] », « La mère idéale[13] » et « L'agriculture et notre avenir national[14] ». Dans la plupart des cas, on procède par abstraction afin d'établir l'idée que la mère de famille et le cultivateur, comme le prêtre d'ailleurs, correspondent à des catégories et à des fonctions fondamentales, immuables, et non à de simples contingences historiques ou économiques. Ce qui autorise le transfert de qualités propres aux figures héroïques, notamment l'endurance dans les épreuves (celles-ci étant indispensables pour atteindre le plein épanouissement des qualités héroïques) et le goût, voire la recherche active du sacrifice de soi au nom de l'idéal.

> Une nation ne grandit et ne se fortifie qu'en autant qu'elle prend racine dans le sol : notre nationalité en offre un exemple frappant. [...] Fils du sol qui avait été témoin de leurs travaux pénibles, et de leurs luttes héroïques, ils [« nos aïeux »] y étaient profondément enracinés; de là leur force. Travailleurs des champs, ils étaient habitués à l'air libre de l'indépendance; de là leur fierté. En tout temps, fils soumis de l'Église, ils avaient appris d'Elle à croire en l'avenir; de là leur énergique confiance. [...] Retournons au plus tôt vers notre bonne mère, la terre[15].

La résonance plus profonde de ces images dans la psyché collective vient aussi de ce que le cultivateur et la mère sont systématiquement rattachés aux valeurs éternelles, rejoignant le passé le plus lointain et assurant l'avenir de la société. Quant à la mère, elle bénéficie à la fois des innombrables références explicites à la mère de Dieu, surtout à la *Mater Dolorosa*, et des références moins conscientes, mais tout aussi efficaces, aux déesses-mères primitives.

Mais ces tentatives d'héroïsation du peuple ont, bien entendu, des motivations pragmatiques et idéologiques. Il est évident, par exemple, que la glorification du cultivateur-colonisateur est un topos ponctuel, relié à la menace de l'émigration vers les villes ou les États-Unis. Et tout en glorifiant la mère, on ne peut s'empêcher de culpabiliser celles qui travaillent en dehors du foyer, qui ne font pas leur « devoir » ou qui n'empêchent pas assez activement l'effritement de la famille. De telles préoccupations limitent inévitablement la portée esthétique de ces dithyrambes et empêchent cette rhétorique d'atteindre la dimension héroïque et l'effet souhaités. N'est pas héroïque qui veut!

2) *Le héros collectif*

L'Acadie et les Acadiens ont surmonté, collectivement, l'épreuve de la déportation et les tentatives d'anéantissement. Ce qui confère au sujet col-

lectif et au « pays » presque mythique qu'est devenue l'Acadie grâce à cette
épreuve (ce n'est plus une banale réalité géopolitique après 1755 et la renaissance de la fin du XIXe siècle!) un statut sans commune mesure avec
l'idée d'un « petit peuple » pittoresque.

> L'éclat de ton martyre est un diamant précieux
> Qui digne fut toujours de la Reine des cieux.
>
> [...]
>
> Ta lande, tes forêts et tes mères et tes fleuves
> Ont vu couler les pleurs des enfants et des veuves.
> Sont là, ensevelis, les preux de l'Acadie,
> C'est pourquoi si longtemps a pleuré la Patrie[16].

[...] jamais nous ne connaîtrons assez toutes les luttes héroïques qu'ont
livrées nos ancêtres, tous les martyres qu'ils ont soufferts pour conserver
notre langue, notre foi et nos moeurs. Quand nous les connaîtrons bien
nous ne cesserons de dire : « Le peuple acadien est un peuple martyr. » [...]
je n'ai pu m'empêcher de pleurer sur tant de malheur[17].

> Tu [Acadie] n'étais qu'un rejeton bien fragile,
> Et tu t'étends de la terre d'Argyle
> Au Saint-Laurent, et, le temps est venu
> Où ta grandeur à tes voisins s'impose;
> Ainsi tu peux t'accorder une pause
> Et t'applaudir du terrain obtenu.
>
> Car, aujourd'hui, terre d'Évangéline
> Loin de ta mère ainsi qu'une orpheline,
> Tu dors en paix; tes toits hospitaliers
> Sont là tout neufs; la porte en est ouverte
> À l'étranger et la table est couverte
> Du pain conquis aux ronces des halliers.
>
> Comme jadis tes femmes sont fidèles,
> Tes hommes forts, tes vierges aussi belles[18].

On reprendra inlassablement[19] et sous des formes les plus diverses ces
références au courage et à la souffrance des Acadiens, suivant toujours le
schéma mythique de l'exil et du retour, de la mort et de la résurrection. Ce
sont ces images et ce schéma qui serviront de point de repère pour la fabrication, l'importation et l'évaluation des figures héroïques. Les Dollard des
Ormeaux, Marguerite Bourgeoys et Jeanne d'Arc devront se mesurer à
l'étalon national.

3) *Le héros institutionnel*

Le style journalistique de *L'Évangéline* étant dicté par une mission idéologique des plus claires, on trouve les mêmes procédés rhétoriques mis au service de la valorisation des notables (sénateurs, évêques, missionnaires, etc.) qui ont contribué à l'effort collectif. Ces héros, qu'on peut qualifier d'« institutionnels », font l'objet de trois types principaux de discours : le reportage-hommage, le poème-hommage et l'intégration aux célébrations rituelles collectives (fête du 15 août, fête des collèges, etc.). On lit fréquemment des poèmes écrits par des ecclésiastiques pour en honorer d'autres[20], souvent à l'occasion d'un décès, d'un anniversaire ou d'une promotion dans l'échelle du pouvoir : « La Patrie acadienne acclame votre vie/ Et vous compte parmi ses glorieux enfants[21]. »

On rend aussi hommage systématiquement aux hommes qui, comme l'historien français Rameau, contribuent à l'affermissement de l'identité nationale en faisant connaître l'Acadie en Europe et au Canada :

> Vous seul avez conçu dans nos heures de deuil!
> De nos succès futurs l'espérance hardie;
> C'est le berceau d'un peuple et non pas son cercueil!
> Disiez-vous en foulant le sol de l'Acadie.
>
> Et malgré l'abandon et malgré le mépris
> Qui l'avait condamnée,
> Vous seul, ô noble ami, vous seul avez compris
> L'oeuvre prédestinée[22].

Les fêtes et les « séances dramatiques », qui en font partie, offrent enfin l'occasion d'intégrer ce processus de valorisation aux rituels collectifs. On associe, indirectement et symboliquement, les notables aux personnages héroïques qu'on met en scène, comme ces *Helvétiennes*[23], héroïnes discrètes qui sauvent Guillaume Tell et la nation helvétique en même temps qu'elles rehaussent une fête en l'honneur du curé de la paroisse.

4) *Les héros militaires*

Les militaires, Dollard des Ormeaux[24], Jacques Hébert (*Jacques et Marie*), Armand de Jaillac[25], les héros des deux guerres mondiales et tant d'autres occupent une place quelque peu ambiguë dans la galerie des héros acadiens. Le passé des Acadiens n'a rien de proprement militaire, même si on y fait allusion à plusieurs reprises. Mais la fascination qu'exerce le militaire se manifeste néanmoins, et c'est normal, par les faits d'armes (l'héroïsme du militaire se traduit par des gestes ponctuels, éclatants, spectaculaires). Dans *Jacques et Marie*, par exemple, la figure de Jacques ne se détache et ne s'impose vraiment qu'à partir des scènes de batailles où il s'illustre. Cependant, on semble fasciné tout autant, sinon davantage, par la mort du soldat héroïque et son sens du sacrifice : « [...] les lèvres baisant son épée, les yeux fixés sur le drapeau de France, il rendit à Dieu, son âme de héros[26]. »; « C'est fini... je le sens... Adieu cher Canada!/[...]/ Entre vos mains... Seigneur mon coeur plein d'espérance,/ Car j'ai servi l'Église et je meurs pour la France[27]. »

Replacées dans l'ensemble du corpus, les images de la bravoure militaire apparaissent cependant comme un procédé servant surtout à renouveler ou à varier le discours héroïque. La guerre offre en somme l'occasion d'adapter un topos peu courant chez les Acadiens et d'emprunter des textes qui constitueront autant de variantes de la thématique héroïque.

5) Les figures héroïques mythiques et sacrées

Évangéline, Jeanne d'Arc et la Vierge Marie figurent au premier plan de l'imaginaire acadien, suivies d'assez près par les Marie (*Jacques et Marie*), Marguerite Bourgeoys, sainte Geneviève, etc., dont le retentissement est moins important. Plusieurs de ces personnages font l'objet de romans, que *L'Évangéline* diffuse sous forme de feuilletons[28], parfois à quelques reprises ou avec des variantes. Ce mode de diffusion, par la fragmentation, l'étalement dans le temps et la répétition hebdomadaire des thèmes, favorise un impact prolongé des figures héroïques et de leurs modèles de comportement sur l'imaginaire des lecteurs.

On sait qu'Évangéline occupe la première place en raison de son rapport privilégié avec les Acadiens : à la fois produit de l'histoire et de l'imagination du groupe (l'histoire des Acadiens, par ses résonances bibliques, dépasse l'histoire pour rejoindre le mythe), Évangéline constitue à la fois une preuve tangible de l'existence du moi national et de sa reconnaissance par autrui (Longfellow et, à travers lui, l'Amérique et le monde). Sans parler, bien entendu, de son rôle dans la mise au point et le maintien des valeurs acadiennes : la fidélité, l'endurance dans la souffrance et le sens du sacrifice. En 1950, la préface et la postface d'une n[ième] version de l'oeuvre, réécrite pour les écoliers acadiens, réaffirment que « l'histoire d'Évangéline n'est pas oubliée car elle évoque la tragédie de tout un peuple [...], le peuple acadien qu'on a voulu détruire est plus fort que jamais et Évangéline [...] demeure [...] le symbole de la fidélité acadienne[29] ».

L'image et l'histoire de Jeanne d'Arc serviront aussi à refléter, quoique moins directement, certaines de ces valeurs, Jeanne étant celle qui pousse le sens du bien collectif, de la fidélité au delà du sacrifice de soi et jusqu'au martyre :

> — Sur Rouen la stupeur planait. —
> Las! page d'histoire qui saigne!
> Sous les rêts du lâche oiseleur
> La blanche Colombe, ô douleur,
> Tombe, palpitante, à Compiègne!...
> — Le glas sonnait, sonnait, sonnait[30]. —

Mais Jeanne d'Arc incarne aussi des vertus militaires et une fonction politique qui la distinguent nettement d'Évangéline :

> « Va! va! » — Soufflant aux hommes d'armes
> L'âme des chevaliers géants,
> Elle court sauver Orléans
> [...]
> La Bannière des lys en main,
> Elle trace au Roi son chemin
> Vers la basilique du sacre...

D'ailleurs, par un curieux lapsus, la rédaction publiera le poème d'un commentateur anonyme qui ira même jusqu'à regretter que l'Acadie n'ait pas eu sa Jeanne :

> L'une est peinte priant et les yeux dans l'extase
> Vers l'infini des flots,
> Et l'autre, sur sa bête, enfonce, hache, écrase
> Des corps en ses galops.
>
> Ah! tu serais peut-être encore dans Grand'Prée,
> Si prenant un cheval
> Au lieu de pleurer, en lutte tu fus entrée
> Et par mont et par val[31].

La Vierge Marie, partout présente sous une multitude de formes dans l'imaginaire acadien, n'est pas à proprement parler une figure héroïque. Mais elle donne aux valeurs qu'elle partage avec les héroïnes acadiennes (fidélité, souffrance-martyre, maternité, virginité, etc.) une indéniable coloration sacrée. Tantôt la Vierge sert à mettre de l'avant la version sacrée de certaines expériences humaines (surtout la souffrance de la *Mater Dolorosa* et l'innocence associée à la virginité). Tantôt elle fait la synthèse[32], surnaturelle, de la Virginité et de la Maternité, deux caractéristiques fondamentales des héroïnes acadiennes. Le recours non moins fréquent à l'image de la *Mater Amabilis*[33], chaleureuse et humaine[34], consolatrice des pauvres et des affligés, permet ensuite d'adapter l'image de la Vierge, en corrigeant quelque peu l'effet de distanciation qu'impose le sacré. Cette opération complexe a pour effet de permettre à la Vierge de répondre ainsi à l'ambivalence des attentes du public.

Héros et héroïnes

Si on examine l'ensemble de ces figures, on est amené à distinguer les héros des héroïnes, ceux-là étant plutôt pragmatiques, tournés vers l'action ponctuelle, surtout militaire et politique, alors que les héroïnes se démarquent par leur attention aux valeurs plus durables. C'est pourquoi les figures héroïques féminines ont plus de résonance émotive et fournissent à la société des fondements qui vont au delà du simple pouvoir politique. Ce qui a amené certains à croire que la société acadienne est foncièrement matriarcale[35].

La plupart des figures héroïques masculines sont tirées de l'histoire, et la part limitée d'imaginaire qu'on y ajoute a surtout pour fonction de faciliter l'assimilation des modèles de comportement. On peut imiter les gestes des notables ou de personnages comme Jacques, alors que l'apport de Marie, d'Évangéline ou de Jeanne d'Arc se situe plutôt au niveau des valeurs, du non-tangible. Ces liens moins concrets avec la réalité permettent à celles-ci d'accéder plus facilement à une dimension mythique, notamment lorsque, comme Blanche d'Haberville dans *Les Anciens Canadiens*[36] et Marie, elles résistent aux compromis et refusent de se laisser détourner de leur but par les épreuves. De plus les héroïnes sont associées de diverses façons à la souffrance, à la fragilité et à la mort; lorsque les héros meurent, c'est le plus souvent dans le feu de l'action, donc dans la gloire. Mais dans le cas d'Évangéline, de Jeanne d'Arc et de nombreuses vierges-martyres qui émaillent le journal, la mort est associée à la préservation des valeurs et des aspirations qui les animent; ainsi Pélagie devra mourir avant d'atteindre Grand-Pré afin de garantir à l'Acadie sa dimension spirituelle et mythique. Jacques Hébert, par contraste, après avoir fait ses preuves en tant que militaire, peut s'expatrier et même prêter le serment d'allégeance au conquérant; l'héroïne ne peut se permettre de tels accommodements avec le réel. Grâce à elle, la fidélité dans la souffrance devient non pas une fin en soi, mais une voie d'accès privilégiée à l'affirmation de son identité et de sa valeur. Dans une lettre au journal, un auteur qui signe « Un croyant aux destinées acadiennes » justifie le mythe du peuple élu, en expliquant que : « La Révélation et l'Histoire nous l'enseignent, le rôle de victimes, le titre de martyrs sont plus désirables, plus fertiles *en germes de vie* que le rôle de spoliateurs et bourreaux[37]. » L'exemple répété de cette forme d'héroïsme permet de rendre significatives et utiles les épreuves imposées par l'histoire.

Ce clivage héros/héroïne correspond par ailleurs à la distinction esthétique, que Hans Robert Jauss[38] reprend aux théoriciens classiques, entre les figures héroïques qui provoquent l'admiration et celles qui suscitent la sympathie. Du point de vue de la réaction esthétique, l'héroïne acadienne appartient à la catégorie des personnages qui engendrent la sympathie (au sens étymologique de « participer à la souffrance de l'autre »). Le fait que ces héroïnes soient issues du peuple n'est pas sans conséquences; Marie et Évangéline sont des synecdoques de la collectivité, tout comme plus tard, Antonine Maillet sera souvent présentée comme « notre Tonine ». Peu à peu, Évangéline l'emportera sur Jeanne d'Arc, l'étrangère.

Si on poursuit cette logique, on est amené à associer le héros à l'institution patriarcale, qui tente d'imposer son ordre, et l'héroïne à la culture matriarcale plus fondamentale de la société acadienne. Ce conflit ou ce clivage expliquerait aussi en partie la complexité de certaines héroïnes plus récentes comme Évangéline deusse[39], qui reprend la critique de l'auteur anonyme de 1894 (voir la note 22), ou même Pélagie, qui rappelle par certains côtés l'héroïsme de Jeanne d'Arc. Mais c'est l'image de la Vierge et les innombrables récits dont on l'entoure qui constituent l'indication la plus probante en ce sens. Grâce à elle, on réalise la sacralisation de la souffrance et des autres vertus des héroïnes acadiennes. De plus, la fusion qu'elle réalise de la virginité et de la maternité rattache l'imaginaire populaire aux déesses-mères des mythologies anciennes. La vierge-mère[40], celle des mythologies celtiques entre autres, représente en effet non seulement la Terre mais aussi l'autonomie parfaite et la perpétuation innocente de l'espèce. De telles références, inconscientes mais d'autant plus puissantes, sous-tendent l'idée souvent exprimée que les Acadiens, après l'exil, sont nés à nouveau de leurs propres cendres et se sont recréés par leurs propres moyens[41].

En définitive, il semble moins important de trouver l'incarnation unique et parfaite de ces valeurs que de mettre en évidence les divers traits pertinents de la figure héroïque acadienne tels qu'ils se manifestent, toujours imparfaitement et de façon fragmentaire, à travers près de cent ans de vie littéraire. Et pour éviter le piège de la simplification, il importe de replacer tout le processus qu'on vient d'examiner dans un contexte esthétique et social plus général.

Les nombreux renvois aux fondements anthropologiques des figures héroïques doivent nous inciter à manier avec prudence la critique idéologique, qui s'évertue toujours à montrer la mainmise des institutions sur la littérature. Comment attribuer à celles-ci une force qui est si souvent démentie, ou du moins déjouée, par l'histoire des cultures et de la création artistique? Le corpus suggère que lorsque l'institution tente de couler le réel dans des moules simples et uniformes, non seulement elle n'y parvient pas toujours, mais que son activité engendre une tension créatrice et des réactions salvatrices de la part des créateurs et de l'imaginaire populaire. Car ce long travail d'élaboration des figures héroïques, avec tout ce qu'il implique d'écriture, de lecture, d'interprétation, d'ajustement aux images et aux idées venues d'ailleurs, correspond aux rapports complexes entre le réel et la symbolique littéraire qu'analyse Gadamer :

> ... la compréhension implique toujours une sorte d'*application du texte qu'on cherche à comprendre à la situation présente* du récepteur. Nous sommes ainsi forcés à dépasser, si on peut s'exprimer ainsi, l'herméneutique romantique, et à considérer la compréhension et l'interprétation mais aussi l'application comme un processus unique et unifié [...][42]

Ce renvoi aux processus infiniment subtils de la réception esthétique correspond à son tour, à n'en pas douter, aux rapports dialectiques tout aussi complexes que Jauss observe dans les relations entre le lecteur et les figures héroïques. « ... l'admiration, affect qui crée la distance, et la pitié, affect qui la supprime, peuvent entretenir un rapport d'opposition aussi bien que de complémentarité[43] », de sorte qu'il est impossible de déterminer la fonction d'une figure héroïque ni même ses caractéristiques sans examiner attentivement son interaction avec la société qui y a recours.

On est ainsi amené à reconnaître que la contrainte, que ce soit celle des institutions ou celle des circonstances socio-économiques, engendre à la fois une rhétorique du consentement, essentiellement volontariste, accordée le plus souvent aux modèles « autorisés », mais aussi l'expression indirecte, souvent inconsciente, de réalités qui débordent les cadres admis. Le fait de privilégier les héroïnes, par exemple, reflète certes en partie l'idéologie dominante, mais sert aussi à renouer avec des structures culturelles plus fondamentales de la communauté. Les nombreuses variantes de la figure d'Évangéline, en même temps qu'elles reflètent la fragilité d'une communauté dénuée de pouvoir politique et économique, voire de frontières, (Jeanne d'Arc est trop volontaire, trop politique pour s'imposer à long terme) représentent un effort d'adaptation symbolique à une situation difficile et inéluctable. Comme le souligne Jauss au sujet de la réception de l'art héroïque : « Dans ces processus, il faut distinguer l'apprentissage par la compréhension de l'exemple (ou ce que Gadamer appelle l'« application »), c'est-à-dire l'assimilation d'une norme, et l'obéissance mécanique et sans liberté ou application d'une règle[44]. » Et si certains traits, comme la valorisation de la patience et de la souffrance, ont répondu pendant un certain temps aux angoisses très réelles de cette société, d'autres, comme nous l'avons vu, correspondent à des valeurs intemporelles. Autrement dit, alors que l'institution a cherché consciemment à se donner des héros à l'image du système en place (masculin, patriarcal et fondé sur un certain pouvoir ecclésiastique), ce sont en réalité des héroïnes, ou tout au moins des héroïnes ambiguës comme Jeanne d'Arc et Pélagie, qui se sont imposées.

Ce dilemme peut faire croire qu'on n'est jamais parvenu à résoudre tout à fait le conflit matriarcat/patriarcat sous-jacent de la société acadienne. Mais, envisagé du point de vue esthétique, il acquiert une signification tout autre, puisque la prédominance des héroïnes met en évidence la force et la vitalité créatrice de la culture, celle qui fait surface en dépit de la volonté institutionnelle. L'élaboration de modèles héroïques, dans la mesure où elle relève du fonctionnement symbolique de l'esprit, obéit à des lois plus complexes et plus impératives que les aléas de l'histoire. Elle est tournée à la fois vers le présent, l'avenir, le passé et... l'intemporel. En somme, si les sociétés fabriquent sans cesse des fictions et des personnages héroïques pour en venir aux prises avec le réel immédiat, elles le font aussi en renouant, consciemment ou inconsciemment, avec l'arrière-plan mythique et les archétypes de l'humanité, ceux-là mêmes qui leur permettent de rendre l'univers plus cohérent et significatif.

NOTES

1. J. A. A. Cullen, «Un poète au pays d'Évangéline», *L'Évangéline*, 3 avril 1889, p. 2.

2. N.-P. Landry, *Poèmes acadiens*, Montréal, Fides, 1955.

3. Voir les chansons de Georges Langford, d'Angèle Arseneault et surtout les critiques qu'Antonine Maillet adresse à Évangéline par la bouche de la Sagouine et d'Évangéline deusse.

4. Pierre Hébert, «Un problème de sémiotique diachronique : norme coloniale et évolution des formes romanesques québécoises», *Recherches sémiotiques/Semiotic Inquiry*, n° 3, 1982, p. 211-239.

5. Micheline Cambron, *Une société, un récit : discours culturel au Québec (1967-1976)*, Montréal, Hexagone, 1989.

6. Jacques Dubois, *L'Institution de la littérature*, Bruxelles, Nathan-Labor, 1986, p. 129-149.

7. Malek Chebel, *La Formation de l'identité politique*, Paris, PUF, 1986, p. 31.

8. B. de Flandre, «Habitants», *L'Évangéline*, 29 juin 1897, p. 1.

9. Anonyme, «La Canadienne, petit poème en prose : À ma mère», *L'Évangéline*, 3 janvier 1895, p. 2; Pinto de Campos, «La femme», *L'Évangéline*, 1er août 1895, p. 1; C. Trebla, «L'illusion d'une mère», *L'Évangéline*, 17 juin 1897, p. 1.

10. Anonyme, «Aux paysans», *L'Évangéline*, 3 décembre 1896, p. 4

11. Un ami, «À Madame E. T. Gaudet, à l'occasion de la mort de son enfant chérie Évangéline», *L'Évangéline*, 6 octobre 1892, p. 4.

12. Victor Hugo, «La femme. Propos d'un philosophe», *L'Évangéline*, 9 mai 1895, p. 1.

13. J. Dury, «Mère modèle», *L'Évangéline*, 24 avril 1912, p. 2; anonyme, «La mère et sa fille», *L'Évangéline*, 31 juillet 1912, p. 6; anonyme, «Le martyre d'une mère», *L'Évangéline*, 1er août 1895, p. 1.

14. J. C. Magnan, «L'agriculture et notre avenir national», *L'Évangéline*, 15 juillet 1897, p. 1.

15. J. C. Magnan, *ibid.*

16. D.F.L., «Le 15 août 1920», *L'Évangéline*, 12 août 1920, p. 1.

17. Jacques, «Causerie», *L'Évangéline*, 19 mai 1915, p. 1.

18. J. L., «Les conventions des âges (pour *L'Évangéline*)», *L'Évangéline*, 4 août 1892, p. 4.

19. Le fichier-répertoire de *L'Évangéline* du Centre d'études acadiennes de l'Université de Moncton comporte pas moins de 300 références pour le seul mot «dispersion»!

20. Geo. B. Gauvin, prêtre, «Élégie à la mémoire du Révd. Messire Hilarion Doucet, Ptre., curé de Jacquet River, Diocèse de Chatam», *L'Évangéline*, 6 avril 1899, p. 6.

21. A. Braud, «À Monseigneur S. Doucet. Pour ses noces d'or», *L'Évangéline*, 15 juillet 1920, p. 3.

22. Anonyme, «A. M. Rameau», *L'Évangéline*, 24 octobre 1888.

23. Anonyme, «Grande séance à Moncton», *L'Évangéline*, 2 juin 1915, p. 8. On résume *Les Helvétiennes* sans en indiquer l'auteur.

24. Anonyme, «Un monument à Dollard des Ormeaux», *L'Évangéline*, 22 juin 1910, p. 1.

25. Arthur Appeau, «Armand de Jaillac», *L'Évangéline*, 19 juin 1889, p. 4.

26. Anonyme, «Comment sait mourir un général», *L'Évangéline*, 10 février 1915, p. 5.

27. R.P. Danigo, Ancien professeur au Collège de Caraquet, «Le Vaillant Canadien», *L'Évangéline*, 17 mars 1915, p. 3.

28. Henry Wadsworth Longfellow, *Évangéline*, *L'Évangéline*, du 23 novembre 1887 au 17 janvier 1888 et du 9 décembre 1954 au 13 janvier 1955; Napoléon Bourassa, *Jacques et Marie*, *L'Évangéline*, du 19 septembre 1888 au 17 avril 1889 et du 4 mai 1933 au 4 octobre 1935; Mgr Henri Debout, *La Bienheureuse Jeanne d'Arc*, *L'Évangéline*, du 11 février 1912 au 14 août 1912; Alonié de Lestres [pseud. de Lionel Groulx], *Au Cap Blomidon*,

L'*Évangéline*, du 21 novembre 1935 au 30 avril 1936 et du 19 octobre 1954 au 7 décembre 1954; Antoine-J. Léger, *Elle et lui. Tragique Idylle du peuple acadien*, du 1er février 1945 au 11 octobre 1945; J.-Alphonse Deveau, *Le Chef des Acadiens*, L'*Évangéline*, du 5 décembre 1957 au 17 janvier 1958.

29. *Évangéline II : Sur les routes de l'exil*, [«d'après le poème de Longfellow, adapté par Marguerite Michaud»], Montréal, Librairie générale canadienne, 1950, p. 30.

30. A. J. M..., «Jeanne d'Arc», L'*Évangéline*, mai 1895, p. 2.

31. Anonyme, «Toast», L'*Évangéline*, 15 novembre 1894, p. 2.

32. Fr. A. H. Beaudet, «La Vierge», L'*Évangéline*, 1er septembre 1898, p. 1.

33. Anonyme, «Mater Amabilis», L'*Évangéline*, 21 juillet 1898, p. 1.

34. Anonyme, «Les larmes de la Vierge», L'*Évangéline*, 19 juin 1912, p. 2.

35. Cécile Chevrier, «Entre hier et demain... regard subjectif sur les Acadiennes», *Possibles*, vol. 5, n° 1, 1980, p. 129-130.

36. Philippe Aubert de Gaspé, *Les Anciens Canadiens*, Montréal, Fides, 1979 (1864).

37. Un croyant aux destinées acadiennes, «Impressions et souvenirs d'Acadie», L'*Évangéline*, 31 janvier 1912, p. 4.

38. Hans Robert Jauss, *Pour une esthétique de la réception*, trad. Claude Maillard, Paris, Gallimard, 1978, p. 149-153.

39. Antonine Maillet, *Évangéline deusse*, Montréal, Leméac, 1977, p. 45-49.

40. Jean Chevalier et Alain Gheerbrant, *Dictionnaire des symboles*, Paris, Laffont/Jupiter, 1982 (1969), p. 1022.

41. Archevêque de Halifax [Mgr Cornelius O'Brien], «Mandement de Mgr l'Archevêque de Halifax aux Acadiens», L'*Évangéline*, 5 mars 1896, p. 2.

42. Hans-Georg Gadamer, *Truth and Method*, trad. Garett Barden et John Cumming, New York, Seabury Press, 1975, p. 278. (nous soulignons.)

43. Hans Robert Jauss, *op. cit.*, p. 151.

44. Hans Robert Jauss, *op. cit.*, p. 150.

ÉROS CONTRE THANATOS : L'IMAGINAIRE ACADIEN DANS LE JOURNAL *L'ÉVANGÉLINE* (1887-1920)

Monique Boucher
Université de Moncton

> J'aime ta lèvre purpurine,
> Qui caresse mon front rêveur;
> Ta figure noble et divine,
> Tes beaux grands yeux, ton noble coeur.
> L'existence est souvent amère
> Dans ce monde mystérieux;
> Partons, enfant, quittons la terre
> Pour nous envoler vers les cieux.
>
> H., « Quittons la terre »,
> *L'Évangéline*, 14 décembre 1888, p. 4.

En 1887, *L'Évangéline* se donne le mandat de publier et de diffuser des textes de création littéraire, adoptant ainsi des mécanismes qui relèvent de l'institution littéraire et jetant les bases d'un « corpus de référence qui fonctionnera comme horizon normatif[1] » pour les auteurs et les lecteurs du milieu. L'examen de ces textes, poèmes et courts récits, ainsi que celui des articles et des entrefilets qui leur font écho ou les commentent, permet de dégager ce qui semble bien vouloir être la base d'un « récit commun[2] » de la communauté acadienne.

L'histoire du peuple acadien a été marquée par le drame de la déportation. Lorsqu'à la fin du XIXe siècle, l'élite intellectuelle cherche à raviver la fierté patriotique, on assiste à la naissance d'une littérature qui veut promouvoir une « idéologie basée sur la fidélité à la langue, à la religion, aux traditions nationales, bref, à [cette] histoire[3] ». Mais, au delà de l'aspect idéologique, la littérature acadienne renaissante semble appeler la vie en passant par l'exorcisme d'une angoisse viscérale, fort compréhensible compte tenu des circonstances, une angoisse liée à la mort. En effet, le thème de la mort se dégage nettement dès le premier numéro du journal et domine l'ensemble de la production littéraire et paralittéraire diffusée entre 1887 et 1920.

Pendant cette période, le peuple acadien cherche à retrouver sa fierté nationale et à émerger d'un long silence. Si paradoxale que puisse paraître l'omniprésence de la *Mort* dans un tel contexte, elle n'en évoque pas moins la lutte entre les pulsions primaires qui ont façonné l'humanité : l'Éros contre le Thanatos. Et si toute littérature émergente ne peut que chercher à exploiter les mythes fondamentaux[4] et l'imaginaire universel, la littérature acadienne, à ses premiers balbutiements, se réfère abondamment au cycle vie-mort-renaissance, cycle qui traverse les cultures et les siècles, rappelant sans cesse à l'être (collectif et individuel) la fragilité de son existence.

L'influence du poème *Évangéline* de Longfellow est indéniable et bien connue. L'histoire même de la déportation produit un substrat riche en références bibliques, témoins les variantes nombreuses des thèmes du paradis perdu, de la terre promise et du peuple martyr. Mais la récurrence du thème de la mort porte les marques d'une intertextualité beaucoup plus vaste, aux racines multiples et entrecroisées, ainsi que les échos des littératures plus anciennes.

« Stabat Mater[5] »

Il gravit la montagne et s'étend sur la croix
Ce bon Nazaréen, hier roi de la Judée
Aujourd'hui condamné — victime de leur choix!
On l'attache au gibet... Une femme éplorée
Comme Agar au désert, voit ce drame sanglant;
L'agneau du Golgotha, c'est Jésus, son enfant...
Et comme une prêtresse au jour du sacrifice,
Debout devant la croix où souffre la justice
[...]
O Vierge de douleurs, nous le réciterons
Ce Stabat de la croix que l'Église soupire
[...]

Comme le souligne Marguerite Maillet, on ne peut remonter aux sources de la littérature nationale sans évoquer « un grand rêve français, celui d'établir en Amérique une France nouvelle plus belle que l'ancienne, de conquérir à Dieu tout un continent[6] ». Mais contrairement au Québec, où cette volonté messianique a été particulièrement dominée par le courant ultramontain du clergé catholique, l'Acadie a subi l'influence de cette idéologie davantage par l'importation de textes et de discours empruntés aux journaux de ce qu'on appelait alors le Canada français. Cette influence, appuyée par des institutions et des organisations moins ouvertement ultramontaines qu'au Québec, est donc diluée[7]. Cependant, la présence de l'intertexte religieux et son influence sur la littérature sont importantes.

L'Évangéline publie régulièrement des adaptations de textes religieux comme les paraboles réécrites par un auteur qui signe « Acadien » ou encore de courts récits qui reprennent les fondements de l'Ancien ou du Nouveau Testament, souvent de façon naïve et/ou didactique (« Légendes bibliques[8] »; « La promenade du Bon Dieu[9] »; « La chute d'Adam et Ève[10] »). Ponctuée par les fêtes religieuses, la production littéraire (originale et empruntée) illustre l'attachement du peuple acadien à ce qui le distingue de la communauté anglaise : la religion catholique (« Noël[11] », « Le vieux Christ de famille[12] », « La messe de minuit[13] »). Elle illustre également un certain travail d'exégèse volontairement orienté de façon à valoriser cet attachement, comme la série de « Pensées sur l'eucharistie », signée « F.curé », publiée presque chaque semaine du 27 février au 27 décembre 1889 à la « une » du journal. Parsemés ici et là, des récits hagiographiques et des éloges dithyrambiques viennent renforcer l'insertion du religieux dans le littéraire (« La rose du paradis[14] » [récit du martyre de sainte Dorothée]; « À Sa Grandeur Mgr E. LeBlanc[15] »). Finalement, la reproduction de sermons (en partie ou en totalité) témoigne, quant à elle, de la difficile distinction qu'on pouvait alors établir entre les genres.

La volonté de promouvoir l'idéologie catholique est évidente. Mais au delà de cette volonté, l'influence religieuse favorise la création de textes dont l'aspect mystique est indéniable. Il s'agirait en quelque sorte d'une récupération esthétique des thèmes religieux; ces textes dénotent une spiritualité certaine et une recherche de l'absolu. La production d'oeuvres fictionnelles suppose l'utilisation de symboles et la transformation, par l'imaginaire, de la réalité. Or, de façon marquée et répétitive, *L'Évangéline* publie des poèmes et récits dont les images témoignent d'une volonté d'échapper aux souffrances morales et d'accéder à une pureté originelle, celle que l'époque attribuait aux vierges et aux enfants. Cette accession passe presque uniquement par la mort (physique ou spirituelle), une forme du désir d'évanescence.

« Son âme s'envola[16] »

Je la voyais passer à chaque aube nouvelle,
Marchant d'un pas rêveur, le regard abattu :
Comme par son parfum la rose se révèle
Elle se révélait par sa douce vertu.
[...]
Et comme une colombe étend ses blanches ailes,
Roucoule et prend son vol vers l'Orient de feu,
Entre nos bras laissant ses dépouilles mortelles
Son âme s'envola, s'envola jusqu'à Dieu.

Des titres comme « Un ange de plus au ciel[17] » ou « La morte[18] » évoquent d'ores et déjà ce qui, après analyse, domine l'imaginaire collectif acadien d'alors. Si la mortalité infantile, qui au début du siècle était un phénomène presque quotidien, semble cruelle, l'espoir spirituel qu'apporte la religion (les enfants peuvent devenir des chérubins protecteurs, l'éternité un repos infini pour ceux et celles qui ont « gagné leur ciel ») inspire une littérature qui, par son aspect émotif, a pu agir comme une forme de catharsis; tout comme elle a pu, cependant, favoriser la soumission et étouffer la révolte.

« Infantuli[19] »

Petites âmes envolées
Loin de vos mères désolées

> Où vous en êtes-vous allées,
> O tristes fleurs de nos amours!
>
> Le berceau qui fut votre tombe
> Au sol, où tout lis qui succombe
> [...]
>
> De purs esprits souillés à peine
> D'une ombre d'existence humaine
> Et que soudain le mort ramène
> [...]

Comme en témoignent ces exemples, l'influence religieuse, loin d'être strictement idéologique, laisse filtrer un imaginaire centré sur la mort. Et si les fondements mêmes du récit premier de la religion catholique se raccrochent à la mort et à la résurrection, celles du Christ rédempteur, les récits et poèmes publiés dans *L'Évangéline*, quant à eux, privilégient le thème de la mort envisagé dans l'optique de ceux, ou plutôt de celles, qui la subissent ou en subissent les contrecoups, soit les femmes, mères ou vierges. L'archétype de la vierge martyre revient constamment, et celle-ci devient soit le symbole de la résignation, soit celui de la miséricorde, soit encore celui d'un accès direct à la félicité éternelle, obtenu en mourant chaste et pure, libre de toute tentation. La mort des enfants entre dans cette catégorie, avec quelques nuances toutefois puisque l'archétype du chérubin[20] diffère de celui de la vierge.

> « Les deux bébés[21] »
>
> Sur les genoux de leur nourrice,
> Sont assis deux jolis bébés,
> Au teint blanc comme le narcisse :
> On les croirait du ciel tombé.
> [...]
> Et pour éviter les nacelles
> Qui volent sur ses flots de fiel,
> Ils semblent demander des ailes :
> Car leurs yeux se fixent au ciel...

L'héroïne de Longfellow a sûrement contribué à propager l'image de cette vierge martyre dans l'imaginaire acadien; de plus, à chaque mois de mai, l'insertion du calendrier religieux dans la diffusion littéraire fait en sorte qu'on publie presque automatiquement un poème d'éloge à la Vierge Marie. Mais on constate également la présence d'une héroïne empruntée à la Mère-patrie, Jeanne d'Arc. Le mariage patrie-martyre est repris ici sous une forme plus ouvertement didactique, dans des articles à caractère historique qui informent le lecteur sur les actes héroïques de Jeanne d'Arc et sur sa béatification prochaine. Mais l'insistance est mise principalement sur la pureté de Jeanne d'Arc, sur sa virginité sans laquelle ces actes n'auraient pas été possibles. Ce discours est repris, entre autres, dans un poème épique[22]. Il y a donc interaction entre les textes, entre la création littéraire et les articles; l'effet boomerang fait en sorte que « [les] rubriques se font écho, se complètent et concourent au renforcement des grandes idées de la collectivité[23] ». Cet effet indique une fois de plus qu'à l'époque, la frontière entre les genres était beaucoup plus perméable qu'elle ne l'est aujourd'hui.

La nation acadienne garde les traces de cette prédominance de l'image virginale : on chante encore aujourd'hui l'« Ave Maris Stella », patronne des Acadiens, en latin. Mais, même si dans plusieurs poèmes et récits la présence du Dieu vengeur teinte l'angoisse d'un concept judéo-chrétien, celui de la culpabilité, les désirs et les passions non assouvis demeurent étroitement liés à l'image d'une femme presque mythique, archétypale (nous y reviendrons plus loin). Quelques failles dans le contrôle idéologique laissent ainsi supposer que cette vierge idyllique était peut-être aussi source de tentations. Les pulsions premières débordent et la lutte (inégale) entre l'Éros et le Thanatos échappe au contrôle.

« Le clou[24] »

En vérité, moi j'aime,
Poète des buissons,
Le vert printemps qui sème
Les fleurs et les chansons.
[...]
Et puis je me rappelle
L'âge heureux et charmant
Où la jeunesse épèle [sic]
L'amour innocemment;
[...]
Où l'on cueillait ensemble,
Ne cueillant que cela
La fraise qui ressemble-
À quoi donc? Halte-là!
[...]

Cette conjugaison des passions non assouvies, du désir de mourir et de la femme/virginité transparaît également dans une deuxième influence qu'on peut identifier, celle de l'héritage romantique.

L'héritage romantique : les enfants de Longfellow

La plupart des rédacteurs et des auteurs publiés dans *L'Évangéline* ont reçu leur formation dans les collèges classiques contrôlés par les membres du clergé catholique. Ceux-ci, fidèles à la France prérévolutionnaire et réfractaires au mouvement réaliste en littérature, les ont guidés vers un courant littéraire qui ne risquait pas de menacer, bien au contraire, l'idéologie catholique, celui de la période romantique. Quarante ans après la chute de la Monarchie de Juillet et de la dernière génération du pouvoir aristocratique en France, la « bonne » littérature reste celle d'un certain romantisme bien-pensant. Si on publie volontiers Victor Hugo, il s'agit du Hugo d'avant la « chute », celui qui ne faisait pas de politique. Bossuet, Lamartine, Chateaubriand servent de modèles. Comme l'indique Maurice Lemire dans son étude sur le roman historique canadien-français : « Dans la plupart des pays dominés, le nationalisme ethnico-racial ou romantique a été le ferment de toute une littérature[25]. » Au Québec, ce romantisme a inspiré, entre autres, la production de récits qui mettent l'accent sur la grandeur et la noblesse du peuple canadien-français (récits hagiographiques, récits des pionniers et des explorateurs, et plus tard, romans du terroir). En Acadie, l'inspiration romantique porte les marques de l'obsession de la mort. Le sujet poétique ou le héros du récit recherche la Vérité et l'Absolu; il recherche aussi l'Amour, mais, désillusionné par celui-ci, il veut calmer sa souffrance, tout en se sentant impuissant face au destin. Les poètes « imitent » souvent alors les élans lyriques et les tourments caractéristiques d'une période littéraire qui découvre le « moi » et l'altérité.

« À celle qui le sait[26] »

Vous avez la splendeur sereine des statues
Qui des temps à venir ne craignent pas l'affront,
Le lys des monts sacrés a fleuri votre front
Et de blancheurs sans nom vos grâces revêtues.

Beauté cruelle, idole, idéal qui me tue,
[...]
Laissez-moi seulement, dans l'angoisse abîmée,
Jusqu'à vos pieds divins, pencher mon front morose.

La contemplation de la nature, oeuvre de Dieu, permet l'expression des souffrances, mais seule la mort peut délivrer le sujet de ses tourments. Figure métonymique, le sujet devient ainsi l'expression d'une angoisse sociale qui a sûrement eu un impact dans l'inconscient collectif. Qu'il s'agisse de textes empruntés, originaux ou dont l'auteur « anonyme » n'est pas identifiable, la reprise presque obsessionnelle des thèmes et des procédés chers aux romantiques agit comme un miroir, renvoyant une image virtuelle de l'être qui ne semble pas avoir trouvé de repos dans les conseils de la religion.

« Sonnet[27] »

Quand le soleil couchant à l'horizon d'opale
Disparaît à mes yeux, faisant place à la nuit.
Quand la lune au lointain jette ses rayons pâles,
Je rêve et je gémis pareil au vent qui fuit.

Pourquoi la tant aimer, pourquoi comme en un râle
Son nom sort de ma lèvre et dans l'ombre s'enfuit?
Ou qu'à son souvenir mon pauvre coeur s'exhale
Pourquoi la tant aimer puisque son astre à lui? [*sic*]

J'ai *imploré en vain*[28] le roseau qui se penche
J'ai *imploré en vain* les oiseaux et les fleurs,
Mais ni l'eau qui murmure, ni l'humble pervenche

Nul ne s'est arrêté, pour écouter mes pleurs,
Seul à mes souvenirs, mais toujours sans espoir,
Je pleure et me lamente, espérant la revoir.

Encore une fois, la femme est le centre autour duquel l'inspiration prend forme. À la fois cause de cette souffrance (comme dans l'exemple plus haut) et victime innocente de la cruauté des hommes, elle est aussi la vierge qui, par le sacrifice de sa vie, apportera la rédemption. La diffusion répétée de poèmes évoquant les souffrances de l'amoureux éconduit rappelle constamment qu'il est dangereux de succomber à la passion, celle-ci étant bien éphémère. Or, la fragilité de l'amour, mise en parallèle avec celle de la vie, ne peut que nourrir un désir obsessionnel d'en finir avec la douleur. La forme poétique privilégie les élans de l'âme tandis que les récits, plus pragmatiques, imitent la réalité, proposent des comportements modèles spécifiques et apportent un aspect plus moralisateur au propos. Toutefois, certains poèmes sont, eux aussi, moralisateurs, rappelant ainsi l'interdépendance de l'influence religieuse et des élans romantiques.

De plus, l'impact du roman populaire (fils appauvri du romantisme) s'il se fait sentir dans la publication de feuilletons mélodramatiques, inspire également de courts récits sentimentaux qui ont souvent recours à l'image de la pauvre jeune fille, chaste et pure, victime de la méchanceté des hommes (bien souvent il s'agit du père alcoolique[29] ou de l'amoureux trompeur) et mourant de chagrin; ou encore celle de la mère qui perd un enfant. Certains feuilletons (« Souffrances et bonheur[30] » et « Les supplices d'une innocente[31] », par exemple) rappellent la récurrence du thème de la mort subie ou provoquée par la jeune fille pure et fragile.

Le mélange des influences favorise donc la production de textes où l'on retrouve, tour à tour ou simultanément, des images religieuses « entachées » de romantisme. Mais ce qui peut sembler, de prime abord, une production « empruntée » et sans grande originalité, devient vite, après un examen plus approfondi, le champ de découvertes de structures plus anciennes, préromantiques et archaïques.

« Aux sources profondes... »
De tout temps, les religions ont entretenu de solides rapports avec le sexe et la mort. Jouissance, souffrance, croyance sont des éléments d'une structure qui transcende les lieux et les époques[32].

La formation classique des rédacteurs et éditeurs de *L'Évangéline* transparaît non seulement dans les productions à caractère religieux ou romantique, elle se détecte également par l'insertion d'éléments grecs, latins ou tirés des autres mythologies occidentales aux résonances archaïques. Ainsi, dans un récit, « La montre sans horloger[33] », l'image classique du XVIIIe siècle d'un Dieu horloger renvoie à celle, plus primitive, de la perfection de la sphère. Dans un poème intitulé « Le matin[34] », l'auteur évoque la Psyché qui se réveille dans la forêt, sur un lit de mousse. D'autres éléments semblent relever du préromantisme « gothique ». Le lecteur bascule alors dans un univers macabre où le décor sinistre et les archétypes du vilain, de la vierge sacrifiée et du héros salvateur maintiennent une tension dramatique qui n'a rien à envier aux « thrillers » actuels. Or, comme l'affirme Michel Lord, « le roman gothique plonge ses racines jusqu'aux sources mêmes de la tragédie classique lorsqu'il cherche à évoquer la terreur[35] ». La plupart des textes qu'on peut rattacher à ce courant font appel à quelques procédés typiques, comme la description de violents orages[36] ou les archétypes illustrant une vision manichéenne de la réalité. Le propos moralisateur est amplifié, notamment, par la victoire répétée et non équivoque des « bons » sur les « méchants ». Quelques textes appartiennent tout à fait au courant gothique : dans le récit « Les deux Noëls[37] », par exemple, l'histoire se déroule dans un vieux château breton et le héros est un vieux duc patricide, sinistre et cruel.

La présence d'éléments mythiques n'est cependant pas aussi explicite que celle de l'intertextualité religieuse ou de l'influence romantique. Toutefois, certaines images ou archétypes ne laissent aucun doute sur l'influence de structures archaïques de l'imaginaire[38]. Ainsi, alors que plusieurs poèmes et récits mettent en scène une femme mythifiée qui se rapproche de la sirène (celle dont le chant enjôleur entraîne la mort de celui qui y succombe) l'éditeur prend la peine de publier un article expliquant qu'il ne s'agit que d'une superstition[39]. Quelques années plus tôt, en 1892, on avait pourtant publié une lettre d'un capitaine de navire[40] qui affirmait, avec tout le sérieux d'une correspondance officielle, que lui et son équipage avaient bel et bien vu une sirène, latitudes et degrés à l'appui. On retrouvera l'image de la sirène en 1898, dans un récit[41] où elle perd son rôle traditionnel : victime à son tour des charmes d'un prince, elle mourra d'un chagrin d'amour, après avoir donné sa voix à une fée en échange de deux jambes. Ce renversement n'est pas sans rappeler l'image des vierges-martyres évoquée plus tôt. Il s'agirait en quelque sorte d'une variation sur le même thème.

Contrairement à l'image des sirènes, malgré tout peu fréquente dans l'ensemble des textes, celle de la vierge sacrifiée revient abondamment, tant dans les textes à caractère religieux que dans les récits moralisateurs. Jung, analysant les diverses figures de la jeune fille divine, fait remarquer, au sujet de la Korè (figure de la vierge) des Grecs anciens, que « de la façon la plus sérieuse, on la vénère comme reine des morts; dans ce domaine, le rapt est une allégorie de la mort[42] ». La récurrence du thème de la mort associé à l'image d'une femme mythifiée prend donc de plus en plus son sens, s'éclaire en quelque sorte, lorsqu'on en révèle les sources. L'addition ou plutôt la multiplication thématique ne peut qu'influencer l'imaginaire collectif, tout en révélant ses fondements, créant ainsi un effet circulaire qui se répercute sur tous les genres. D'autant plus que très souvent, les lecteurs de *L'Évangéline* se retrouvent créateurs à leur tour.

Lieu privilégié de diffusion des textes littéraires français, *L'Évangéline* offre à ses lecteurs et à ses lectrices des images « choisies », sélectionnées, consciemment ou non, par le rédacteur. Si les influences religieuses et romantiques s'entremêlent, les structures mythiques qui les ont précédées traversent les textes, donnant parfois des récits étranges comme cette « Alexandra ou la morte ressuscitée[43] », où la Méduse sert un propos moralisateur tout à fait judéo-chrétien : une jeune fille belle mais frivole qui, après avoir provoqué un duel auquel aucun des deux protagonistes ne survit, se fait couper la tête. N'ayant cependant pas eu le temps de faire acte de contrition, elle est ressuscitée momentanément par saint Dominique pour accomplir ses devoirs religieux. Selon Camille Dumoulié, la tête de Méduse serait « une des figures mythiques les plus archaïques, [...] chaque époque, confrontée au mystère des 'origines', délègue le poète pour interroger à nouveau le regard fascinant de la tête de Méduse, comme ce qui recèle le secret du sacré[44] ».

Sans aller jusqu'à dire que *L'Évangéline* se soit cru investie du rôle du poète, il n'en demeure pas moins que les structures mythiques identifiées laissent planer l'idée d'une lutte entre les pulsions de vie et les pulsions de mort, l'Éros contre le Thanatos, que ce soit dans les textes religieux où la souffrance de la Vierge est justifiée par le miracle d'une résurrection, ou encore dans les textes romantiques où l'attrait des passions s'associe au désir d'évanescence, ou enfin dans des textes aux archétypes récurrents. À partir des thèmes explicites et de ce substrat, il semble possible de commencer à construire ce qui pourrait bien constituer les bases d'un « récit commun », pour reprendre l'expression de Micheline Cambron[45]. Car, comme l'explique Gilbert Durand, « il y a aussi un mécanisme interne au récit mythique qui fait que [...] le mythe se distend en simple parabole, en conte ou en fable, et finalement dans tout récit littéraire [...][46] ».

Et si du Chaos naissait une littérature originale, il ne serait pas étonnant de constater que, dans les productions plus récentes, la peur des Géants revient hanter l'imaginaire acadien[47]. Que ces géants soient en fait des géantes n'est pas sans rappeler que la Femme, détentrice du pouvoir sacré de l'acte de vie, est mythifiée par de nombreuses cultures et que sous le paradoxe de la mort appelant la vie, le cycle naturel de la condition humaine nous ramène aux sources des angoisses les plus profondes. Sans le savoir, peut-être, l'éditeur de *L'Évangéline* annonçait cette angoisse en publiant, dans le premier numéro, deux poèmes dont la juxtaposition est fort révélatrice. Le premier, tiré des *Contemplations* de Victor Hugo, « Ce que c'est que la mort[48] », évoque Thanatos, tandis que le second, d'Achille Kirwin, « À la France : comment fut formée la nation française[49] », nous rappelle qu'Éros, engendré du Chaos, a permis la reproduction des espèces.

NOTES

1. James de Finney, «Le journal *L'Évangéline* et l'émergence de l'institution littéraire acadienne», dans *Francophonies d'Amérique*, n° 1, 1991, p. 44.

2. «Autrement dit, il devrait être possible de dégager des modèles rendant compte des conditions d'émergence des oeuvres singulières dans le cadre d'un discours social commun historiquement déterminé.» Micheline Cambron, *Une société, un récit : discours culturel au Québec (1967-1976)*, Montréal, Hexagone, 1989, p. 37.

3. Marguerite Maillet, *Histoire de la littérature acadienne : de rêve en rêve*, Moncton, Éditions d'Acadie, 1983, p. 11.

4. «Le mythe est le discours ultime où se constitue la tension antagoniste, fondamentale à tout discours, c'est-à-dire à tout 'développement' du sens». Gilbert Durand, *Figures mythiques et visages de l'oeuvre*, Paris, Berg International, 1979, p. 28.

5. Ph. F. B., [Havre à Boucher, 23 mars], *L'Évangéline*, 28 mars 1888, p. 2.

6. Marguerite Maillet, *op. cit.*, p. 16.

7. Plus tard, soit aux alentours des années 1920, le journal subira ce qu'on pourrait appeler les contrecoups de l'idéologie ultramontaine, et les textes en porteront les traces de façon beaucoup plus marquée.

8. Anonyme, «Légendes bibliques», *L'Évangéline*, 7 janvier 1892, p. 1.

9. Anonyme, «La promenade du Bon Dieu», *L'Évangéline*, 25 décembre 1912, p. 5.

10. Anonyme, «La chute d'Adam et Ève», *L'Évangéline*, 27 septembre 1894, p. 1.

11. Anonyme, «Noël», *L'Évangéline*, 19 décembre 1895, p. 1.

12. Anonyme, «Le vieux Christ de famille», *L'Évangéline*, 3 janvier 1912, p. 4.

13. Wilfrid Larose, «La messe de minuit», *L'Évangéline*, 24 janvier 1895, p. 1.

14. J. Van Lenner, «La rose du paradis», *L'Évangéline*, 24 avril 1889, p. 4.

15. A. Braud, prêtre eudiste, «À Sa Grandeur Mgr E. LeBlanc», *L'Évangéline*, 4 décembre 1912, p. 4.

16. Anonyme, «Son âme s'envola», *L'Évangéline*, 7 décembre 1887, p. 4.

17. Émile Matthieu, «Un ange de plus au ciel», *L'Évangéline*, 18 juin 1896, p. 1.

18. Eudore Évanturel, «La morte», *L'Évangéline*, 12 décembre 1895, p. 1.

19. Achille Paysant, «Infantuli», *L'Évangéline*, 8 février 1888, p. 4.

20. Carl Jung, *Introduction à l'essence de la mythologie*, Paris, Payot, 1953, p. 104.

21. Jean Sarrazin, «Les deux bébés», *L'Évangéline*, 8 août 1895, p. 4.

22. A. J. M., «Jeanne d'Arc. Ce matin-là à Rouen le 30 mai 1431», *L'Évangéline*, 11 juillet 1895, p. 2.

23. James de Finney, *loc. cit.*, p. 52.

24. J. G., Jardinier, «Le clou», *L'Évangéline*, 23 mai 1888, p. 4.

25. Maurice Lemire, *Les Grands thèmes nationalistes du roman historique canadien-français*, Québec, PUL, 1970, p. 2

26. Anonyme, «À celle qui le sait», *L'Évangéline*, 2 juin 1892, p. 4.

27. E. Deschamps, «Sonnet», *L'Évangéline*, 7 février 1895, p. 4.

28. En italiques dans le texte.

29. E. Deschamps, «Amour funeste», *L'Évangéline*, 11 juillet 1895, p. 2.

30. Anonyme, «Souffrances et bonheur», *L'Évangéline*, du 21 février 1895 au 11 juillet 1895, p. 4.

31. Anonyme, «Les supplices d'une innocente», *L'Évangéline*, du 21 juin 1906 au 22 août 1907, p. 4.

32. Serge Gagnon, *Mourir hier et aujourd'hui*, Québec, PUL, 1987, p. 165.

33. Anonyme, «La montre sans horloger», *L'Évangéline*, 14 décembre 1887, p. 4.

34. De Laprade, «Le matin», *L'Évangéline*, 22 octobre 1896, p. 1.

35. Michel Lord, *En quête du roman gothique québécois (1837-1860)*, Québec, CRELIQ, p. 13-14.

36. Anonyme, «L'orage», *L'Évangéline*, 1er août 1895, p. 4.

37. Bernhard, «Les deux Noëls», *L'Évangéline*, 26 décembre 1895, p. 2.

38. La notion de «structures anthropologiques» de Gilbert Durand ne s'applique pas à ce corpus, puisque *L'Évangéline* ne propose pas à ses lecteurs une vision globale des structures mythiques; l'analyse plus détaillée des éléments mythiques constituera une partie importante d'une thèse que prépare l'auteure. Gilbert Durand, *Structures anthropologiques de l'imaginaire*, Paris, Bordas, 1984, (10e édition), 536 pages.

39. Anonyme, «La légende des sirènes», *L'Évangéline*, 16 mai 1895, p. 1.

40. John Duffy, «Correspondance», *L'Évangéline*, 15 décembre 1892, p. 2.

41. Anonyme, «La petite sirène», *L'Évangéline*, 17 mars 1898, p. 4.

42. Carl Jung, *op. cit.*, p. 135.

43. Anonyme, «Alexandra ou la morte ressuscitée», *L'Évangéline*, 18 décembre 1912, p. 2.

44. Camille Dumoulié, «Le Poète et la Méduse» dans *La Nouvelle Revue Française*, juillet-août 1991, nos 462-463, p. 199.

45. Micheline Cambron, *op. cit.*

46. Gilbert Durand, *Figures mythiques et visages de l'oeuvre*, p. 29.

47. Glenn Moulaison, «Géants et tueurs de géants dans la littérature acadienne», *Callicriture*, no 2, Université de Moncton, Département d'études françaises, Moncton, automne 1989, p. 13. À la recherche d'un trait distinctif à la littérature acadienne, Glenn Moulaison affirme : «Ce qui me saute aux yeux tout de suite, c'est la haute récurrence de l'archétype du monstre [...]».

48. Victor Hugo, «Les contemplations : 'Ce que c'est que la mort'», *L'Évangéline*, 23 novembre 1887, p. 4.

49. Achille Kirwin, «À la France : comment fut formée la nation française», *L'Évangéline*, 23 novembre 1887, p. 4.

LA FÊTE POPULAIRE,
THÉÂTRE DES ENJEUX POLITIQUES EN ACADIE
(1885-1910)

Judith Perron
Université de Moncton

Une des premières tâches des délégués aux Conventions nationales acadiennes était de créer de puissants symboles qui devaient servir à rallier la population autour d'un projet de construction de la nation acadienne. L'adoption d'une fête nationale, lors de la première Convention, en 1881, a largement contribué à ce processus. Pour la première fois, on avait trouvé un événement qui, aux yeux des délégués, répondrait aux questions « Qu'est-ce que l'Acadie? » et « Qu'est-ce que l'Acadien? » en permettant à la nation de se célébrer, d'établir et d'affirmer tout à la fois son unité, bref, de déterminer ce qui la distinguait des autres nations.

Les journaux devront servir à consolider, à prolonger le consensus créé grâce à ces fêtes et auront « pour mission de défendre la religion et la nationalité contre les attaques de l'ennemi, [...] de tenir haut et ferme le drapeau de notre langue, notre religion et nos coutumes[1]. » Les délégués, premiers leaders acadiens formés par les collèges catholiques, se transforment chaque année en journalistes-commentateurs pour faire le résumé et l'analyse des célébrations du 15 août. De concert avec toutes les autres institutions d'alors, le journal aide donc lui aussi à définir ce que devait être l'identité acadienne.

Pour étudier le phénomène de la fête nationale-patronale des Acadiens, les sources d'information écrites, autres que ces comptes rendus publiés dans les journaux de l'époque, sont rares. En les examinant de près, on voit d'abord qu'au rituel de la fête correspond un rituel de reportage qui accentue la nature solennelle de l'événement. Chaque ingrédient des célébrations joue un rôle précis et occupe une place définie, non seulement dans les cérémonies entourant la fête elle-même, mais aussi à l'intérieur du reportage qui, invariablement, accorde la priorité à certaines parties du programme. Mais au delà de cet agencement narratif des événements, on constate aujourd'hui l'importance du caractère théâtral des célébrations du 15 août et la diversité des procédés utilisés pour « théâtraliser » la fête nationale.

Le 21 juillet 1881. Premiers débats de la première Convention nationale des Acadiens. L'élite des diverses régions de l'Acadie choisit la fête de l'Assomption comme fête patronale. Mais ce ne n'est pas sans débattre la question, car le choix de la fête des Québécois, la Saint-Jean-Baptiste, est également proposée comme fête patronale.

Plusieurs délégués se prononcent en faveur du 24 juin en invoquant les intérêts mutuels des deux peuples francophones du Canada, leur origine et leur langue communes, et en favorisant leur union pour accroître leur influence sur les plans économique, littéraire et politique[2]. Il faut, affirment-ils, devenir l'égal des autres peuples sur tous ces plans.

Toutefois, il semble que les arguments d'ordre économique et politique sont moins importants, moins imposants que l'argument de la nationalité distincte du peuple acadien. L'unité de tous les francophones du Canada risque de nuire au développement du peuple acadien; on craint même que l'Acadie ne disparaisse, qu'on oublie son histoire. En effet, les délégués favorables à l'Assomption soulignent surtout le devoir qu'ont les Acadiens de se distinguer des autres peuples, de célébrer la race, de faire en sorte que l'Acadie devienne une nation. Il faut, disent-ils, trouver une occasion de réunir tous les Acadiens et favoriser la communication entre eux pour faire face à l'avenir. Plus que tout, ils invoquent le passé et l'origine des Acadiens comme preuves de leur différence. La souffrance et les épreuves surmontées appartiennent à l'Acadie seule. La fête nationale doit servir à se souvenir de l'histoire, du passé malheureux et du courage des ancêtres, et à célébrer leur victoire.

Par ailleurs, on préfère la Vierge à saint Jean-Baptiste parce qu'elle est symbole de courage et parce qu'elle représente le réveil national des Acadiens : elle « correspond le mieux au sentiment religieux du peuple[3] » qui, comme elle, peut célébrer son ascension, sa victoire, sa montée vers le progrès grâce à la foi.

C'est sur ce ton qu'on choisit le 15 août. En parlant de l'origine, du passé et de l'histoire, les délégués frappent une corde sensible chez les membres votants. Le « réveil national » doit être accompagné d'une façon de se faire connaître et de se faire voir, de se faire respecter comme peuple distinct à l'intérieur du Dominion. Vue de l'extérieur, une fête indépendante signifierait un peuple fort. Il faut mettre en évidence ce qui fonde la nationalité acadienne : la langue, la foi, les traditions conservées, le tempérament, mais surtout le passé. L'origine singulière des Acadiens du Canada, l'errance et les misères surmontées deviennent la force unificatrice.

> Voulez-vous savoir, messieurs, ce qui fait que le petit peuple acadien se distingue de tous les peuples de la terre? [...] Ce sont les vicissitudes orageuses de son existence, jointes à son long isolement de la France et du Canada [*sic*], qui ont formé sa physionomie nationale et qui le font reconnaître comme un peuple distinct au milieu de tous les peuples qui l'entourent[4].

La fête nationale, selon les délégués, doit unir le plus d'Acadiens possible, elle doit être « vraiment populaire[5] », faire éclat, mais de manière solennelle pour la distinguer des fêtes « païennes[6] ». En proposant une fête patronale et nationale, en lui donnant aussi comme objectif de faire revivre le passé et l'histoire douloureuse, devenue presque mythique, on veut combiner la fête pure et la fête institutionnelle. Les débats qui précèdent le choix de la fête de l'Assomption évoquent les éléments de la fête idéale, que F.A. Isambert synthétise sous trois vocables : « rassemblement tumultueux, temps mythique et recréation par la reviviscence du chaos des origines[7] ». Et les journaux qui font état des rassemblements reprennent, eux aussi, les éléments de la fête pure, mais, paradoxalement, en leur assignant une fonction bien précise :

> Demain, le 15 août, est la fête de l'Assomption, fête patronale des Acadiens. Toutes les églises des paroisses françaises seront remplies de fidèles qui iront prier pour le salut de leur âme et la prospérité de leur race. Ce sera pour nous une journée prières [*sic*] en même temps que d'éjaculations patriotiques [*sic*]. Dans plusieurs endroits, la chaire sacrée laissera tomber des paroles saintes pour l'édification des fidèles catholiques. Des orateurs publics parleront aussi au coeur des citoyens pour le bien général de notre race en Amérique. Sa vocation sera expliquée, de fraîches espérances seront inspirées[8].

Les journaux, qu'il s'agisse de *L'Évangéline*, du *Moniteur Acadien* ou du *Courrier des Provinces Maritimes*, résument les célébrations, en insistant sur le caractère pragmatique et identitaire de la fête. En fait, on y raconte la fête de manière à mettre en évidence le déroulement de la messe et le contenu du sermon. On reproduit généralement le texte intégral des orateurs invités, on dresse la liste des personnalités éminentes venues non seulement de tous les coins de l'Acadie, mais aussi du Québec ou d'ailleurs au Canada, et on excuse l'absence de l'un ou de l'autre, sénateur, homme politique ou curé.

Les journalistes et les commentateurs de l'époque s'adressent à un public qu'ils considèrent homogène. Leur récepteur modèle est un Acadien, bien sûr, un catholique fervent qui respecte toutes les institutions qui sont en train de naître. Curé, avocat, médecin, instituteur, homme politique ou étudiant, il fait partie de l'élite acadienne ou aspire à en faire partie. À quelques rares exceptions seulement s'adresse-t-on au public général, au paysan ou au colon.

> Oui messieurs, si vous possédez vos terres, si vous avez de grandes terres, si vous les cultivez bien avec ardeur, avec courage, votre fortune est là, vous possédez vraiment votre pays, vous l'aimez, vous lui faites honneur, vous le soutenez, vous êtes les bienfaiteurs du pays, vous êtes heureux, inutile de le dire par conséquent vous aimez votre patrie et elle vous le rend[9].

Le lecteur du journal, surtout le notable acadien, est donc l'acteur principal de la fête théâtralisée. Parce qu'ils accentuent le côté religieux et politique des célébrations, ces reportages informent peu sur la véritable identité acadienne. Le peuple en général participe à la fête surtout en tant que spectateur hors-institutions, et sa manière de célébrer est omise des comptes rendus. On peut même se demander, comme le fera plus tard la Sagouine, s'il pouvait se sentir véritablement concerné par toutes les banderoles et les processions :

> Je pouvions pas suire la messe parce que j'avions pas de place dans les bancs mais je pouvions ouère la parade quand c'est qu'a passait en airiére de l'église. [...] Une fois passé le Mênuit chrétchen et Ça borgers-assemblons-nous, je nous rassemblions toutes devant la porte de l'église et je nous en allions finir Nouël dans nos cabanes[10].

Toutes les paroisses acadiennes sont invitées à fêter le 15 août, « au moins par la célébration d'une grand'messe[11] ». On célèbre tantôt avec une « religieuse cordialité[12] », tantôt dans un « ordre parfait[13] », toujours « avec foi et piété[14] ». Si dans certains cas les grands rassemblements ne sont pas possibles en raison de l'isolement des paroisses ou de l'impossibilité de recevoir des orateurs importants, la célébration prend l'allure d'une « récréation[15] », d'une « petite fête de famille[16] ». Et il n'est pas rare de reporter les célébrations au dimanche, si la date du 15 tombe une journée de semaine.

On commence à fêter l'Assomption à l'église pour se rendre, par la suite, au lieu où l'on peut entendre les nombreux orateurs qui se sont déplacés pour l'occasion. La foule réunie et les discours donnent alors à la fête « les proportions d'une grande convention[17] », d'une « grande démonstration nationale[18] ». Comme le récit ritualisé de la fête nous permet de le voir, on donne plutôt à la fête patronale le caractère des institutions qui l'ont fait naître, c'est-à-dire un caractère politique et patriotique.

> J'avais bien remarqué sur le terrain une espèce d'estrade toute couverte de banderoles; j'aurais dû sans doute avancer, mais tout à coup, je me trouve en face d'un comité d'organisation. C'est M. Urbain Johnson qui s'avance sur le bord de l'estrade et annonce au public que des orateurs vont se faire entendre, puis jette dans l'auditoire le nom de l'Hon. Pierre Landry[19].

Aussi les discours fournissent-ils l'occasion de mettre en vedette les personnalités qui ont « réussi » et qui ont un message patriotique à livrer : « M. Arthur Melanson, élève en Philosophie à Montréal et enfant de la paroisse, fut appelé à faire un discours[20]. »

Si dans ces comptes rendus des journaux on ne peut reproduire les discours intégralement faute d'espace, on garde de ceux-ci les éléments qui correspondent le mieux au rituel institutionnalisant du reportage :

> Urbain Johnson, M.P.P.
> Est reçu par des applaudissements prolongés. Il est heureux de trouver les Acadiens dans toutes les classe(s) de société, dans toutes les professions.

Rév. R.X. Michaud

> Il est content de voir un aussi grand nombre de gens rassemblés en l'honneur d'un si grand événement [...]. Il voit avec bonheur les couvents se multiplier. Il est porté à dire que le couvent est plus utile que le collège, car la femme chrétienne est la gardienne de la foi et de la langue[21].

On profite également du 15 août pour fêter les vingt-cinq années de prêtrise du curé du village[22], pour recevoir avec pompe l'évêque du diocèse[23] ou encore pour organiser un bazar, une loterie ou un pique-nique au bénéfice des plus démunis ou au profit de l'achat d'un monument pour la paroisse.

Il y a une dimension du reportage qui accorde une importance au sentiment d'appartenance, à cette part de la fête où la « communauté se donne elle-même spectacle d'elle-même[24] », où la « substance sociale [...] se présente comme un tout organique[25] »; les membres éprouvent tous la même émotion devant le portrait qu'ils se font d'eux-mêmes. L'attendrissement, l'allégresse, le délire et les larmes accompagnent le souvenir.

> Quel magnifique spectacle! Quelle fête grandiose! qui ne serait pas enthousiasmé en voyant les représentants d'un peuple jadis si malheureux, mais rassemblés [sic] aujourd'hui pour chômer d'une manière si éloquente son progrès, sa régénération, pour témoigner aux pieds des autels cet attachement inébranlable à la foi [des] aïeux; attachement qui causa nos souffrances autrefois, mais qui fait notre gloire présente[26].

Néanmoins, le caractère institutionnel de la fête, son caractère pratique, politique et religieux, éclipse la fête « pure », du moins selon le récit qu'en font les comptes rendus et les articles. Dans cette perspective, la souffrance du passé et la régénération forment un tout qui doit être perçu comme l'élément fondateur, comme la condition de cohésion du peuple acadien.

La fête, selon Isambert, est une « institution génératrice de spontanéité. Mais, ajoute-t-il, il est des moments où l'institution tolère une faible spontanéité [...], où il faut attendre la nuit pour les réjouissances populaires. Il arrive alors que les deux aspects apparaissent dissociés, comme deux éléments étrangers, voire contradictoires[27] ». Dans l'Acadie du XIXe siècle, on se sert du 15 août à d'autres fins que celle de la célébration de la communauté. On fête le Catholique, le Français, la Race, mais en célébrant surtout la partie du peuple qui s'est distinguée selon les critères du temps. On laisse pour compte le reste de la communauté : l'agriculteur est réduit à l'état de spectateur d'une scène à laquelle il ne peut participer véritablement. Le paysan est exclu de la tribune des orateurs; seul le fait qu'il soit né catholique et qu'il soit d'origine française lui donne droit de cité.

> Il n'y a qu'à la campagne qu'on s'amuse bien, quand on est réuni en grand nombre; et de tous les paysans du monde nul ne sait peut-être mieux se recréer que le paysan français. L'Écossais vient immédiatement après.[...] On y est gouailleur souvent, surtout les vieux; mais l'antique urbanité

française n'est jamais bannie des causeries même les plus pimentées. On s'aperçoit d'abord qu'on a affaire à des chrétiens et à des hommes bien nés[28].

Telle qu'elle est racontée, la fête est occultée par le discours patriotique qui domine les célébrations du 15 août, et par les divertissements tels les jeux, les loteries et les bazars. Cependant, et les journalistes de l'époque l'ont bien vu, la fête est également le théâtre où se jouent les moments les plus intenses du processus d'affirmation de l'identité acadienne. Duvignaud dit que « à des degrés différents un meeting politique, une messe, une fête de famille ou de quartier sont, eux aussi, des actes dramatiques[29] ». Les célébrations, par leur solennité, sortent du quotidien, permettent aux participants, orateurs ou spectateurs, de porter un regard différent sur leur entourage. Les processions, les sermons de circonstance, la construction d'estrades spéciales pour recevoir les personnalités éminentes, les cérémonies d'accueil, les chants, sans oublier le rappel constant du passé et de l'histoire, font en sorte que le réel est momentanément transformé. Il devient porteur de fiction. Les participants peuvent faire appel à l'imaginaire, ils sont conscients du rôle qu'ils ont à jouer pour la circonstance, ils connaissent l'intention de la fête, celle d'être « touchante, imposante[30] », par son discours et par la transformation qu'elle exige de l'espace où elle a lieu[31].

Bien que ses buts avoués soient religieux et patriotiques, l'un n'allant pas sans l'autre à l'époque, la fête de l'Assomption est indéniablement une fête de nature théâtrale où on a l'occasion de sortir du quotidien, en dépit du fait qu'elle enlève à la majorité des participants le droit d'être intégrés aux cérémonies les plus importantes.

> Après ce discours, la foule se dispersa et le reste de la matinée se passa en jeux et divertissements jusqu'à l'heure du dîner qui fut servi sur le terrain de l'église.
> À trois heures de l'après-midi, la foule se réunit autour de l'estrade pour entendre les autres orateurs de la journée. M. le président appelle d'abord M. Narcisse Landry, avocat de Bathurst[32].

De plus, même si le théâtre acadien à cette époque n'en est qu'à ses premiers balbutiements, on manque rarement d'inclure dans le programme de la fête une « soirée dramatique et musicale ». Ce sera le théâtre dans le théâtre, une forme de mise en abîme.

Outre leur visée patriotique, les représentations théâtrales et les « séances » ont à cette occasion deux fonctions principales. La première, celle d'amuser, au même titre que les autres divertissements. Ainsi annonce-t-on que la séance dramatique et musicale aura un succès certain vu le talent des acteurs[33], qu'elle comportera surtout des pièces comiques[34] et qu'elle saura « rendre amusant et joyeux le séjour des compatriotes[35] » durant la réunion nationale.

La seconde fonction consiste à reprendre sur scène le drame, pour ne pas dire la tragédie, du peuple acadien. Lors des fêtes de 1901 à Petit-Rocher, on adapte au théâtre le poème *Évangéline* de Longfellow, qui a fait connaître à l'Amérique du Nord le sort des Acadiens par la voix d'Évangéline Bellefontaine, devenue héroïne, symbole et sainte. Un tel choix n'a rien de gratuit, surtout que l'idée est venue un peu sur le tard, les auteurs ayant composé la pièce en moins de 24 heures, dans le but d'ajouter aux célébrations un élément manquant et leur donner l'ampleur qu'elles méritaient.

> Le drame « Évangéline » [fut] composé pour l'occasion par M. Alphonse Turgeon, B.A., assisté de M. J. Flavien Doucet. Leur travail n'a pas été en vain, [...] car les acteurs ont réussi à intéresser l'auditoire jusqu'à la fin, et de plus, ont fait comprendre davantage, d'après ce que l'on entend depuis, ce chapitre néfaste de l'histoire de l'Acadie, à la population de cette paroisse[36].

Comme le dit encore Duvignaud, ce qui distingue le simple « aspect théâtral » du véritable théâtre, c'est que ce dernier permet la sublimation des conflits réels. Au théâtre, on peut prêter « une conscience malheureuse à l'individu sélectionné en raison de son atypisme ou de sa fonction privilégiée[37] ». Ainsi, à partir du moment où il est entendu que l'origine des Acadiens et leurs malheurs constituent leur différence et leur force, les séances-divertissements ont, dans les comptes rendus, nulle autre fonction que de faire rire, et c'est principalement la sublimation des misères du passé qui réussit le mieux. Il y a, comme dans toute représentation théâtrale, sublimation de conflits, mais ici on s'accroche à ceux-là mêmes qui proviennent du passé lointain, des ancêtres, qu'on ressent à cause de l'hérédité, à cause de la mémoire.

> Au fond, ce dont il s'agit, c'est de s'extraire progressivement [de l'histoire] afin de parvenir à l'origine qui, une fois retrouvée, assume la régénération de l'être usé. C'est la mémoire la plus éloignée qui restaure les énergies perdues, qui redonne la plénitude recherchée, qui aide à se re-trouver[38].

Tel le théâtre de la mémoire, dont parle Georges Banu, le théâtre de la fête nationale acadienne replace le spectateur dans un « temps passé, vécu [lui permettant] d'en faire l'expérience », d'assister à « sa rédemption[39] ». Le spectateur a, devant lui, le passé des aïeux, de l'empremier, le temps originel. Ce passé alimente son souvenir, l'aide à se situer par rapport au présent et à l'avenir et, surtout, l'aide à comprendre. Le plaisir de la mémoire et le plaisir de comprendre[40] s'entrelacent, faisant appel à l'émotion et à l'intelligence, toujours dans le but de se définir comme groupe et comme individu, vu le contexte patriotique dans lequel il a lieu.

Or, la fonction mnémonique du théâtre est également accomplie par les discours politiques et patriotiques des orateurs invités, et parfois avec plus de conviction et de portée.

En 1901, la présentation d'un tableau peint par un artiste canadien occupe, elle aussi, cette fonction :

Parlant du tableau qui doit être présenté, tableau qui redit l'épopée sublime et touchante des malheurs de nos pères, [le curé] nous engagea à nous rappeler que nous sommes les fils des martyrs de [17]55, à aimer ce sol de l'Acadie [...]. Il désire que Memramcook soit la ville sainte, la Mecque de l'Acadie, où nous viendrons nous enthousiasmer, réveiller notre patriotisme au pied du grand tableau.[...] Ici le rideau qui voilait le tableau fut levé au milieu des applaudissements, des cris de l'auditoire. C'était un enthousiasme délirant. Les gens étaient debout secouant leurs mouchoirs et leurs chapeaux. Mais, dans les yeux, il y avait des larmes. L'orateur, se tournant vers cette peinture, recommença en apostrophant Évangéline. « Quand on voit, dit-il, d'où vous êtes partis et où vous êtes aujourd'hui, on peut dire que vous avez tous les éléments d'un grand peuple »[41].

Ces discours ont le même effet sur le spectateur, soit celui de ressusciter son passé, de l'inviter à reconquérir, par la mémoire et l'imaginaire, l'histoire racontée et ce, toujours dans le but de s'identifier aux malheurs dont elle a été témoin.

Notre ambition, c'est de nous rendre digne [sic] de nos aïeux, de reprendre notre place au soleil dans toutes les sphères. Sans le souvenir du passé, sans traditions, sans notre langue, sans le nom acadien, il en est fait de nous. [...] Plus on respectera notre histoire immortalisée en prose et en poésie [...] plus nos droits seront respectés[42].

Dans le contexte de la fête nationale, les orateurs sont perçus comme ces personnages sur qui on projette « une conscience collective[43] ». Ainsi, le théâtre représenté sera-t-il l'autoréflexion du citoyen-personnage qui est en train de jouer un rôle essentiel pour le développement de l'Acadie. L'héroïque Évangéline représente le courage du peuple qu'on célèbre; ses malheurs surmontés grâce à la foi, c'est la victoire d'une partie du peuple sur l'accès limité à l'éducation. Le spectateur, l'autre partie, sera toujours celui qui ne peut concrètement participer à l'avancement, au progrès intellectuel et scientifique de l'Acadie, c'est-à-dire le petit peuple. La fête, théâtralisée, est donc récupérée par le discours patriotique et religieux qu'on adopte pour en faire le récit. Le théâtre, en tant qu'outil, est lui aussi mis au service des institutions de l'époque. Vu comme divertissement ou instrument du retour aux sources, il est utile mais non essentiel puisque le rôle initiatique qu'il joue est également tenu par les autres parties de la cérémonie : sermons et discours. Dans ce contexte aussi, à peu près tout ce qui intervient est sublimé : la fête est transformée en une grande convention, elle devient la scène où se déroule la manifestation nationale, manifestation qui passe par la mémoire du temps originel.

NOTES

1. «Rapport sur la presse par M. Ferdinand Robidoux», *Conventions nationales des Acadiens*, Shédiac, Moniteur Acadien, 1907, p. 136.

2. «Discours du Très-Rév. Père C. Lefebvre», *Conventions nationales des Acadiens*, par Ferdinand Robidoux, Shédiac, Moniteur Acadien, 1907, p. 68.

3. «Discours du Rév. S.J. Doucet», *ibid.*, p. 45.

4. *Ibid.*, p. 48.

5. *Ibid.*, p. 46.

6. «Discours du Rév. M. F. Richard», *ibid.*, p. GO.

7. F. A. Isambert, «Fête», *Encyclopaedia Universalis*, vol. 6, Paris, 1968, p. 1047.

8. Anonyme, «La fête nationale des Acadiens», *Le Courrier des Provinces Maritimes*, 14 août 1902, p. 36.

9. Anonyme, «L'Assomption à St-Louis», *Le Courrier des Provinces Maritimes*, 3 septembre 1885, p. 3.

10. Antonine Maillet, *La Sagouine*, Montréal, Leméac, 1986, p. 74-75.

11. P. A. Landry et Pascal Poirier, «Notre fête nationale», *Le Courrier des Provinces Maritimes*, 1er août 1885, p. 2.

12. F. H. «Les fêtes de l'Assomption au collège du Sacré-Coeur de Caraquet», *L'Évangéline*, 3 septembre 1903, p. 2.

13. X., «Résumé des jours de fête de la semaine dernière», *L'Évangéline*, 21 août 1890, p. 2.

14. Anonyme, «L'Assomption à St-Louis», *loc. cit.*

15. Comité, «Fête à Rogersville», *Le Courrier des Provinces Maritimes*, 9 août 1888, p. 3.

16. Anonyme, «Fête de l'Assomption à Caraquet», 14 août 1902, p. 2.

17. P. A. Landry et Pascal Poirier, *loc. cit.*

18. Anonyme, «La fête nationale à St-Louis-de-Kent, N.-B.», *Le Courrier des Provinces Maritimes*, 7 août 1902, p. 3.

19. Anonyme, «L'Assomption à St-Louis», *loc. cit.*

20. Correspondant spécial, «La fête nationale au Petit-Rocher, N.-B.», *L'Évangéline*, 5 septembre 1901, p. 1.

21. Anonyme, «L'Assomption à Memramcook, suite», *L'Évangéline*, 29 août 1901, p. 3.

22. P. A. Landry et Pascal Poirier, *loc. cit.*

23. F. H., *loc. cit.*

24. Jean Duvignaud, *Le Théâtre et après*, Paris, Casterman, 1971, p. 56.

25. Jean Duvignaud, *Fêtes et civilisations*, Genève, Weber, 1973, p. 43.

26. Anonyme, «L'Assomption à Memramcook», *L'Évangéline*, 22 août 1901, p. 2.

27. F. A. Isambert, *loc. cit.*, p. 1048.

28. Anonyme, «La fête nationale à Grand-Digue, N.-B.», *L'Évangéline*, 28 août 1889, p. 1.

29. Jean Duvignaud, *Sociologie du théâtre : essai sur les ombres collectives*, Paris, PUF, 1965, p. 4.

30. Cyriaque Daigle et U. Johnson, «La fête nationale à St-Louis», *L'Évangéline*, 31 juillet 1889, p. 3.

31. Josette Féral, «La théâtralité. Recherche sur la spécificité du langage théâtral», *Poétique*, n° 75, septembre 1988, p. 347-361.

32. Anonyme, «L'Assomption à Memramcook», *loc. cit.*

33. Cyriaque Daigle et U. Johnson, *loc. cit.*

34. Anonyme, «Fête nationale à Rogersville», *Le Courrier des Provinces Maritimes*, 25 août 1898, p. 3.

35. Anonyme, «Grande démonstration à Church Point, N.-É.», *L'Évangéline*, 19 août 1907, p. 3.

36. Anonyme, «La fête nationale du Petit-Rocher, N. B.», *L'Évangéline*, 5 septembre 1901, p. 1. Voir aussi : Anonyme, «L'Assomption au Petit-Rocher. La fête nationale célébrée avec un éclat et un enthousiasme extraordinaire», *Le Courrier des Provinces Maritimes*, 22 août 1901, p. 3.

37. Jean Duvignaud, *Spectacle et Société*, Paris, Denoël, 1970, p. 39.

38. Georges Banu, *Mémoires du théâtre*, Paris, Actes Sud, 1987, p. 73.

39. *Ibid.*, p. 20.

40. Voir Anne Ubersfeld, *L'École du spectateur*, Paris, Éditions sociales, 1981.

41. Anonyme, «L'Assomption à Memramcook, suite», *loc. cit.*

42. «Sermon du Rév. P. H. Belliveau», dans «L'Assomption à Memramcook, suite», *ibid.*

43. Jean Duvignaud, *op. cit.*, p. 39.

DON L'ORIGNAL ET LES CRASSEUX D'ANTONINE MAILLET : VICTOIRE ET ÉCHEC DU NATIONALISME ACADIEN

Denis Bourque
Université de Moncton

Deux oeuvres d'Antonine Maillet constituent des transpositions dans le monde de l'imaginaire de la conscience historique du peuple acadien telle qu'elle a pu s'exprimer au moment où Maillet écrivait ces oeuvres, c'est-à-dire à la fin des années soixante et au début des années soixante-dix. Les oeuvres en question sont *Don L'Orignal* (1967) et la deuxième version des *Crasseux* (1974). Le premier texte, écrit dans une période d'optimisme et de grande effervescence idéologique, présente l'image d'une Acadie triomphante des vicissitudes de l'histoire. Le second, par contre, écrit à un moment où la société acadienne se trouvait profondément divisée, exprime une vision historique pessimiste et signale, à notre avis, l'échec, apparent à ce moment-là, du nationalisme acadien.

Mais penchons-nous d'abord sur ces années de remise en question et de foisonnement idéologique que furent en Acadie les années soixante. Nous nous appuierons en grande partie sur l'étude de Jean-Paul Hautecoeur intitulée *L'Acadie du discours* qui demeure le document sociologique le plus complet et le plus important écrit sur l'époque.

L'Acadie, en 1960, semble être arrivée à un point tournant de son histoire. C'est du moins ce qu'affirme son élite intellectuelle qui, ayant assisté pendant la période de l'après-guerre à l'influence de plus en plus grandissante en Acadie de la société moderne et ayant constaté le taux d'anglicisation croissant, craint profondément pour la survie de la culture acadienne. Cette élite se décide à prendre les mesures nécessaires pour assurer la continuité de la société menacée[1]. Elle procède à la réorganisation et à la consolidation des institutions nationales. En outre, la Société nationale des Acadiens, la Société des Acadiens du Nouveau-Brunswick, la Société historique acadienne et l'Université de Moncton sont fondées.

Derrière ces actions concrètes, qui peuvent rétrospectivement être jugées assez progressistes, se cache, d'après le sociologue Hautecoeur, une profonde résistance au changement et un désir de retrouver un temps plus intact, moins compliqué et, par conséquent, moins menaçant : le temps pur des origines mythiques. L'analyse du discours officiel révèle qu'il est, en effet, bien plus tourné vers le passé que vers l'avenir; ou plutôt que, pour construire l'avenir, le discours officiel se tourne constamment vers le passé.

Par un habile recours aux mythes collectifs, l'élite tâche de se forger, pour elle-même et pour la collectivité, une vision de l'histoire acadienne qui est parfaitement sécurisante : totalisante et imperméable au changement historique. Tous les grands mythes de l'histoire acadienne sont évoqués dans cette tentative de créer une vision historique continue et harmonieuse : le mythe de l'âge d'or de la colonie primitive, celui de la déportation et celui de la Renaissance acadienne. Hautecoeur écrit : « ... c'est le passé tout entier qui doit être réapproprié, c'est donc toute l'histoire acadienne depuis le commencement qui doit prendre la forme totalisante du mythe[2] ». Pour les fins de notre analyse, examinons le contenu de ces mythes.

Pour contrer la menace que les temps présents semblent faire peser sur la société, c'est d'abord au mythe de l'Acadie originelle qu'on fait appel, pour établir entre elle et l'Acadie actuelle une authentique continuité, pour affirmer, en quelque sorte, l'existence d'une Acadie immuable et éternelle. Différents auteurs, comme Dièreville, Longfellow et l'historien Lauvrière, avaient auparavant jeté les bases de ce mythe qui présentait une image idyllique de l'Acadie des premiers temps, qui faisait de la période précédant la déportation une espèce d'âge d'or et qui faisait, de l'Acadie elle-même, un paradis terrestre. La caractéristique principale des premiers Acadiens, d'après le mythe, c'est qu'ils formaient un peuple heureux. Voici la description de l'aisance et du bonheur des habitants que faisait Dièreville en 1708 :

> De ce séjour les Habitans
> Où chacun pour vivre travaille,
> Ne laissent pas d'être contens;
> [...]
> Chacun sous un rustique toit
> Vuide en repos sa Huche et sa Futaille,
> Et se chauffe bien en temps froid,
> Sans acheter le Bois denier ny maille;
> Où trouve-t-on des biens si doux?
> Ce pays pourrait être un Pays de Cocagne...[3]

Cette description a été reprise par l'historien :

> Par delà les pentes de leurs domaines se déployaient, plus vastes chaque année, champs de blé, de seigle et de bled d'inde (maïs) et même chènevières [...] c'était un peuple heureux [...]. Nés Français, une gaîté spontanée, « avide de réjouissances », tempérait ce qu'il pouvait y avoir de rude en leurs labeurs et de frustre en leurs manières[4].

Et chantée par le poète :

> Dans un vallon riant où mouraient tous les bruits,
> Où les arbres ployaient sous le poids de leurs fruits,
> [...]

> On voyait autrefois, près du Bassin des Mines,
> Un tranquille hameau fièrement encadré,
> C'était, sous un beau ciel, le hameau de Grand-Pré,
> Du côté levant, les champs, vaste ceinture,
> Offraient à cent troupeaux une grosse pâture[5].

Lauvrière, en particulier, souligne la joie de vivre des Acadiens, leur hospitalité et leur propension à la fête :

> ... en hiver surtout, durant les longues veillées du soir [...] on se livrait aux joies d'une cordiale hospitalité : on se réunissait entre amis et voisins [...], on buvait « le cidre doux » ou le sirop d'érable, ou même un peu de vin de France [...], on racontait des histoires [...] on chantait les vieilles chansons du temps jadis, on dansait...[6]

On a souligné aussi la santé, la vigueur, la robustesse des premiers Acadiens. Citant Moïse de les Derniers, Lauvrière écrit : « c'était un peuple fort et sain[7] ». Et on a insisté sur l'harmonie, l'autosuffisance et le dynamisme de cette collectivité. Résumant ces aspects, Hautecoeur écrit : « Le mythe présente le modèle idéal d'une société sans conflit, auto suffisante et destinée à se perpétuer[8]. » Enfin, plusieurs auteurs ont mis en valeur la vie profondément archétypale de ces Acadiens dont la valeur première aurait été leur fidélité à leurs origines françaises.

Dans les années soixante, on évoque aussi un autre grand mythe historique : celui de la déportation. Il a été jusque-là la principale source de définition collective, les Acadiens s'étant définis surtout comme minorité opprimée. On cherche maintenant à dédramatiser cet événement et à le situer dans son juste contexte historique. Il demeure, en revanche, un élément capital dans le processus de mythification globale de l'histoire : « Dédramatiser 1755, précise Hautecoeur, ne revient pas à démythifier l'histoire, au contraire. C'est pour redonner au tout historique la cohérence du mythe que 1755 doit être remis à sa place[9]. » C'est sous le signe du feu et du chaos que la déportation est évoquée. Hautecoeur poursuit : « L'Acadie devint subitement une terre brûlée; son peuple était destiné à retourner à l'état de nature, livré sans recours à la puissance des éléments : le cosmos anéanti retournait à l'état du chaos primordial[10]. »

Dans le discours officiel, un troisième moment important dans l'histoire acadienne se trouve maintenant privilégié et tend à remplacer la déportation comme schème de référence principal : il s'agit de la Renaissance acadienne. À la déportation, auraient succédé de nouvelles fondations identiques aux premières et cent ans de silence, d'isolement et de reconstruction pénible après lesquels serait apparue une génération de chefs. Héritiers des premiers fondateurs héroïques, ils auraient réunifié l'Acadie et l'aurait fait renaître. L'élite des années soixante se situe dans la lignée de ces chefs et de ces fondateurs et se donne comme mission de parachever leur oeuvre, de mener l'Acadie jusqu'à son épanouissement.

Progressivement, à partir de 1966, un contre-courant idéologique se dessine chez une certaine jeunesse intellectuelle en majeure partie étudiante et regroupée surtout à l'Université de Moncton. Constatant la situation précaire de la communauté acadienne, tant sur les plans linguistique et culturel que sur le plan économique, ces jeunes idéologues se fixeront comme but de créer, comme l'avaient fait leurs prédécesseurs, une vision totalisante de l'histoire acadienne qui leur permettra d'envisager, dans l'avenir, l'arrivée de temps heureux. Toutefois, cette vision sera critique à l'égard de celle de l'élite, que l'on accuse d'exercer son pouvoir de façon oligarchique, en marge de la jeunesse et de la masse du peuple. On évoque le mythe des origines et aussi celui de la déportation qui explique l'état actuel de l'homme acadien, vaincu et colonisé. « Le contre-projet des jeunes Acadiens, écrit Hautecoeur, veut être d'expulser du vieil homme acadien l'homme colonisé pour ne garder que l'homme libre, semblable au fier ancêtre des premiers jours de la colonie[11]. » Quant au mythe de la Renaissance, il est complètement éliminé du champ historique car, d'après ces jeunes Acadiens, il n'y a jamais eu, chez le peuple, de renaissance. Ils entrevoient plutôt la création d'une nouvelle société utopique résolument tournée vers l'avenir, mais fidèle en même temps à ses propres origines. Hautecoeur cite, entre autres, ce militant du mouvement néo-nationaliste qui affirmait que le « nouvel Acadien doit naître, résolument tourné vers l'avenir sans rejeter les traditions valables de son passé[12] ».

À notre avis, le roman *Don L'Orignal* reflète l'optimisme inhérent à ces deux visions mythiques de l'histoire acadienne. Mais cette oeuvre va encore plus loin : elle transcende, pensons-nous, le conflit des générations et des idéologies qui a profondément divisé l'Acadie à la fin des années soixante, effectuant, sur le plan de l'imaginaire, la réunification de la société par la réconciliation d'idéologies contraires. *Don L'Orignal*, en effet, combine les deux visions mythiques dont nous avons parlé et nous présente, comme formant un tout, les quatre grands moments de l'interprétation historique : les Origines, la Déportation, la Renaissance et l'Utopie que prévoyait la jeunesse intellectuelle.

D'abord, le roman met en opposition deux sociétés : les Bourgeois continentaux et les Puçois insulaires. On peut associer la société bourgeoise à la société anglo-saxonne, surtout à cause de son mercantilisme. Sur sept personnages bourgeois présentés, trois gèrent des commerces : le marchand, la chapelière et le barbier. Un quatrième est banquier et ses préoccupations démontrent que cette société est régie par une économie de type capitaliste. Il s'intéresse à l'Île-aux-Puces en raison de sa « valeur immobilière[13] ». « Homme de finance » (p. 147), son attention est toujours portée sur les intérêts à faire. Certaines coutumes de cette société bourgeoise sont, elles aussi, très représentatives de la société anglo-saxonne telles « le bridge, le corset, le plum pudding » (p. 187). Ce sont les Bourgeois aussi qui déporteront les Puçois qui, de leur côté, forment une société idyllique et archétypale à l'image de la société acadienne originelle.

Le peuple puçois, en effet, incarne le mythe des origines du peuple acadien. Premièrement, il fait preuve de fondations solides, de santé et de vigueur. C'est en ces termes que l'auteure le décrit au début du roman : « Il était là, droit debout, les pieds bien enfoncés dans la terre molle de l'île, la poitrine bombée, et le front fouetté par les quatre vents » (p. 25). De plus, il est profondément archétypal. Dans le roman, il y a de nombreuses références aux ancêtres, qui jouent, pour le peuple puçois, le rôle de modèles. Rappelons cette justification d'archétype qui lui permet de poser un acte nécessaire à sa survie : le vol du baril de mélasse que refuse de lui vendre, en période de famine, le marchand de la terre ferme. Avant d'agir, Don l'Orignal, le chef des Puçois, consulte les vieillards de son royaume. Le plus vieux d'entre eux affirme qu'un tel acte a déjà été accompli par un ancêtre : « Mon défunt père avant sa défunte mort s'est saisi d'une caisse de morues sèches pour nourrir sa famille en train de périr. » (p. 71) Et tous les autres vieillards donnent leur approbation. On discute encore, pour la forme, mais malgré les arguments qui suivent, la légitimité de l'acte a été assurée dès que s'est prononcée la sagesse ancestrale.

Les Puçois sont joviaux et fringants. (p. 37) Comme les premiers Acadiens, ils forment un peuple heureux. Leur joie de vivre s'exprime de façon exceptionnelle dans le manger, le boire et la musique :

> Don l'Orignal et son peuple étaient tous hommes de bonne constitution et de bon ventre. Ces gaillards aimaient comme personne en leur temps manger gras et boire dru. Et quand ils avaient bien fait l'un et l'autre, ils révélaient les plus grandes capacités de joie et de redondances jamais rencontrées dans tout l'est du pays. Les accordéons se mettaient alors à pomper, les violons à grincer, les pieds à battre les planches, et les gorges à gueuler toutes les charmantes divagations que les cerveaux échauffés pouvaient concevoir. (p. 135)

Le bonheur et l'insouciance de ce peuple sont les mieux décrits à l'occasion de la noce de Citrouille. Les Puçois fêtent alors une journée durant et lui construisent une hutte. Il est dit qu'à cette occasion, le peuple de l'île était « saoul de fruits sauvages, de vent doux et de bonne vie ». (p. 166) La description du retour de la noce présente l'image idyllique d'un peuple parfaitement heureux :

> Joyeusement la flotte de Don l'Orignal se ballottait sur la mer du sud, rentrant de la noce de l'intrépide Citrouille. Les Puçois riaient et criaient, insouciants du temps, du monde et de la vie éternelle; seul comptait pour eux le présent plein de souvenirs oubliés et gros d'un avenir inconnu. Ils s'en venaient sur la mer, tout droit vers l'île qui faisait leur orgueil et leur félicité. (p. 175)

Description au plus haut point mythique à laquelle succède immédiatement une description de leur île mourante, achevée par le feu. Le bonheur des Puçois, comme celui des premiers Acadiens, aura été de très courte durée. « Or *déjà*[14] ce bonheur touchait à sa fin[15] », écrivait Lauvrière, après sa description de la félicité des habitants. « Et c'est une île en feu qu'ils aperçurent flottant sur l'eau. » (p. 175), écrit l'auteure après avoir raconté la brève épopée de l'Île-aux-Puces. Le peuple bourgeois a détruit l'île en la brûlant et elle retourne maintenant au chaos, à l'instabilité : « Elle flottait, seule, au grand large, déracinée comme un chêne abattu. Le nordet et le suroît se la disputaient comme jouent les enfants avec un ballon. » (p. 179, 180) Ces images du feu et du chaos coïncident avec le contenu du mythe de la déportation dont nous avons parlé plus haut. Les Puçois sont, en effet, « déportés » (p. 177) sur la terre ferme et à la destruction de leur île succèdent de nouvelles fondations identiques aux premières. Au bout de sa lorgnette, le gardien du phare aperçoit Don l'Orignal entouré de son peuple qui répète les mêmes gestes fondateurs qu'au début du roman, qui est « en train de planter ses cabanes et creuser son puits. » (p. 181)

Bien des années après, nous dit l'auteure, la terre ferme devint le site d'un village différent et le lieu d'une population renouvelée : « Tout était chambardé au village des bourgeois [...] cette population d'ailleurs se trouvait renouvelée ... complètement renouvelée. » (p. 183, 184) Il ne fait aucun doute que l'auteure décrit maintenant la Renaissance acadienne. Elle fait le portrait d'une ville qui s'éveille après un sommeil de cent ans : « Toutes ces rues étaient à peu près désertes, offrant le curieux spectacle d'une ville endormie pendant cent ans. » (p. 184) Rappelons que, d'après la tradition, cet éveil collectif des Acadiens qu'on a nommé la Renaissance est survenu justement après cent ans de silence et d'isolement.

Dans cette ville, on voit apparaître la Sagouine, la Sainte et toute « une race de poilus et de barbus, crachant dru et jurant par tous les diables » (p. 184), une race qui (c'est le moins que l'on puisse dire) a retrouvé toute sa santé et toute sa vigueur.

Cette description d'un monde renaissant s'éclipse à la fin du roman où nous est décrite une société nouvelle issue de l'union de deux jeunes gens, de Citrouille et d'Adéline en un lieu idyllique et verdoyant : dans la mer, sur « une petite île de sapins verts » (p. 187). De cette union naît « un peuple nouveau » (p. 187) qui, comme le peuple puçois originel, est plein de santé et de vigueur : « La race des Citrouille cultivait et exploitait son île, y bâtissant tranquillement une civilisation nouvelle, un tiers monde vigoureux et hardi. » (p. 187) Cette civilisation nouvelle est placée sous le signe de la filiation puisqu'elle est fondée sur le modèle puçois. Si Don l'Orignal est roi, Citrouille est un « jeune prince » (p. 166) et sa demeure, comme celle de ce roi, est placée au centre de son île. Ajoutons qu'à la fin du roman, le jeune couple, quoique tourné vers l'avenir, n'a pas perdu la nostalgie des origines. *Don L'Orignal* se termine avec l'image de Citrouille et d'Adéline regardant le soleil se coucher sur l'ancien monde et répétant les paroles de l'ancêtre Don l'Orignal : « Les jeunes Citrouille regardaient fièrement devant eux, tous les matins, cette nappe infinie de mer et d'avenir. Mais le soir, parfois, ils contemplaient le soleil qui se couchait sur le vieux monde et ils disaient avec une espèce de nostalgie : - Godêche de hell, tout de même!... » (p. 187)

Succédant à une période évocatrice de la Renaissance acadienne, la fondation de ce monde nouveau par Citrouille et Adéline pourrait bien constituer, à notre avis, une transposition littéraire de l'Utopie que prévoyait la jeunesse intellectuelle des années soixante et qui semble être, pour l'époque, l'achèvement, le point d'arrivée de l'interprétation historique globale. Fondée par des jeunes en un lieu idyllique, et tournée vers l'avenir, visant une création nouvelle, la société issue de Citrouille et d'Adéline est, comme celle qu'envisagent les jeunes nationalistes, l'Utopie d'une histoire à faire. De plus, elle s'inscrit dans la tradition. Ainsi, on peut dire que *Don L'Orignal* présente un portrait complet de l'histoire acadienne telle qu'elle a pu être interprétée à cette époque par les idéologues de la société, une image de l'histoire passée et de l'histoire à venir. Cette oeuvre explore les divers sentiers du mythe acadien, du mythe des Origines et du mythe de la Déportation, à celui de la Renaissance pour enfin aborder ce mythe nouveau et vibrant : l'Utopie, qui est à la fois recréation de l'Acadie primitive et création d'une Acadie nouvelle.

Enfin, il nous paraît d'une grande importance de constater que dans ce roman, le passage de la Renaissance à l'Utopie s'effectue sans rupture, de façon parfaitement naturelle et harmonieuse et exprime même une continuité. Le conflit des générations et des idéologies dont nous avons parlé précédemment ne semble pas, en effet, se refléter dans l'oeuvre, et il nous paraît donc possible d'avancer l'hypothèse que, ainsi, *Don L'Orignal* présente une vision unitaire de l'histoire acadienne à laquelle n'est pas parvenu le discours idéologique. Achevé en 1967, ce roman exprimerait non seulement, comme nous l'avons souligné, l'optimisme de l'époque, mais également un projet historique unitaire possible avant la polarisation des points de vue, avant la fragmentation irrémédiable de la société en idéologies concurrentes.

Effectivement, en 1968 et 1969, a lieu, à l'Université de Moncton, la montée d'un puissant mouvement étudiant contestataire et le conflit entre l'élite et la jeunesse intellectuelle, qui jusqu'alors n'avait pas impliqué de profonde rupture sociale, devient plus virulent. Les deux groupes s'érigent en factions antagonistes qui s'excluent. Après 1970, le mouvement étudiant se tait, ses penseurs ayant été écartés ou réduits au silence. L'heure était sombre. Il suffit d'avoir vécu ces événements pour s'en rappeler toute la charge négative. La division sociale semblait fermer la voie à tout projet collectif viable. C'est à partir de cette situation qu'il faut lire la deuxième version des *Crasseux*[16], signée du 15 novembre 1974. Elle exprime, pensons-nous, le pessimisme du moment, l'impossibilité du projet collectif, l'échec de la

Renaissance et la fin tragique de l'Utopie que signalaient la désagrégation sociale et l'effritement du mouvement nationaliste étudiant.

Cette version des *Crasseux* met en opposition deux villages : « le gros d'en haut » et « le petit d'en bas[17] ». Ce sont surtout les gens d'en bas qui retiennent notre attention, la plus grande partie du dialogue leur étant consacrée. Leur présence est ressentie comme une menace par les gens d'en haut qui chercheront à les éliminer puis à les déporter. Si cette version des *Crasseux* met en scène à peu près les mêmes personnages que *Don L'Orignal* et nous présente une situation analogue, le ton de la pièce est bien plus sombre et son dénouement, tragique. Le portrait que fait l'auteure de la petite société est aussi moins complet et moins idéalisé, mais assez précis pour que nous puissions établir entre elle et la mythique Acadie originelle un certain nombre de rapports intéressants.

Les Crasseux sont pauvres et vivent au service des gens d'en haut, mais nous apprenons qu'il n'en fut pas toujours ainsi. Jadis, ils connurent l'abondance. On se rassasiait d'une grande variété de mets succulents :

> MICHEL-ARCHANGE -Dans le temps, je mangions notre saoul...
>
> NOUME -... des poutines râpées ...
>
> PAMPHILE -... et du pâté à la râpure ... et du fricot au poulet ... avec un lotte de jus ... du jus engraissé à la graisse de piroune ... des pirounes de sus l'empremier ... les grousses pirounes ben engraissées ... pis des fayots, pis des pois ... (p. 49)

La disette dont souffre maintenant la société est attribuée aux actions des gens d'en haut qui, en draguant la baie et les rivières, les ont vidées de leurs poissons.

Nous retrouvons, chez les Crasseux, la présence d'archétypes. C'est d'abord une justification archétypale qui est invoquée, en période de crise, lorsqu'il faut, comme dans *Don L'Orignal*, s'emparer d'un baril de mélasse pour éviter la famine. Et encore, lorsque la communauté est menacée par une invasion de rats, l'impératif de l'action est rendu évident par le souvenir qu'un tel incident s'était déjà produit du temps des aïeux :

> DON L'ORIGNAL -Du temps de Pamphile, y a eu déjà une épidémie de rats comme ça. Et pis les rats avont fini par dévaler la côte jusqu'icitte. [...] Du temps de Pamphile, les rats avont mangé le petit brin qui restait dans les caves pis les pontchines de nos aïeux... Je ferions aussi bien de patcher nos dorés sans tarder, Michel-Archange, pis de nous tchendre parés. (p. 102, 103)

Pamphile, qui est à peu près centenaire, meurt dans la pièce et Don l'Orignal prononce son oraison funèbre. Il est loué pour sa fidélité aux ancêtres et déjà il accède au rang des archétypes :

> DON L'ORIGNAL -T'as été un houme, Pamphile. Et les jeunesses pourront prendre exemple sus toi. [...] un houme qu'a point oublié les darniéres paroles de son défunt père et qui les a laissées à son tour à sa descendance... (p. 62, 63)

Il faut souligner, toutefois, que dans cette version des *Crasseux*, au fur et à mesure que progresse l'action, les archétypes sont perçus comme déficients, incapables de restaurer le monde. Lorsque Don l'Orignal conseille à son fils de suivre l'exemple de ses aïeux, celui-ci affirme la discontinuité du temps mythique et souligne son impuissance à refaire le monde :

> NOUME -Ben un jour, elle est venue leur darniére heure; pis i' sont morts asteur, je pouvons pus compter dessus pour nous aider à nous refaire une vie. (p. 100)

Une renaissance, un renouvellement du monde est anticipé, mais il aboutit au marasme et à la dérision et l'Utopie que nous présentait *Don L'Orignal* s'achève ici dans la violence et dans la mort.

Dès la première scène, les gens d'en haut prennent la résolution de se débarrasser des Crasseux. La pièce, dans une large mesure, est la relation des stratagèmes qu'ils emploient pour arriver à ce but et le récit de la résistance que les Crasseux leur opposent. Enfin, ces derniers sont vaincus, déportés de leurs terres et obligés à s'installer sur le terrain du dépotoir d'en haut. Noume y entrevoit, brièvement, une nouvelle fondation semblable à celle effectuée jadis par les aïeux :

> NOUME -... je la connais, la dump : de la crasse pis de la ferraille. Ben, sous c'te ferraille, y'a de la bonne terre comme c'telle-citte quand c'est que le pére à mon pére l'a dénigée un jour sous l'harbe à outarde pis les cotchilles [...] Avec de la bonne terre, ceuses-là, i' faisont une dump; ben nous autres, avec une dump, j'allons montrer ce que je savons faire! (p. 116)

La reconstruction qui se fait sur le terrain du dépotoir, cependant, est bien plus indicative de stagnation que de nouvelle vie, car elle procède des déchets et des débris des gens d'en haut. On construit une cabane en vieille tôle, on collectionne de vieux vêtements. La Cruche « s'habille avec les vêtements défraîchis de la Mairesse et de la Femme du barbier. » (p. 117) Don l'Orignal, le noble roi du roman, récupère une vieille chaise de barbier et s'y assied comme sur un trône, un râteau lui servant de sceptre. Sa royauté devient ici tout à fait dérisoire. Michel-Archange lui place sur la tête un chaudron ou un égouttoir à pattes en guise de couronne.

Alors, le jeune Citrouille et la fille de la mairesse dont il est épris se rejoignent devant sa maison de tôle. Le fils du marchand essaie de la ramener et lui et Citrouille se livrent bataille sur la voie ferrée. Citrouille meurt poignardé et la jeune fille, qui reste figée, est frappée par le train. La pièce se termine avec le spectacle des deux clans foudroyés par l'événement et des deux corps dont les bras sont tendus l'un vers l'autre.

La Renaissance que décrivait *Don L'Orignal* aboutit ici à l'échec et l'Utopie qui lui succédait se trouve anéantie dans la violence.

Il semble donc que cette version des *Crasseux*, contrairement à *Don L'Orignal*, exprime une vision pessimiste de l'histoire acadienne. Elle affirme la discontinuité du temps mythique et connaît un dénouement dérisoire et tragique. Ce pessimisme de l'oeuvre, écrite en 1974, comme nous l'avons souligné, coïncide avec l'échec du nationalisme acadien de l'époque, lequel ne parvient pas à créer un projet de société qui puisse faire l'unanimité et permettre de prévoir la survivance de la collectivité acadienne dans l'avenir.

Dans une étude antérieure sur *La Veuve enragée*[18], nous sommes arrivé à la conclusion qu'Antonine Maillet, souvent perçue comme une auteure folklorique ou passéiste, arrive à établir un rapport étroit avec une situation actuelle. Un tel constat nous invite à réévaluer l'image qu'on a pu se faire d'Antonine Maillet et à découvrir, sous l'écrivaine du passé, une auteure acadienne en profonde relation avec les événements et la pensée idéologique de son temps, dans certaines oeuvres du moins.

NOTES

1. Nous avons traité de façon plus détaillée ce sentiment de menace dans deux autres articles : «Horizon d'attente du lecteur acadien des années 70 : dialogue avec le mythe», *La Réception des oeuvres d'Antonine Maillet*, (coll. «Mouvange», 1), Moncton, Chaire d'études acadiennes, 1989, p. 199-213; «*La Veuve enragée* lue comme une transposition de la conscience collective de l'intelligentsia acadienne des années 1960 et 1970», *Francophonies d'Amérique*, n° 1, 1991, p. 63-71.

2. Jean-Paul Hautecoeur, *L'Acadie du discours*, Québec, PUL, 1975, p. 69.

3. Dièreville, *Relation du voyage du Port Royal de l'Acadie ou de la Nouvelle-France*, Rouen, chez Jean-Baptiste Besongne, 1708, dans *Relation of the Voyage to Port Royal in Acadia or New France*, édition de l'original, par C. Webster, Toronto, The Champlain Society, 1933, p. 256.

4. Émile Lauvrière, *La Tragédie d'un peuple*, Paris, Bossard, 1922, vol. 1, p. 164, 165, 192. Citant Moïse de les Derniers, Lauvrière ajoute : «Ils paraissaient toujours joyeux et gais» (p. 192) et encore «S'il est un peuple qui ait rappelé l'âge d'or [...] c'était celui des anciens Acadiens.» (p. 193)

5. Henry W. Longfellow, *Évangéline*, traduction, par Pamphile Lemay, dans *Évangéline et autres poèmes de Longfellow*, Montréal, J.-Alfred Guay, 1912, p. 20.

6. Émile Lauvrière, *op. cit.*, p. 192-193.

7. *Ibid.*, p. 192.

8. Jean-Paul Hautecoeur, *op. cit.*, p. 71.

9. *Ibid.*, p. 68.

10. *Ibid.*, p. 78.

11. *Ibid.*, p. 284.

12. *Ibid.*

13. Antonine Maillet, *Don L'Orignal*, Montréal, Leméac, 1977, p. 24. Désormais, la pagination sera directement indiquée dans le texte.

14. Nous soulignons.

15. Émile Lauvrière, *op. cit.*, p. 193.

16. La première version des *Crasseux* a été publiée en 1966 et, sur plusieurs plans, elle constitue une sorte d'ébauche de *Don L'Orignal*.

17. Antonine Maillet, *Les Crasseux*, Montréal, Leméac, 1974, p. 23. Désormais, la pagination sera directement indiquée dans le texte.

18. Denis Bourque, «*La Veuve enragée* lue ...», *op. cit.*, p. 70-71.

RUMEUR PUBLIQUE
DE RINO MORIN ROSSIGNOL

Mariel O'Neill-Karch
Université de Toronto

Il y a une différence entre écrire des billets pour un quotidien et composer un recueil d'essais, et elle est de taille. Le journaliste écrit rapidement, heure de tombée oblige, sur des sujets d'actualité, tandis que l'essayiste peut prendre tout le temps qu'il lui faut pour développer sa pensée. Différence d'approche, donc, entre les deux genres qui n'ont pas la même ampleur. Mais que se passe-t-il si on réunit en recueil, comme vient de le faire Anne-Marie Robichaud, des billets parus dans un journal? Se transforment-ils automatiquement en essais?

Le public auquel s'adressaient les quelque quatre-vingts billets écrits par Rino Morin Rossignol, entre 1986 et 1988, vivait les moments forts de la vie acadienne en même temps que le rédacteur en chef du *Matin* de Moncton et se posait, comme lui, des questions sur le sort de Richard Hatfield et les élections de 1987. Le lecteur de 1991, lui, à moins d'être politicologue, s'intéresse beaucoup moins à ces questions. Reste donc deux parties du recueil qui ont conservé une certaine fraîcheur. Dans la première, Rino Morin Rossignol lance sur la culture acadienne et le nationalisme des formules lapidaires qui n'ont rien perdu de leur pertinence : « Toutes ces querelles de drapeaux lassent à la longue. Quelques esprits futés murmurent même qu'elles constituent de fort utiles tactiques de diversion, qu'elles nous font perdre un temps fou, alors que les véritables signes concrets du pouvoir nous glissent entre les doigts. » (p. 25) C'est encore quand il est le plus laconique qu'il vise mieux et frappe le plus fort : « Nous sommes en pleine tragédie. Et nous la traduisons pour nous assurer que cette tragédie se vive dans les deux langues. » (p. 39) Vivre dans les deux langues, il le faut bien quand on appartient à la minorité, mais gare au bilinguisme qui mène tout droit à « l'assimilation, [...] le sida linguistique. Beaucoup y sont exposés. Plusieurs meurent. Et chaque victime est une victime de trop » (p. 40). Des victimes, il y en a partout en Acadie, le plus grand nombre tombe aux main des Anglais, mais les autres, ceux qui se distinguent du groupe, courent le risque de se faire happer par les Québecois qui s'approprient ce qu'il y a de meilleur chez leurs voisins, « car l'Acadie, quand ça rapporte, c'est québecois! Et quand ça ne *pogne* pas, c'est du folklore! » (p.29)

Dans la quatrième partie, composée d'une série de sketches, mettant en scène des personnages féminins stéréotypés qui commentent l'actualité à leur façon, au cours de conversations téléphoniques, l'on retrouve Anna Desregrets, Carmen Lagacé, Irma Sansfaçon, Dolorès Lajoie, Eva légaré et Rita Duplaisir, développant sensiblement les mêmes thèmes, mais sur le mode ludique. C'est qu'ici le désarroi se traduit en fou rire, car « c'est mieux de rire que de brailler par les temps qui courent, avec toutes les mauvaises nouvelles qui nous arrivent de partout » (p. 147). Tous les sujets sont bons, l'unique but de l'auteur étant de donner, aux lecteurs du *Martin,* l'occasion de se défouler : « À bas la grammaire, les exceptions à la règle, les verbes irréguliers, les propositions relatives! Défoulons-nous! Faisons des fôtes. Des chevales, Dé zoizo. Dais aléffends. Bon. Ça fait du bien. » (p. 221) Ce sont, si l'on veut, des coups de maître qui font rire, mais ce ne sont certes pas des coups d'essai!

Dans les autres parties, Rino Morin Rossignol traite de sujets variés (nationalisme, éducation, langue, médias, sexualité, et surtout politique), qui auraient gagné à être étudiés avec plus de rigueur dans des textes plus développés. Mais il s'en tient, par facilité, comme son « médiocre » qui « n'avait[t] pas suffisamment de temps pour faire un meilleur travail » (p. 212), à un simple « rapaillage », comme il le précise lui-même dans un « Avant-dire » :

> Cette collection de textes n'est pas fondamentalement différente d'un album de famille dont les photos — des instantanés, évidemment — auraient été prises par un rejeton turbulent et iconoclaste arrivé inopiné- ment dans le décor. Photographe du dimanche, il sera peut-être trahi par un cadrage gauche ici, un *zoom* nébuleux là, et même par quelques têtes coupées! (p. 19)

À cause de ce laxisme, *Rumeur publique* (Éditions d'Acadie, 1991) n'est pas tant « un nouveau souffle » (p. 12), comme le prétend sa préfacière, Anne-Marie Robichaud, qu'une série de vieux clichés.

RÊVES INACHEVÉS, ANTHOLOGIE DE POÉSIE ACADIENNE CONTEMPORAINE DE FRED COGSWELL ET JO-ANN ELDER

Jean-Marcel Duciaume
Université de l'Alberta (Edmonton)

Il est souvent difficile de rendre compte d'une anthologie en ce sens qu'il s'agit toujours là d'une oeuvre hybride, dont on ne comprend pas toujours le pouvoir de séduction ou de répulsion. Pour moi, lorsque je suis confronté à un corpus qui m'est relativement bien connu, j'ai tendance à vouloir refaire l'anthologie, à la faire mienne et je soupçonne que ce soit là le désir secret de bien des lecteurs. Évidemment, lorsque le corpus m'est étranger, comme ce l'est pour cette poésie acadienne contemporaine, je dois m'en approcher avec davantage de disponibilité, ce qui laisse la porte grande ouverte à la séduction. Car il me faut l'admettre, j'ai été séduit dès la première lecture de ces *Rêves inachevés* (Moncton, Éditions d'Acadie, 1990, 214 p.). Il me reste à m'expliquer le pourquoi et le comment.

Il convient peut-être de dire qu'il s'agit là d'un beau livre, de facture agréable, de lecture facile grâce à une typographie nette et généreuse. Je sais, cela est bien secondaire, mais non moins important dans ce jeu de la séduction. Il n'existe que trop d'anthologies illisibles parce qu'on a voulu économiser l'espace, le papier et les sous. Pour moi, le paratexte, pour appeler les choses par leur nom, est un élément important qui joue pour quelque chose dans la création du désir de lecture que se propose toute anthologie.

À chacun ses petites manies. Moi, ce qui m'intéresse beaucoup ces temps-ci, c'est le rapport qu'il y a entre la poésie et les arts visuels, et de nouveau le paratexte entre en jeu pour maintenir la séduction initiale : si je m'en remets aux courtes présentations, signées par les anthologistes, des trente poètes figurant ici, sept se disent architecte, artiste, cinéaste, dessinateur, illustrateur, peintre et photographe. Ces gens-là sont toujours les premiers à m'intéresser. Je veux toujours en savoir plus sur eux. Je voudrais tout de suite pouvoir confronter textes et images. Je me souviens toujours de ce que Roland Giguère me confiait, il y a longtemps déjà, à savoir que pour lui « le poète est beaucoup plus un artiste qu'un écrivain. Le poète façonne un objet, le poème, qui est [...] une image comme peuvent en faire les peintres, les graveurs, les sculpteurs. »

Enfin, pour en finir avec le paratexte, il faut bien parler de l'origine pour le moins curieuse de cette anthologie. Elle a d'abord été publiée en anglais, en 1990, par Goose Lane Editions, les textes ayant été traduits du français par les compilateurs, Fred Cogswell et Jo-Ann Elder. Cogswell est lui-même poète, animateur culturel, professeur et traducteur. Il a toujours été un ardent promoteur de la littérature des Maritimes comme de la poésie québécoise. Les anthologistes nous présentent un choix de 125 poèmes (retenus d'un corpus de quelque 500 poèmes traduits par eux) de trente auteurs. Ce qui paraît clairement dans la préface, c'est que les anthologistes ont préféré retenir un nombre important de poèmes pour chacun des auteurs représentés plutôt qu'un choix restreint de textes par un plus grand nombre de poètes. Décision légitime. Mais alors pourquoi retenir des poètes comme Gérard Étienne, Huguette Légaré, Henri-Dominique Paratte et Roseann Runte qui ne sont Acadiens ni de naissance, ni d'adoption, ni par l'inspiration. Certains d'entre eux vivent et travaillent en Acadie, d'autres y auront été de passage. Est-ce vraiment suffisant pour en faire des poètes acadiens?

Pour qui ignore tout de la poésie acadienne, l'introduction de Raoul Boudreau sera d'une grande utilité, balisant déjà le parcours de lecture, en définissant clairement le développement de cette jeune littérature à la fois si proche et si éloignée de celle que nous connaissons du Québec et du reste du Canada français.

Il me semble, au risque de me tromper, que pour l'essentiel, la poésie acadienne contemporaine se place sous le signe de l'amour. Et peut-être au premier chef, de l'amour du pays comme en témoignent plusieurs poèmes et poètes. Comme chez Gérard Leblanc pour qui :

> parler d'amour. c'est revenir aux mots encore une fois. parlez-moi d'amour comme la chanson. il était une fois comme dans les histoires. je m'aperçois que les chansons et les histoires se mélangent. je m'aperçois que j'avance aveuglément dans quelque chose. je m'aperçois que j'ouvre les yeux. c'est une histoire d'ici, une histoire avec l'accent de la place, le sentiment du lieu.

Du même poète on aurait encore le goût de citer le début du poème intitulé « Acadielove » : « je t'aime/ et Bouctouche se réveille en moi/ avec les mots de mon père/ (mon pays est une chaîne de villages/ ou une gigue soûle ou une ligne à hardes) ».

Parmi les poètes de la « renaissance acadienne », il faut faire une place particulière à Guy Arsenault et à Herménégilde Chiasson.

Arsenault qui, dans ses premières oeuvres déjà, possède un certain génie souvent réservé aux poètes adolescents. Son premier recueil, *Acadie Rock*, il l'écrit entre l'âge de 14 et 18 ans. C'est de toute fraîcheur et en même temps relativement provocant. Comme le signale Boudreau dans son introduction, Arsenault « se réapproprie en les nommant tous les éléments de la culture acadienne que le mépris et la honte avaient relégués dans une *back-yard* de l'histoire. Il en fait un trésor et une fierté en mettant au premier plan l'objet suprême de notre honte : *le chiac.* » Il faut lire ici, pour bien comprendre, son « Tableau de Back Yard » qui m'a accroché au point où j'ai dû me rendre à la bibliothèque pour en lire davantage.

Quant à Chiasson, il ne fait aucun doute que ses poèmes nationalistes tels « Bleu » ou « Rouge » sont d'une puissance extraordinaire et qu'il mérite de compter parmi les poètes fondateurs de la poésie acadienne, mais ce n'est pas par là qu'il retient mon attention. Chez lui, ce qui m'attire, c'est le poète artiste, le spécialiste de la photo, l'auteur de « Eugénie Melanson » où cohabitent l'amour, la tendresse et une certaine nostalgie.

Je n'ai retenu de mes lectures que ce qui m'a arrêté. Cela ne rend pas compte de la totalité des textes paraissant dans cette anthologie. Vous aurez compris qu'il s'agit d'une lecture toute personnelle, par conséquent sujette à la contestation. Ceux qui sont des familiers de la poésie acadienne s'expliqueront peut-être mal les trous que je laisse dans leur « patchwork » littéraire. Quant aux autres, il ne me reste rien de mieux à faire que de les inviter à y aller de leurs propres lectures.

LA BEAUTÉ DE L'AFFAIRE
DE FRANCE DAIGLE

Margaret Cook
Université d'Ottawa

La beauté matérielle du sixième ouvrage de France Daigle, *La Beauté de l'affaire*, touche tout de suite le lecteur. Ce volume (tiré à 444 exemplaires et publié par les Éditions de l'Acadie, en collaboration avec la Nouvelle Barre du Jour) se présente avec une couverture de papier vert forêt au milieu de laquelle figurent le nom de l'auteure et le titre de l'ouvrage avec le « B » (de « Beauté ») doré et en relief. La matérialité du texte, ou plus justement sa construction sur les deux pages du livre ouvert, est un élément qui a toujours préoccupé France Daigle et le procédé vaut la peine d'être décrit.

Sur la page de droite, le texte est renvoyé en haut et en bas avec un silence au milieu. Sur la page de gauche, par contre, le texte n'occupe que le bas. La construction concrète triangulaire du texte est ainsi soulignée, construction qui se conjugue avec les autres aspects textuels. Elle unit la réalité et la fiction, et cette union se confirme à la dernière page avec la facture de la compagnie *Eastern Fence* au nom de « Mrs. France Daigle ».

La Beauté de l'affaire est doté d'un sous-titre : « Fiction autobiographique à plusieurs voix sur son rapport tortueux au langage ». L'auteure s'est déjà servie de sous-titres pour fournir des précisions à ses oeuvres, notamment dans cette même perspective de l'éclatement des frontières entre genres. Son premier ouvrage, *Sans jamais parler du vent* (1983), par exemple, porte le sous-titre « Roman de crainte et d'espoir que la mort arrive à temps ». En effet, les oeuvres de France Daigle ne sont ni roman, ni poésie, bien qu'elles soient présentées dans une écriture à la fois poétique et narrative. Elles sont inclassables, comme le constate Raoul Boudreau dans son introduction à la poésie acadienne contemporaine.

Le texte s'ouvre sur un architecte, bâtisseur et créateur, celui qui matérialise les structures : « Il [l'architecte] cherche une cohésion d'ensemble, et cette cohésion, quand il la trouve, il la projette dans l'espace. » (p. 47) Celui-ci prie le « Grand Bâtisseur ». En fait, tout le texte est érigé sur des gens qui bâtissent, concrètement ou au figuré.

Aux côtés de l'architecte se trouve sa femme qui englobe la dimension religieuse de la création. Celle-ci tient le livre de prière, la prière étant aussi langage. Dans son deuxième ouvrage, *Film d'amour et de dépendance* (1984), le locuteur de France Daigle définit l'Acadie comme « une entité religieuse et économique plutôt qu'un pays proprement dit » (p. 36). Dans *La Beauté de l'affaire*, la dimension religieuse est reprise et ajoute un autre aspect à la création en faisant intervenir le Verbe de Dieu sur lequel le texte se termine.

En même temps, à travers une autre voix, le quotidien est représenté par l'homme avec la chaloupe, qui va bâtir une clôture dans une île. Cette île est chargée de refléter le lien intime entre l'histoire de la vie quotidienne et l'histoire de l'imaginaire.

Daigle s'est toujours intéressée au langage dans les rapports entre le littéral et le figuré. Dans ce texte, des écrivains acadiens construisent littéralement sur un terrain, ce qui ne devrait pas nous surprendre, mais l'interrogation du langage n'est jamais loin : « [Haut de la page] [...] Les chefs d'équipe avaient décidé qu'il faudrait les [des trous supplémentaires] creuser à la main. Quelqu'un creusait. [Bas de la page] Les trous du langage, là où on se noie. » (p. 39)

La voix de l'artiste se fait entendre et cette voix commente l'écriture même, quelquefois sur un ton légèrement ironique : « Duras, elle, au moins, remplit ses pages. Les livres coûtent cher. Personne n'aime se faire avoir. » (p. 21) Elle définit la situation de l'écrivain(e) acadien(ne) face au langage qui bâtit le texte : « Tous et toutes nous pataugeons dans le bilinguisme tandis qu'ailleurs des gens se taisent, élèvent des clôtures [d'où la *Eastern Fence*] sur notre âme, autour de notre être. Chaque mot comme une sentinelle prête à protéger et à défendre, prête à tirer et à blesser. » (p. 30)

L'interrogation première et dernière est donc une interrogation du langage, mais toutes les voix du texte sont interreliées dans leur ampleur littérale et figurée. Au départ, quel que soit le choix de lecture (le point de vue de la fiction ou de la réalité), il mène inévitablement à l'autre. Chez France Daigle, la cohérence textuelle se fait de plus en plus forte, même si la composition du texte semble de plus en plus éclatée.

VERS UNE PROMOTION STRATÉGIQUE
ET COMMUNAUTAIRE DES ÉTUDES POSTSECONDAIRES
CHEZ LES FRANCO-ONTARIENNES

Dyane Adam et Anita Pelletier[1]
Université Laurentienne (Sudbury)

Même si le nombre global des francophones qui poursuivent des études postsecondaires tend à augmenter, les Canadiens et Canadiennes d'expression française continuent d'accuser un retard considérable par rapport aux anglophones en ce qui a trait à la participation aux études universitaires. Un fait saillant ressort de l'ensemble des écrits publiés récemment à ce sujet[2] : le taux de participation remarquablement plus faible des francophones s'observe à tous les niveaux de l'éducation, tant au Québec qu'en milieu minoritaire, et persiste en dépit des efforts vigoureux de redressement entrepris au cours des dernières décennies par plusieurs provinces.

Cette situation est le lot commun de la francophonie d'Amérique au delà de toutes frontières provinciales ou particularités régionales. De plus, la femme francophone par son statut doublement minoritaire se retrouve plus que tout autre groupe bonne dernière quant à la scolarisation universitaire. Ce sont les femmes qui ont dépassé la trentaine qui présentent les plus faibles taux de diplômation universitaire[3]. Une étude du *Canadian Congress for Learning Opportunities for Women* (CCLOW) avait signalé, dès 1985, cette situation particulièrement défavorable en matière d'emploi et d'éducation chez les femmes d'âge mûr et francophones[4].

Si ces femmes se distinguent par une participation moindre aux études universitaires, elles se singularisent, en contrepartie, par une forte participation au réseau informel de formation. On les retrouve dans une myriade de cours non crédités, contentes d'échanger entre elles, avides d'apprendre et de partager leurs expériences. Une enquête récente[5], effectuée par le Réseau national Action-Éducation-Femmes auprès de regroupements de femmes vivant en milieu minoritaire, révèle que ces groupes ont offert plus de 340 activités de formation en 1990. Les femmes ont donc trouvé un moyen de répondre, en partie du moins, à leurs besoins d'apprendre, d'interagir et de se perfectionner et ce, en marge du système formel d'enseignement collégial ou universitaire. Peu d'études ont cherché à préciser les facteurs qui peuvent expliquer cette tendance des femmes francophones à privilégier la formation informelle et non créditée à celle qui est offerte par le système d'éducation formelle.

Edith Smith[6], dans une étude récente, a laissé parler des femmes qui ont effectué un retour aux études. Leurs témoignages ont permis d'identifier des barrières personnelles, institutionnelles et situationnelles expliquant leurs réticences à effectuer un retour aux études formelles. Les méandres administratifs, le jargon universitaire, les travaux et examens, les responsabilités financières et familiales et, en dernière analyse, le manque de confiance en soi et la peur sont autant d'obstacles auxquels est confrontée la femme qui désire poursuivre des études postsecondaires. Comment réussit-elle à vaincre ces difficultés? Quels sont les facteurs qui, par ailleurs, l'aident dans sa démarche? Et quels seraient les mécanismes appropriés pour soutenir les femmes francophones dans leurs efforts de scolarisation? En plus de traiter de ces questions, il faut aussi examiner les besoins particuliers des femmes francophones du nord-est ontarien en matière d'éducation postsecondaire et les moyens à développer pour leur en faciliter l'accès.

Nous croyons que toute intervention qui se veut efficace et pertinente pour promouvoir les études postsecondaires chez la femme francophone doit s'inspirer des vécus de celles qui sont actuellement aux études ou qui les ont complétées. Ce n'est qu'en connaissant les facteurs qui représentent des appuis importants pour la femme en cours d'études et, par ailleurs, certains des obstacles majeurs qu'elle doit franchir pour réussir dans cette démarche, que nous pourrons développer des stratégies efficaces d'interventions. C'est dans cette perspective que le *Collectif des femmes francophones du nord-est ontarien*[7] a piloté une étude visant à identifier les facteurs susceptibles de nuire à la Franco-Ontarienne engagée dans des études supérieures, ou de l'aider.

L'enquête[8]

L'enquête a été réalisée par le biais d'un questionnaire spécialement conçu pour les fins de cette étude et complété par des entrevues individuelles réalisées auprès d'un échantillonnage plus restreint de répondantes. La version finale du questionnaire comprenait 47 questions couvrant les domaines suivants : données démographiques et familiales, antécédents scolaires et expériences acquises, types et expériences d'apprentissage en milieu postsecondaire, besoins personnels et vie sociocommunautaire.

La technique d'échantillonnage utilisée était une combinaison des méthodes « boule de neige » et de référence par personnes clés des communautés-cibles. Pour faire partie de l'échantillonnage, les répondantes devaient correspondre aux critères suivants : 1) résider dans le nord-est ontarien; 2) être considérées comme étudiantes adultes âgées d'au moins 23 ans; 3) avoir étudié ou étudier à temps plein ou à temps partiel au collège, à l'université ou en formation de base. Sur les 159 questionnaires distribués par voie postale, 105 ont été retournés dûment remplis, ce qui représente un taux de réponses de 66 %. Les données recueillies ont été analysées au moyen de statistiques descriptives et de tests de signification.

Profil socio-éducatif des répondantes

Si on trace un portrait-robot de la répondante-type, on voit apparaître une femme de 38 ans qui s'identifie comme canadienne-française ou franco-ontarienne et dont le niveau supérieur de scolarisation est la 12e année. Elle est mariée à un col blanc depuis une quinzaine d'années et a deux ou trois enfants qui ont en moyenne 14 ans. Elle travaille et étudie en même temps dans des domaines traditionnellement réservés aux femmes, soit l'éducation (53 %) et le travail de bureau (24 %). Elle est la fille de parents peu scolarisés, la mère travaillant au foyer et le père étant col bleu.

En dépit du fait qu'elle accorde la priorité à la famille, la répondante-type est active à l'extérieur du foyer, que ce soit au travail, dans des associations, des activités bénévoles ou des cours d'intérêt personnel. À ce niveau, la moyenne de cours populaires non crédités déjà suivis par répondante est de 3,4 cours, la plupart dans des domaines liés aux rôles traditionnels de mère ou d'épouse et à prédominance féminine (ex. couture, aérobie, croissance personnelle). Qu'elles soient inscrites à des cours populaires ou à des cours crédités, les raisons qui motivent les femmes sont les mêmes. Le goût d'apprendre et le besoin de se perfectionner au plan personnel prédominent sur les motifs d'ordre économique ou l'avancement professionnel. Ces résultats sont conformes à ceux que Smith[9] a observés auprès d'une population féminine anglophone, de même pour l'enquête menée par Cardinal et Coderre[10] auprès des regroupements de femmes francophones vivant en milieu minoritaire.

Barrières et facteurs d'appui à la poursuite d'une formation supérieure

Cette étude avait principalement pour but d'identifier les facteurs qui nuisent à la démarche des femmes francophones vers une formation supérieure plus poussée, et les facteurs qui lui facilitent la tâche. Les données recueillies ont permis d'établir que les facteurs personnels tiennent une place prépondérante parmi les obstacles majeurs que doit surmonter la femme qui désire entreprendre ou poursuivre des études. Le manque de confiance en soi, le manque de familiarité avec les milieux collégial ou universitaire, le conditionnement social et sexuel propre aux femmes ont tous été identifiés comme nuisant à la poursuite d'études postsecondaires chez la femme francophone du Nord.

Plus précisément, seule une femme sur dix déclarait avoir un parent (mère ou père) qui détenait un diplôme universitaire. La plupart des répondantes ont grandi dans un milieu familial dépourvu de traditions et de modèles relatifs à la poursuite d'études postsecondaires, voire secondaires. À la lumière de ce fait, il n'est pas étonnant que les répondantes placent au premier rang des facteurs nuisant à la poursuite d'études supérieures le manque de confiance en soi et en ses compétences intellectuelles. Comme elles représentent la première génération de femmes à s'engager dans une telle voie, leur décision entraîne inévitablement des hésitations, des doutes et de l'insécurité devant un territoire inconnu, sans balises évidentes. De plus, le tiers des répondantes déclarent avoir des difficultés avec l'écrit, ce qui contribue à leur insécurité personnelle et risque de gêner leur réussite scolaire.

Un fait important ressort des données en ce qui a trait à l'engagement des répondantes face à leurs études. Même si la plupart cumulent travail et études, la place que réservent les femmes à leurs études demeure toujours subordonnée aux intérêts familiaux, ce qui est conforme à leur conditionnement social traditionnel. Les répondantes évaluent aussi le soutien familial comme étant le plus important dans la poursuite de leurs études. En général, elles se disent bien épaulées moralement par leur conjoint et leurs enfants. Par contre, au niveau du soutien technique tel que le partage des tâches domestiques, l'appui serait moindre. La femme accorde donc d'autant plus d'importance à l'approbation qu'elle peut recevoir de sa famille. Sans cet accord, il devient difficile pour elle d'investir de son temps dans un projet personnel qui entraînera forcément des perturbations au sein de la famille. C'est particulièrement aux niveaux des tâches domestiques, du soin des enfants et de la vie récréative que les répondantes rapportent des ajustements significatifs. Outre un soutien familial adéquat, l'appui financier est jugé par les répondantes comme étant des plus importants. Les services de garde et de transport, l'aide domestique et l'accès à des personnes-ressources ont tous été évalués comme moyennement importants.

Lorsqu'elles sont interrogées sur les principales sources d'appui moral auxquelles elles ont recours pour discuter de problèmes ou de préoccupations reliés à leurs études, les femmes identifient les amies confidentes, les compagnes et compagnons d'études et le corps professoral. D'ailleurs, les trois quarts des répondantes estiment qu'un réseau de soutien pour les femmes francophones aux études serait nécessaire. Les appuis que le réseau devrait apporter sont les suivants : moral (39 réponses), technique (31 réponses), financier (28 réponses) et scolaire (10 réponses).

L'abandon d'un ou des cours peut nous fournir un indice sur la nature des obstacles que les femmes doivent surmonter en cours d'études. Une répondante sur quatre (29 femmes) déclare avoir déjà abandonné un ou plusieurs cours. Sur les 29 répondantes, 23 sont à l'université, 4 au collège et 2 à la formation de base. Bref, le taux d'abandon de cours serait plus de 4 fois supérieur à l'université comparativement au niveau collégial. Les raisons invoquées par les répondantes pour expliquer l'abandon de cours sont surtout d'ordre personnel tel que le manque d'intérêt ou de motivation, le sentiment d'isolement, une surcharge de travail ou des problèmes de santé. Viennent ensuite, par ordre décroissant d'importance, les problèmes de nature technique comme la difficulté à comprendre le professeur et à rédiger les travaux, les problèmes d'ordre institutionnel, les problèmes familiaux et, en dernier lieu, les problèmes d'ordre financier. Enfin, ces résultats sont conformes aux recommandations faites par les répondantes à toute femme qui souhaite se scolariser davantage. Par ordre de priorité, il faut *se faire confiance* (investir en soi-même, avoir une bonne estime de ses capacités intellectuelles et personnelles), *s'assurer d'un soutien* (familial, moral, financier, technique et scolaire) et *se fixer des objectifs clairs et précis* (orientation, planification de carrière).

Ouvrir les portes du postsecondaire : foyers et pistes d'interventions

Cette enquête a alimenté une réflexion commune auprès des membres du Collectif sur les besoins spécifiques des femmes en ce qui touche la poursuite d'études postsecondaires et a permis d'identifier trois foyers d'interventions possibles : 1º) les femmes elles-mêmes, 2º) les établissements d'enseignement supérieur et 3º) la communauté en général. Au niveau de l'élaboration d'un plan d'interventions, le Collectif ne s'est pas limité à une seule intervention par clientèle-cible. Il a élaboré des pistes d'interventions de telle sorte que la mise en oeuvre du plan d'action s'échelonne sur quelques années et selon la disponibilité du financement.

Interventions auprès des femmes elles-mêmes

Une des interventions que le Collectif poursuit actuellement pour aider les femmes à se familiariser avec le contexte postsecondaire et à le démystifier consiste à organiser, à leur intention, un programme d'initiation aux différents aspects de la vie universitaire. Ce programme-pilote, d'une durée de quatre semaines, permettra aux femmes de vivre une expérience universitaire par l'intermédiaire de diverses activités (cours magistraux, laboratoires, groupes d'études, travail de recherche à la bibliothèque, etc.) dans différents domaines d'études. L'objectif est de stimuler l'intérêt des femmes, de susciter une réflexion sur leur cheminement éducationnel et professionnel et, surtout, d'encourager les femmes à se mesurer sans crainte à de nouvelles situations d'apprentissage intellectuel au niveau universitaire. Ce projet a fait l'objet, récemment, d'une subvention de la part du ministère des Collèges et des Universités de l'Ontario dans le cadre du programme Éduc-Action qui vise à augmenter le taux de participation des francophones à l'enseignement postsecondaire.

Une deuxième piste d'interventions destinée à rehausser l'estime de soi chez les femmes consiste à favoriser la reconnaissance de leurs expériences acquises. Ce dossier est particulièrement important pour les femmes puisque presque tout leur apprentissage s'est fait à l'extérieur des milieux formels d'enseignement et de travail. L'élaboration du « portfolio » est un moyen privilégié par lequel la femme peut elle-même découvrir et apprécier l'ensemble de ses compétences et, parallèlement, acquérir les stratégies et les arguments nécessaires pour les faire reconnaître formellement, que ce soit au travail, à l'université ou au collège. Comme la démarche du « portfolio » est en soi un exercice de valorisation personnelle, elle représente, dans une perspective de promotion des études supérieures, une préparation des plus pertinentes. Grâce à l'appui financier du Secrétariat d'État et du ministère ontarien du Développement du Nord, le Collectif a déjà offert son premier cours sur la reconnaissance des acquis avec la collaboration de Marthe Sansregret, la chef de file dans ce domaine au Canada français[11].

Une autre stratégie vise à identifier et à faire connaître les femmes francophones de notre communauté qui oeuvrent dans différents secteurs et qui peuvent agir comme personnes-ressources, comme conférencières ou animatrices, bref, comme *modèles-à-imiter* dans leur domaine particulier de compétence. À cette fin, le Collectif a publié le premier répertoire des femmes francophones du nord-est ontarien en 1990[12].

On planifie également la conception et la création d'un document audiovisuel. En se basant sur des témoignages de femmes qui ont embrassé avec succès diverses carrières, ce document audiovisuel cherchera d'abord à encourager les femmes à s'identifier à ces modèles de réussite issus de leur propre milieu et à poursuivre des voies semblables. La présentation d'un tel document à un groupe sera un outil précieux pour favoriser les discussions et les échanges face à cette importante question et contribuera à établir des réseaux d'appui entre les femmes. Tel qu'on l'a démontré dans l'étude, les femmes estiment que l'accès à un réseau de soutien est un facteur important dans la poursuite d'études postsecondaires.

Interventions auprès des établissements d'enseignement supérieur

Il est évident que le Collectif se sent plutôt limité lorsqu'il s'agit d'intervenir auprès d'organismes aussi complexes que les collèges et les universités. Toutefois, comme certaines membres du Collectif oeuvrent au sein de ces établissements, nous disposons de porte-parole auprès de leurs instances décisionnelles. Par exemple, le Collectif se propose d'entreprendre des démarches auprès de l'Université Laurentienne pour organiser conjointement un stage d'orientation de deux ou trois jours en début de session pour accueillir les femmes francophones et leur offrir l'occasion de partager leurs expériences et leurs aspirations personnelles. Un tel stage encouragera la création d'un réseau d'appui entre étudiantes universitaires francophones et facilitera leur séjour en milieu universitaire.

Une autre stratégie envisagée par rapport aux établissements consiste à les sensibiliser face à la reconnaissance des expériences acquises en matière d'éducation. Les services d'une experte en reconnaissance des acquis ont récemment été retenus pour la planification d'un plan d'interventions destiné spécialement aux administrateurs et administratrices des lieux d'enseignement postsecondaire.

Interventions auprès de la collectivité

Parmi d'autres, une stratégie utilisée pour favoriser l'usage du *Répertoire des femmes francophones du nord-est ontarien* a été le marrainage du programme « Modèles-à-imiter ». Ce projet, promu par la Direction générale de la condition féminine de l'Ontario, implique essentiellement l'identification, la formation et la promotion de femmes de la communauté qui agissent comme mentors ou *modèles-à-imiter* auprès des jeunes étudiantes du primaire et du secondaire.

Conclusion

Sans être exhaustives, ces nombreuses interventions du Collectif, et d'autres encore, visent à affronter certains des obstacles personnels, situationnels et institutionnels qui attendent la femme francophone qui décide de se joindre aux rangs des apprenantes des paliers collégial et universitaire. Ces actions stratégiques visent à ouvrir toutes grandes les portes du postsecondaire aux femmes francophones du Nord et à les y accompagner jusqu'au seuil pour leur en faciliter l'accès.

NOTES

1. Cette étude n'aurait pas été possible sans la contribution financière du Secrétariat d'État. Les auteures tiennent également à remercier toutes celles qui, à un moment ou à un autre, ont fait partie de l'équipe de recherche : Hélène Lavoie, France Nadeau et les membres du Collectif des femmes francophones du nord-est ontarien. Les critiques, les suggestions et les commentaires apportés par toutes ces personnes ont largement façonné ce projet.

2. i) Gouvernement du Québec, *Rapport sur l'état et les besoins de l'éducation*, Conseil de l'enseignement supérieur du Québec, 1990. ii) N. Frenette et S. Quazi, *Accessibilité aux études postsecondaires pour les francophones de l'Ontario, 1979-1989*, livre et référence 1990. iii) Roger Bernard, *Le Choc des nombres : dossier statistique sur la francophonie canadienne, 1951-1986*, livre II, Ottawa, Fédération des jeunes canadiens-français, 1990.

3. Linda Cardinal et Cécile Coderre, *Des données et des diplômées : la situation des femmes de langue maternelle française vivant à l'extérieur du Québec — un projet national dans le domaine de l'éducation*, rapport n° 2, Ottawa, Réseau national Action-Éducation-Femmes, 1990.

4. Canadian Congress for Learning Opportunities for Women (CCLOW), *Decade of Promise : an Assessment of Canadian Women's Status in Education and Employment, 1976-1985*, Ottawa, Avebury Research and Consulting Ltd, 1986.

5. Linda Cardinal et Cécile Coderre, *Une formation par et pour les femmes*, rapport n° 3, Ottawa, Réseau national Action-Éducation-Femmes, 1991, p. 38.

6. Edith Smith, *The Process as Empowerment : the Case of Female Re-entry Students*, Spirales, Programme en Étude des femmes, Ottawa, Université d'Ottawa, 1991.

7. Le Collectif est un regroupement d'intervenantes issues d'associations féminines et francophones (FFCF, UCFO, COMM-FEMMES, ACFO, AEFO et différents autres organismes), des établissements d'enseignement secondaire et supérieur (l'Université Laurentienne, le Collège Cambrian, le Collège universitaire de Hearst, les écoles secondaires Algonquin, Rayside-Balfour, Hanmer et Contact-Nord) et de la collectivité des femmes provenant de différentes régions du nord-est ontarien. Le Collectif a comme mission d'aider les femmes à se concerter entre elles en matière d'éducation postsecondaire et à se mobiliser autour de la question cruciale de l'avancement de la condition des femmes en Ontario français.

8. Des contraintes d'espace nous empêchent de fournir ici une description détaillée de la méthode utilisée dans la cueillette des données et des résultats obtenus. Le lecteur et la lectrice intéressés à en savoir davantage sur ce sujet sont invités à consulter le rapport intégral de recherche intitulé *Ouvrir les portes du postsecondaire aux Franco-Ontariennes* par Dyane Adam, Hélène Lavoie, France Nadeau, Anita Pelletier, Sudbury, Université Laurentienne, 1990.

9. Edith Smith, *op. cit.*, p. 51.

10. Linda Cardinal et Cécile Coderre, *op. cit.*, 1991, p. 28.

11. Marthe Sansregret, *La Reconnaissance des acquis : principes*, Montréal, Hurtubise H.M.H., 1988.

12. Le Collectif des femmes francophones du nord-est ontarien, *Répertoire des femmes francophones du nord-est ontarien 1990*, Sudbury, 1990.

L'INTERCULTUREL ET LE RESPECT DES DIFFÉRENCES

Benoît Cazabon
Université d'Ottawa

Par crainte d'être accusées de jouer dans les nationalismes déterministes, les minorités ont-elles d'autres choix que de se taire et de s'assimiler? Ou existe-t-il des lois naturelles régissant les échanges entre groupes? Peut-on s'en réclamer sans courir le risque d'être taxé de chauviniste et de marginal? Voilà autant de questions qui servent d'entrée en matière. Le grand Klineberg (1982) termine son survol historique de l'interculturel en disant qu'il suffit de ne pas savoir ce que les autres ont écrit avant nous pour avoir de l'originalité[1]. En effet, l'interculturel traite de tant de sujets qu'il est permis d'être original. Mais encore faut-il construire ce discours original.

D'où vient le discours interculturel? Quelle est la différence entre l'interculturel et l'assimilation? Souvent, quand les minoritaires sont conviés à la table des échanges par les universalistes cultivés, les humanistes éclairés et les colonialistes euphémisants, c'est pour discuter dans une langue autre que la leur. Depuis Goodenough (1926), l'ethnographie culturelle étudie la façon dont des informants regroupent des traits culturels en ensembles contrastants[2] (*grosso modo*, les bons et les mauvais, les « nous » et les « eux »). Quels sont les fondements factuels de tels regroupements et quel système de catégorisation les justifie? Ces questions et ces préoccupations ont amorcé notre réflexion.

Dans un premier temps, nous donnerons donc notre point de vue sur le sens à donner à l'interculturel. Ensuite, nous tenterons de présenter une structuration qui permette de distinguer des dimensions opposées. Enfin, nous étudierons des expressions du discours interculturel tel que révélé dans des journaux d'étudiants.

Pour ne pas être trop original

Nier les différences culturelles reviendrait à dire que l'expérience ne construit pas l'univers mental que nous avons acquis en tant qu'individus conscients ou comme collectivités agissantes. Mais on peut se demander quelle est la nature de ces différences et où elles prennent leur source.

Si on réussit à mettre en contraste ces différences, a-t-on contribué à l'étude de l'interculturel? Si oui, les études comparatives (littéraires, éducatives, linguistiques et autres) seraient des précurseurs des études intercul-

TABLEAU 1[4]
A-Nature des contacts intergroupes

IND. (M) ———-> gr. (m)
ind. (m) ———-> GR. (M)
gr. (m) <———-> GR. (M)

Légende : ind. = individu; GR./gr. = groupe;
    m. = minoritaire; M. = majoritaire

Note : Plusieurs types de croisements sont possibles entre ces éléments.

B-Types de contacts

Variables dans le contexte	Entre membres d'une même société	Entre membres de sociétés distinctes
Territoires	Serrés, nombreux, hiérarchisés	Non partagés
Durée	Permanente	Transitoire, épisodique
But	Fonctionnel, échange de capital, service	Tourisme, commerce, religion
Type d'engagement	D'inférieur à supérieur, de longue durée	Unifonctionnel
Fréquence	Élevée	Variables
Niveau d'intimité	Variable, inter-mariage, partage du culte	Faible
Statut/pouvoir	Majoritaire, minori-taire, légiféré	Régi par un contrat relatif
Nombres	Variations démographiques	Variable
Traits distinctifs visibles	Richesse, couleur, éducation, etc. faibles	Fortement marqués

turelles. Mais elles n'auraient eu d'implication que la transmission du savoir (dans ce cas, le savoir comparé), et non le changement des comportements (ces nouveaux savoir-être et savoir-faire). Pour plusieurs, la littérature n'a jamais rien changé, sinon les sentiments ou la qualité de la vie.

Il convient pour la suite du propos de résumer ici notre propre compréhension de l'interculturel. Les sources de cette réflexion se trouvent surtout dans l'anthropologie culturelle, l'ethnographie, la psychologie sociale, ainsi que dans la didactique des langues secondes et chez les cognitivistes. Les champs d'application de ces études sont : 1°) les individus ou sous-groupes en mission à l'étranger (militaires, gens d'affaires, missionnaires, travailleurs sociaux ou de la santé et étudiants en programme d'échange); 2°) les capacités et les organisations cognitives de différents groupes ethniques; 3°) les comportements des apprenants de langue seconde.

Abstraction faite de certaines publications racistes qui infèrent la présence de différences innées dans les habiletés cognitives de certains groupes ethniques, la plupart des études visent à démontrer que l'intégration sociale, l'apprentissage d'une langue seconde ou les structurations conceptuelles sont rehaussés quand ces trois dimensions touchent une motivation interne qui est elle-même hautement codée dans la culture d'origine.

À première vue, lorsqu'on consulte certains des travaux parmi les plus répandus, on se demande si on n'y prône pas l'assimilation. Inspirées de H. Triandis (1975), les méthodes d'intégration culturelle de Landis et ses collègues (1983) sont des plus claires[3]. Les titres ne laissent aucun doute quant à la position choisie : *Intercultural Sensitizer or Cultural Assimilator* (Rosita Daskal Albert, 1983).

Pour mieux évaluer la portée de ces orientations, replaçons-les dans un contexte. Dans le tableau ci-contre se trouvent consignées les différentes conditions de réalisation des contacts interethniques.

Le tableau 1-A se rapporte à trois cas clairs. Une personne d'un groupe majoritaire s'en va vivre parmi un groupe minoritaire : un Américain en Asie. En second lieu, une personne d'un groupe minoritaire s'apprête à vivre dans la culture d'un groupe majoritaire : un Vietnamien à Ottawa. Enfin, un groupe minoritaire vit au sein d'un groupe majoritaire sur un même territoire : les francophones canadiens en contexte hors-Québec.

Le premier sujet cherche à se faire accepter pendant une certaine période de sa vie. Le second vise à s'intégrer à un nouveau groupe d'adoption. Le troisième opte pour la cohabitation. Les règles sont-elles les mêmes dans ces trois situations? Le discours de l'un vaut-il pour l'autre? Quand on voit à quel point un jeune Américain réussit à s'intégrer et à tirer profit de son séjour en Chine (TVO, les Chinois, série du *National Geographic*), on ne peut qu'applaudir. Deux années d'étude de la langue et des coutumes chinoises, quatre années dans des milieux authentiquement chinois : on ne revient pas dans son milieu majoritaire tel qu'on était avant son départ. Mais la culture américaine est-elle menacée pour autant? L'est-elle même pour l'américanité de la personne évoquée? Probablement pas.

C'est dans ce contexte particulier que se situent la plupart des travaux sur l'interculturel, soit celui d'un individu de milieu majoritaire cherchant à s'intégrer pendant une courte période de sa vie à un groupe dont la culture est perçue comme différente. La réflexion interculturelle rend cette personne sensible aux différences de normes, aux différentes références d'interprétation qui peuvent être sources de conflits ou de malentendus. Ce n'est pas tout de connaître les normes, il faut pouvoir en apprécier les attributs. Par exemple, tutoyer un étranger en français dans le Nord de l'Ontario n'est pas seulement la marque d'un rapprochement, c'est aussi une façon de savoir ce qu'on peut dire (confidence). En effet, deux inconnus (dont l'un est Français) pourront converser en empruntant le « tu ». Mais ce « tu » sera testé en cours de conversation par un système d'allusions (connaissances géographiques précises, noms de personnes, etc.) pour mesurer jusqu'où peut aller la complicité. Un étranger peut échouer sans s'en rendre compte parce qu'il n'aura pas reconnu un indice plus important que le tutoiement.

Le tableau 1-B traite des types de contacts qui peuvent s'établir entre les membres de société. On peut penser au Canada lorsqu'on lit la colonne de gauche et à la présence des Américains en Indonésie pour la colonne de droite. Bien qu'il soit important de situer les groupes en contact selon la nature et le type de contact, ces considérations sont porteuses d'informations statiques et typologisantes plutôt qu'explicatives. C'est pourquoi il est important de partir d'une vision plus élargie du problème.

Ainsi, d'une façon plus générale, l'interculturel pourrait être défini comme l'appréciation des différences culturelles dans le but de comprendre les lois sociales, psychologiques et linguistiques qui régissent les rapprochements et favorisent le respect des cultures en contact. Cette appréciation comprend les moyens pour affronter les conflits possibles afin de pouvoir en dégager une négociation équitable pour tous.

À défaut d'une telle définition, les rapports interculturels risquent de s'engager dans deux positions extrémistes et déplorables. À un bout, l'ethnocentrisme outrancier, à l'autre, l'assimilation anomisante. En matière de culture, il ne devrait pas y avoir que des choix dichotomiques. Doit-on être toujours d'une seule et unique affiliation? Il peut y avoir un continuum qui sera renversé selon certaines situations différenciées bien précises. On n'est pas moins Franco-Ontariens parce qu'on participe à la Chambre de commerce de sa ville qui a comme langue d'échange l'anglais. On l'est moins s'il n'y a pas de situations semblables en langue française auxquelles on tient à participer. Alors, comment mesurer ce qui distingue l'interculturel de l'assimilation?

Pour structurer l'analyse

Une anecdote vaut mille idées! Un anglophone me dit : « I remember in Massey when English and French used to be together. We would go to their Autumn Fair and they would come to our Carnaval. I wonder why it's not the same anymore?[5] » (Silence, aucune réaction, on passe à autre chose.)

Le propos traite d'un fait interculturel (une expérience). Il évoque un *système* de catégorisation (la réciprocité des échanges). Il insinue qu'il y a une *raison* pour laquelle les règles ont changé.

De l'analyse, passons maintenant à la genèse. Devant une telle anecdote, on peut se demander quelle est la motivation du narrateur, quelle interprétation il donne au fait interculturel narré, et quelle hypothèse il formulait au sujet des groupes en contact.

Par exemple, ici, quelles réponses formule-t-il à sa question? Réponses possibles : les francophones sont devenus méfiants; il n'y a plus de francophones pour converser; les francophones trouvent la règle désavantageuse; les francophones ne sont pas francs dans leur jeu, etc.

Quelles sont, parmi les raisons évoquées ci-dessus, celles qui proviennent de l'interlocuteur anglophone? Lesquelles inspirent l'interlocuteur francophone? Que pense l'un de l'autre? L'anglophone nourrit-il un ressentiment devant le silence provoqué par sa question? Est-il confirmé dans son opinion à l'égard des francophones? Regrette-t-il que sa tentative honnête de demander des explications soit restée lettre morte? Ou est-il fier d'avoir mis en boîte une fois de plus ces « darn Frenchies »? Le francophone se sent-il diminué? Nourrit-il sa paranoïa? Souffre-t-il de devoir expliquer l'évidence? A-t-il abandonné tout espoir de pouvoir expliquer quoi que ce soit?

Toutes ces questions et beaucoup d'autres émanent de narrations mettant en cause les contacts interculturels. Dans la section suivante, nous rendrons compte de journaux d'étudiants faisant part d'*expériences* qui mettent en cause des *comportements* auxquels l'auteur fait correspondre une *représentation* mentale[6]. Les expériences peuvent être considérées par le narrateur comme positives ou négatives. Il peut adhérer aux comportements décrits ou porter sur eux un jugement négatif. Enfin, les comportements peuvent évoquer des représentations plus ou moins agréables. Donnons un exemple. « Hier, dans un reportage à la télé, j'ai vu un policier qui bâtonnait des pauvres assis sur un perron [expérience]. Il y mettait beaucoup d'ardeur. C'est comme s'il était pressé d'en finir [comportement]. Je me demande si cela arrive souvent. Je ne pense pas qu'il aurait agi de la même façon s'il s'était agi de présidents de banques [représentation]. »

Donc, nous avons recherché une façon de rendre compte des expériences racontées et des représentations mentales qui y étaient associées.

Dans le tableau qui suit, neuf catégories de comportements sont reproduits selon qu'ils s'appliquent à une personne, à quelques personnes ou à

plusieurs; selon qu'ils représentent un comportement, deux comportements ou plusieurs.

TABLEAU 2[7]
Les catégories de comportements : de l'individu à la société

1. Quand *une* personne adopte *un* comportement :
   c'est une réponse, une habitude. (observation)

2. Quand plus de *deux* personnes adoptent *un* comportement :
   c'est une coutume, un rôle, une spécialisation. (confirmation)

3. Quand *tous* adoptent *un* comportement :
   trait culturel, coutume, thème, universel. (généralisation)

4. Quand *une* personne adopte *deux* comportements ou plus :
   trait caractériel, motivation, complexe, valeur, syndrome.
   (symbolisation)

5. Quand *plusieurs* personnes adoptent *deux* comportements ou plus :
   relation, institution, rituel, thème. (institutionnalisation)

6. Quand *tous* adoptent *deux* comportements ou plus :
   relation, institution, rituel, thème, point de ralliement.
   (valorisation)

7. Quand *une* personne adopte un *ensemble* de comportements :
   personnalité, une carte psychobiologique personnelle.
   (individualisation)

8. Quand plus de *deux* personnes adoptent un *ensemble* de comportements :
   sous-culture, groupement par statut. (communalisation)

9. Quand tous adoptent un *ensemble* de comportements :
   configuration, culture, caractère national. (nationalisation)

La hiérarchie qui se rapporte au nombre de personnes permet de distinguer les comportements individuels de ceux des sous-groupes ou des
plus grands ensembles. Dans la perspective choisie, c'est-à-dire dans l'observation d'affirmations contenues dans des narrations mettant en cause
des situations interculturelles, il fallait ce premier niveau de distinction. Le
second ordre de classification permet de comprendre l'importance culturelle du phénomène. Il peut être généralisé (niveau 3), sans être valorisé
(niveau 6), ou sans être reconnu par l'ensemble (niveau 9). Un fait répété
(niveau 2) n'est pas nécessairement institutionnalisé (niveau 5), ni commu-
nalisé (niveau 8). Il en va de même pour toutes les oppositions possibles
entre ces neuf catégories.

Dans un premier temps, nous avons utilisé cette grille pour positionner
les anecdotes en termes de phénomènes individuels ou institutionnalisés.
Lorsqu'on utilise cette grille, il peut y avoir un certain niveau d'arbitraire

dans la classification des observations. Tout dépend des préoccupations de l'analyste. Si on retourne à l'exemple du policier, on peut être tenté de le classer au niveau 4, à cause de la deuxième phrase. Par précaution, à cause d'un si court extrait, il serait préférable de le classer au niveau 1. Dans un tel cas, l'exemple serait sans intérêt dans une étude interculturelle.

Le deuxième plan de travail qui nous intéresse consiste à classifier les interprétations que les narrateurs font des comportements. Les interprétations peuvent être explicites comme elles peuvent se laisser saisir par des hypothèses, des questions, des doutes émis, des métaphores, des images, etc.

Le tableau 3, à la page suivante, rend compte d'indicateurs de représentations mentales à propos desquelles on peut émettre un jugement favorable ou défavorable.

Les éléments décrits dans ce tableau peuvent se combiner, selon les séquences de la narration, en une multitude d'organisations différentes. L'anecdote se rapportant au policier pourrait être décrite comme suit : (II, B, 1) c'est-à-dire, Objets/Environnement humain/certaines personnes en particulier. Ainsi, si on combine la description en utilisant les tableaux 2 et 3, on obtient, pour la scène du policier, une observation de type (1°/II/B/1). Il reste à vérifier si l'auteur de cette narration est d'accord avec le comportement décrit. On a de bonnes raisons de croire qu'il ne s'associe pas à la narration. La description complète serait donc (1°/II/B/1°/-).

Ces instruments aident à interpréter un corpus de narrations. La lecture des anecdotes visait à saisir le portrait culturel des auteurs. Quels traits différenciateurs (du tableau 3) observent-ils et est-ce qu'ils s'y associent ou les rejettent?

Études de journaux-étudiants : but et méthodologie

En 1986, dans le cadre d'un cours d'introduction à la linguistique, nous avons proposé aux étudiants de tenir un journal quotidien pendant au moins trente jours. Dans ce journal, nous leur demandions de noter des événements linguistiques : à qui ils avaient parlé, dans quelle langue, à propos de quoi et comment ils s'étaient sentis. Y avait-il eu des réactions qui les affectaient, les laissaient perturbés et pourquoi?

Des soixante-sept étudiants inscrits au cours, quarante-deux ont remis leur cahier. Il faut préciser qu'au début de l'année la consigne indiquait que le professeur ne tenait pas à recevoir les journaux. Cependant, durant le semestre, en précisant la nature de l'objectivation que chacun pouvait faire de la matière, certains ont tenu à les montrer. Devant la richesse de la matière lue, nous avons demandé à ceux et celles qui voulaient bien le faire de nous remettre leur texte. Soit dit en passant, le but du journal était d'essayer de mettre les étudiants en contact avec leur vécu linguistique. Nous cherchions à les amener à inférer de ce témoignage des notions se rappor-

TABLEAU 3
Classification d'indicateurs
de représentations mentales vis-à-vis des expériences vécues

I VALEURS : (Images se rapportant à des situations pour lesquelles le sujet a des sentiments positifs ou négatifs)

- A) Valeurs organiques positives : manger, boire, faire l'amour, etc.
- B) Valeurs symboliques positives : amour, admiration, respect
- C) Valeurs altruistes : conscient des besoins d'autrui
- D) Valeurs négatives : l'inverse de A.B.C., ci-dessus

II OBJETS : (Images associées à des objets animés ou inanimés)

- A) Le soi :
    1. image de son corps : habillement, handicap, etc.
    2. image de soi : fonctions, pensées, évaluation
- B) Environnement humain :
    1. certaines personnes en particulier
    2. des groupes de personnes
    3. un système socioculturel comme ensemble
- C) Entourage physique :
    1. animaux
    2. plantes
    3. instruments
    4. phénomène naturel
    5. la nature - système comme un ensemble
- D) Environnement surnaturel :
    1. les ancêtres
    2. les croyances
- E) Affirmation sur le fonctionnement des systèmes personnel (A), socioculturel (B), naturel (C), et surnaturel (D)

III TECHNIQUES : (Images montrant comment manipuler des objets ou des personnes pour donner satisfaction aux valeurs ou aux attentes culturelles)

- A) Les techniques elles-mêmes : comment intervenir pour que ...?
- B) Les systèmes de priorités entre les valeurs : si on doit exclure, quoi privilégier?
- C) Les systèmes de priorités entre les techniques : façon de choisir, de sorte que les valeurs fondamentales soient préservées.

tant à la linguistique, à la sociolinguistique et à la psycholinguistique. Le cours visait, en partie, ce qu'on retrouve dans la définition de l'interculturel que nous avons donnée plus haut.

L'intuition qui guidait le choix du journal était inspirée de notre expérience de quatorze années d'enseignement[8]. Le monde de l'argumentation, des causalités et des hypothèses est trop complexe et trop abstrait pour des jeunes universitaires (entre 19 et 23 ans). Non seulement ce monde les laisse-t-il indifférents, mais il les rebute. Il fallait passer par le monde de la narration, de l'association libre et de l'image. Nous faisons abstraction ici des nombreuses techniques suggérant la détente, l'écriture non contrôlée et la rétroactivité. Les narrations comprennent presque toutes une anecdote (un fait), un questionnement (une hypothèse) et une conclusion (un réinvestissement personnel ou une évaluation).

Échantillon

Les quarante-deux journaux qu'on nous a remis représentent 63 % de la classe. Il y a trente-six filles et six garçons. Bien que déséquilibrée, cette répartition représente celle de la classe. Des répondants, quatre ne sont pas nés dans le Nord de l'Ontario et deux ne sont pas de langue maternelle française. Exception faite des références géographiques que nous avons masquées, il est impossible de retracer les individus à qui l'anonymat avait été garanti. Nous leur sommes reconnaissants de la confiance qu'ils nous témoignent. Les quarante-deux textes contiennent en moyenne trente anecdotes, soit un total de mille deux cent soixante affirmations codées à l'aide des indicateurs des tableaux 2 et 3.

On retrouve dans le tableau 4 des exemples de ces encodages.

TABLEAU 4
Exemples de narrations
contenant des anecdotes interculturelles

1. « Aujourd'hui, nous avons visité un centre de réhabilitation. C'est pour des enfants ayant des problèmes d'apprentissage. On les teste en anglais. Même moi, je comprenais pas les instructions. » 2/II/B/2/-(A)

2. « Je prends un cours de français avec une Québécoise. Elle a un petit garçon en 4e année, elle est gênée quand elle ne peut pas lui répondre. » 1/II/A/2/? « Nous sommes tous là pour améliorer notre français. Pendant le break, nous sommes allés nous asseoir dans un petit salon. Ils ont tous parlé anglais. Maudit, pourquoi prendre des cours si on est pour parler anglais? » 3/III/B/-(F)

3. « Aujourd'hui, je suis à un mariage. Lui est Français, elle Anglaise. Le mariage se déroule en anglais. Qui a remporté? L'anglais. J'ai trois soeurs mariées à des Anglais. Aussitôt qu'il y a un Anglais tout le monde parle anglais. » 5/I/D(B)/-(A)

4. « Pour moi, je n'hésite pas à dire que je suis Française mais je ne crois pas qu'une langue est meilleure que l'autre. C'est-à-dire, que je ne suis pas d'accord qu'une culture devrait se défendre contre l'autre pour essayer, comme ils disent de préserver leur identité. » (On suppose une situation où le sujet a affirmé la phrase 1.) 4/III/C/-(F)

5. « On était à une noce. Les trois quarts Anglais, les autres Français. Qui faisait plus de bruit? » 3/II/3/? « Qui savait chanter des chansons? » 6/1/B/+ « Les Français. Peut-être c'est moi qui est extrêmement bruyante? Non, je croirais plutôt que les Français ont un meilleur spirit. » 8/I/B/+(F)

Interprétation des analyses

On remarque que la référence directe à un contact avec un membre d'une autre culture n'est pas mentionnée dans les exemples retenus. Les anecdotes s'y référant directement sont assez rares (9 %). Elles se répartissent également entre des situations désagréables de conflit ouvert et des situations tendues gardées sous couvert.

Les lettres entre parenthèses signifient : (A) anglais, (F) français. Cette lettre est utilisée pour indiquer, après le sigle (+/-), une opinion favorable ou défavorable à l'égard de l'un ou l'autre groupe linguistique. Ainsi dans l'exemple 1 du tableau 4, l'auteur semble porter un jugement négatif à l'égard de l'administration d'un centre de réhabilitation. Le texte indique ailleurs qu'il s'agit d'une institution gérée par des anglophones. On relève que 39 % des jugements négatifs se rapportent au groupe francophone et 29 % des jugements négatifs se rapportent au groupe anglophone. En outre, les francophones reçoivent 26 % de jugements positifs alors que les anglophones n'en reçoivent que 6 %. Pour bien comprendre le sens de ces répartitions, il faut analyser la classification des indicateurs de représentations mentales faites à l'aide du tableau 3.

Les trois catégories Valeurs, Objets et Techniques se répartissent inégalement : 32 %, 46 %, 22 % respectivement. Il y a plusieurs raisons à cela. D'une part, le document « journal linguistique » ne demandait pas ouvertement de s'adresser à l'une ou l'autre des dimensions. Nous ne contrôlions pas cette dimension comme l'aurait fait un questionnaire sociolinguistique. Ce n'est qu'après coup que nous avons choisi une classification générale qui, somme toute, livre de bonnes informations. D'autre part, la grille est construite sur une base conceptuelle et non sur une base proportionnelle. Nous n'avons pas compilé toutes les données se rapportant à ce mode de classification mais nous pouvons avancer les remarques suivantes.

Les tendances négatives à l'égard des anglophones se retrouvent en plus grand nombre dans les catégories Valeurs (D), Objets (B-2-3-16) et (E) et Techniques (B) (revoir le tableau 3 pour les catégories). Les valeurs négatives se rapportent surtout à des situations où l'on trouve que les anglophones ne sont pas sensibles à la différence ethnique que représentent les francophones. Les objets négatifs qu'on attribue aux anglophones se rapportent au système (difficulté avec un personnel qui ne veut pas parler français, sens d'injustice, dans les embauches, etc.). C'est dans la dimension se rapportant à l'environnement humain que l'on trouve le plus de situations négatives. N'est-ce pas un élément important de l'interculturel sur un même territoire? Curieusement, les valeurs positives accordées aux Anglais (A) se trouvent surtout au niveau (I-B) au sujet du respect (pour leur sens de l'organisation et de la gestion).

Les images négatives à l'égard des francophones se concentrent surtout dans la région (II A 1-2, B-1, et D-2). C'est tout le phénomène de l'identité qui est ici évoqué. Nous avons dit que 39 % des jugements négatifs étaient attribués aux francophones. La présence du conflit intragroupe est très élevée. Le conflit porte surtout sur la revendication de l'identité comme le montre l'exemple 4 du tableau 5 où revendiquer un droit devient « comme ils disent », « leur identité », en fait, un lieu de désaffectation.

La religion (D-2) semble un lieu de conflit aussi. Mais moins que le domaine des techniques (III). Les anecdotes donnent l'impression que les francophones n'ont pas de ressources pour les prises de décisions, les innovations et la résolution de problèmes. Ces commentaires, s'ils étaient tous corroborés par des exemples concrets des journaux, montreraient un haut niveau de marginalisation, d'assimilation et d'anomie.

Réclamer l'homogénéité des sociétés est probablement aussi inutile que nuisible. Cependant, lorsqu'il y a conflit intragroupe à propos de fonctions identificatrices importantes (comme les valeurs symboliques, l'image des groupes, des personnes, du système, des ancêtres et des croyances), l'effritement dans un groupe minoritaire représente une menace d'autant plus importante. L'identification et la loyauté à un groupe d'appartenance peuvent s'estomper au profit d'un transfert idéologique en faveur d'un groupe d'emprunt. Beaucoup de nos fiches indiquent ce passage : « Je trouve les Français niaiseux. C'est leur façon de parler, prononciation, gestes, et à certains moments, ce qu'ils disent. Je parle plutôt du Français de par ici. » (Fiche non analysée parce qu'elle ne contient pas d'anecdote.)

Par contre, les étudiants peuvent porter un jugement favorable à l'égard de la langue française, mais ce ne sera que pour marquer leur double marginalisation. Une première fois, ils le feront à cause de la non-pertinence du fait français en Ontario. La seconde fois, ce sera pour bien marquer l'infériorité de leur condition : être francophone c'est être moins instruit, moins urbanisé.

> Les jeunes qui quittent le village pour aller à l'université subissent une transformation. Quand je retourne dans mon village, je joue le jeu des gens pas instruits, comme avant. Je veux continuer à m'associer avec ce genre de personnes. À l'université, je suis seul. Pour être ensemble, il faudrait parler anglais. Je ne me sens pas à l'aise. Je veux vivre une vie paisible dans un petit village. (1/II/A/1-?)

Le point d'interrogation (?) indique l'hésitation à attribuer une note négative à Anglais ou Français. L'université bilingue anglicisante reçoit une note négative dans l'esprit de l'étudiant. Mais l'observateur que nous sommes accorderait également une note négative à l'image sociologique du fait français (langue de village), telle que présentée. Non que la communalisation en français doive être perçue comme négative, mais plutôt, il est négatif pour le groupe que la langue ne serve pas aussi à d'autres fonctions modernes. Certains ne craignent pas de parler de génocide culturel devant de telles conditions.

Pour prolonger cette recherche

Ces quelques remarques ne sont que la pointe des études qu'il reste à faire autour de ce corpus. Nous le voyons comme un témoignage d'une très grande authenticité nous invitant à prendre en considération les différentes conditions de réalisations des contacts interethniques. Tous les jours dans des écoles françaises de l'Ontario, des jeunes francophones s'assimilent. Pourquoi? Les conditions d'existence sont contraires au minimum vital pour qu'une communauté puisse s'épanouir[9].

Compte tenu des observations présentées et compte tenu du fait que ces étudiants se destinent à l'enseignement, il y a lieu de se demander si leur milieu culturel les prépare à vivre leur culture d'origine ou s'il ne favorise pas, presque ouvertement, l'assimilation. Quelle part de cette culture d'origine retrouveront-ils dans les institutions postsecondaires? Quelle part de changement sont-ils prêts à accepter pour s'intégrer à ces milieux? En Ontario, la situation est telle en matière de pénurie d'enseignants que l'on verra s'établir une compétition entre systèmes d'enseignement de la langue maternelle et de la langue seconde pour s'arracher des personnes qui n'ont pas, de toutes façons, les moyens de base pour vivre des expériences culturelles riches. Le problème se pose d'une façon encore plus déchirante que jamais pour la transmission des valeurs d'identité dans l'enseignement du français, langue maternelle en milieu minoritaire.

Conclusion

Je l'emprunte à Jacques Godbout :

> Plus on admet, chez les autres, des façons de penser, d'agir et des sentiments différents des nôtres, moins on est raciste, sexiste ou fanatique. En ce sens la tolérance est une vertu, la censure un abus. Reste donc ce curieux seuil de tolérance publique dont personne ne sait vraiment où il se situe, mais que personne n'a intérêt à dépasser. C'est l'angle mort de notre culture[10].

Angle mort ou point mort? Comme le serait l'interculturel mal compris... ou mal utilisé. Sans donner le cri d'alarme, il faut toutefois signaler que l'interculturel de surface ressemble à un sous-produit de l'accès à l'information. Un maillon dans la chaîne de l'industrie de la langue. Tout comme on peut voir en direct à la télévision un président de république se faire tuer, on consomme tous les jours de l'interculturel médiatisé. De l'information sur laquelle on n'a aucun contrôle. Des images valorisantes qui camouflent des déchirements cruels. Le vécu interculturel est autrement plus profond... et moins répandu.

Les extraits tirés des journaux des jeunes universitaires sont en ce sens révélateurs. Les jeunes vivent une crise intérieure. Leurs textes sont le témoignage vivant que le respect des différences n'est pas acquis au Canada, même pour l'un des peuples fondateurs. Comment, alors, emprunter les schèmes d'un discours interculturel quand les bases sont instables?

Notre étude visait à présenter une amorce pour l'étude systémique des relations interculturelles. Nous avons présenté une grille de lecture de narrations en joignant des catégories de comportements (tableau 2) à des représentations mentales (tableau 3).

Nous avons pleinement conscience que ces outils sont perfectibles. Le lecteur devrait y chercher moins un instrument de mesure quantitatif qu'une piste d'une grande richesse pour cerner les aspects qualitatifs du discours interculturel. Dans le royaume des classifications, il importe de savoir quelle est la nature des craintes, des angoisses ainsi que des lieux d'agrégation, de préjugés, d'affrontement et de crise. Le pouvoir explicatif de cette méthodologie s'augmentera avec le nombre de données inventoriées. Et si, en même temps, nous pouvions mieux comprendre ce que la jeunesse minoritaire canadienne-française vit!

NOTES

1. Pour une bonne vue d'ensemble des études portant sur a) le caractère génétique et psychologique des différences raciales, b) le rôle des stéréotypes et les moyens pour les replacer dans une perspective plus éclairée des caractéristiques culturelles, c) le conflit dû au contact et, enfin, d) la possibilité de rehausser la qualité des contacts entre groupes culturels, voir l'article de Otto Klineberg (1982). L'ensemble du volume édité par Stephen Bochner, *Cultures in Contact* (Pergamon Press, New York, 1982), offre des précisions méthodologiques dont nous nous sommes inspiré dans notre étude.

2. Voir F.L. Goodenough, *Racial Differences in the Intelligence of School Children : Journal of Experimental Psychology*, vol. 9, 1926, p. 369-397.

3. Voir Dan Landis, *Handbook of Intercultural Training*, Pergamon Press, New York, 1983.

4. Emprunté de Stephen Bochner, *op. cit.*, p. 9.

5. Il s'agit de propos entre l'auteur et un collègue anglophone de OISE (Ontario Institute for Studies in Education).

6. L'*expérience* est l'objet de la narration ou son thème. Ici, le partage de festivités. Les *comportements* renvoient aux actions. Qui fait quoi à qui? La *représentation mentale* correspond à l'interprétation de l'auteur. Il s'agit d'un jugement comme la parabole d'une fable ou la morale d'un conte. On pourrait tout aussi bien dire que les trois séquences comportent : un fait, un lieu de questionnement et une évaluation de la situation.

7. Traduction de Anthony F.C. Wallace (1970) par Benoît Cazabon, 1989. Voir A.F.C. Wallace, *Culture and Cognition*, Science, 135, 1962, p. 351-357.

8. Il y aurait beaucoup à dire sur la justification pédagogique de cette stratégie. Michael Connelly* en fait usage en formation des enseignants pour que la personne soit en contact avec son vécu et son passé avant de s'engager dans un processus de changement. Adopter un nouveau comportement suppose que l'on se comprend. La langue et la personne étant si intimement liées, nous avons pensé qu'un exercice semblable apporterait aussi des fruits devant la difficulté d'extraire de la langue des principes généraux et abstraits. (* Voir F. Michael Connelly et Jean Clandinin, *Teachers as Curriculum Planners : Narrative of Experience*, OISE Press, Toronto, 1988.)

9. Voir Benoît Cazabon, «L'aménagement linguistique au sein des écoles françaises de l'Ontario : un cas de transition difficile», dans la *Revue québécoise de linguistique théorique et appliquée*, vol. 8, n⁰ 2, avril 1989, p. 253-283.

10. Jacques Godbout, «Le seuil de tolérance», dans *L'Actualité*, Montréal, février 1989, p. 112.

CONCOURIR POUR LA LANGUE

Robert Major
Université d'Ottawa

La scène est très belle et, comme il se doit sous la plume d'un tel écrivain, merveilleusement décrite. Elle se trouve à la fin de ces *Fragments d'une enfance*[1] dans lesquels, cédant finalement à sa pente naturelle, Jean Éthier-Blais assume totalement sa subjectivité. Délaissant les médiations jusqu'alors privilégiées de la critique d'humeur, du poème, de l'essai ou du roman, il décide, sans subterfuges cette fois, de se raconter. Sont alors évoqués, dans quelques-unes des plus belles pages de notre littérature personnelle, les souvenirs de son enfance à Sturgeon Falls, dans le Nord de l'Ontario.

Lauréat, à douze ans, du premier Concours provincial de français, le mémorialiste — pour lors simple enfant doué — est couronné sous l'oeil approbateur du consul de France et le regard admiratif de sa mère; double divinité tutélaire de la langue française, transformées pour la circonstance en thuriféraires. Le moment est à la fois le couronnement des efforts de Jean Éthier-Blais, l'apothéose de son enfance et le point culminant de son récit. Sur cette consécration peuvent se refermer les lourdes portes de l'enfance : le coup d'essai du futur écrivain fut un coup de maître. Le petit prodige du Nord de l'Ontario a damé le pion aux cracks d'Ottawa. Il n'en faut pas davantage, peut-être, pour décider d'une carrière. Devient-on littéraire et écrivain parce que ses premiers pas sont ainsi chargés de lauriers ou, au contraire, gagne-t-on le Concours de français parce qu'on est béni des Muses et promis à la vocation? Est-ce la poule, est-ce l'oeuf?

Le lecteur qui connaît l'oeuvre de Jean Éthier-Blais ne sera pas étonné de lire, dans ces *Fragments d'une enfance*, que ce Concours de 1938 est le seul, l'unique. Les Concours des années suivantes, provinciaux eux aussi et réunissant une jeunesse plus nombreuse encore, n'auront été que de pitoyables et attendrissants ersatz. « Il y en eut plusieurs, qui allèrent se dégradant, en sorte qu'il ne resta, dans l'imagination populaire franco-ontarienne (ou ontaroise) qu'un seul concours de français : le mien[2] ». Voilà proprement anéantis, sans autre forme de procès, les plus de mille élèves du primaire et du secondaire qui se sont succédé depuis à ce Concours! Voilà rayées d'un trait de plume des décennies d'efforts accomplis par des générations d'élèves et de maîtres! Pour cet égotiste consommé qu'est Jean Éthier-Blais, il n'en saurait être autrement. Après moi le néant!

Mais sans doute tous les concurrents, et à plus forte raison les lauréats, seraient-ils portés à en dire autant de leur Concours respectif. Ainsi, pour ma part, j'accorderais plutôt la palme au Concours de 1962, l'année du vingt-cinquième anniversaire (et de mon juvénile triomphe, en présence du gouverneur général et de madame Georges-P. Vanier, de l'archevêque d'Ottawa, de monsieur Robert Gauthier, de tout le gratin franco-ontarien et d'une salle enthousiaste de six cents personnes, anciens lauréats et dignitaires, rien de moins!). Mais quel serait alors le proto-concours pour les quelques rares membres d'un corps d'élite (six élèves au total, en presque un demi-siècle d'existence) : ceux qui, comme un collègue, Jean-Louis Major, ont remporté deux fois la palme du lauréat, au primaire et au secondaire? Merveilleuse richesse des concours de toutes sortes qui, à chacune de leurs éditions, sont princeps pour les intéressés!

Au printemps de 1992, le Département des lettres françaises de l'Université d'Ottawa s'apprête à marquer d'une façon spéciale le dixième anniversaire de la renaissance de ce remarquable Concours et sa quarante-quatrième édition depuis sa fondation en 1938. L'occasion est propice pour une réflexion sur l'événement, où se mêleront à parts inégales l'histoire, le commentaire et le témoignage personnel.

Paul-François Sylvestre a déjà retracé, dans un petit livre fort chaleureux, l'histoire du Concours de français[3] et il ne saurait être question de la reprendre ici. Quelques rappels, toutefois, s'imposent pour bien marquer les traits caractéristiques de cette institution unique en Ontario et dont il existe peu d'équivalents ailleurs. Choisir, chaque année, dans chacune des régions de la province, les meilleurs élèves en français; convoquer solennellement ces lauréats régionaux à un concours provincial; les réunir, le plus souvent dans le chef-lieu de la francophonie ontarienne, Ottawa; les soumettre à toute une série d'épreuves portant sur l'orthographe, l'analyse littéraire, la composition, l'improvisation orale, et jugées par ces olympiens qu'étaient, à l'époque, les inspecteurs des écoles françaises; proclamer les lauréats dans une cérémonie publique qui réunissait un vaste public parce qu'elle coïncidait avec la « Semaine française », c'est-à-dire les assises annuelles de la francophonie ontarienne (congrès de l'Association canadienne-française des enseignants de l'Ontario, de l'Association de la jeunesse franco-ontarienne, de la Fédération des femmes canadiennes-françaises, de l'Association des commissaires d'école, etc.); distribuer de nombreux prix, livres, trophées, bourses, dans chacune des catégories, de sorte que presque tous les concurrents y trouvent leur compte; donner à l'événement tout le relief possible : dans chacune des écoles et des paroisses, d'abord, en région ensuite et lors de la grande finale. Tel était le Concours de français. La majuscule s'imposait et s'impose toujours, car l'événement était unique.

L'élève, certes, n'était pas conscient des enjeux, des multiples enjeux du Concours ni de l'impact qu'il pouvait avoir. Ce Concours se déroulait sur un double plan, celui de la collectivité, celui de l'enfant, plans qu'il importe de distinguer.

Pour les enfants de 8e année et les adolescents de 12e année qui chaque année étaient choisis, ce Concours avait une dimension paradoxale mais qui était acceptée sans questionnement. L'événement était à la fois naturel et solennel. Le professeur choisissait ses meilleurs élèves, garçon et fille, et les soumettait à des exercices supplémentaires en dehors des heures réglementaires de français. Il ne serait venu à l'esprit d'aucun enfant de l'époque de refuser cette surcharge : la docilité et la fierté s'étayaient mutuellement et ces travaux ne faisaient que s'ajouter aux autres activités parascolaires étroitement contrôlées par les institutrices et les instituteurs de l'époque : dévotions et cérémonies religieuses, surtout. Concours de catéchisme ou concours de français, nous étions toujours à nous mesurer les uns aux autres, dans une « saine émulation ».

L'accession aux finales régionales, toutefois, nous faisait pénétrer dans une autre sphère. Les exercices se multipliaient et l'élève avait sourdement conscience d'être l'indigne représentant de son professeur, de ses parents, de son école, de sa paroisse, de son conseil scolaire. L'insouciance et le naturel propres à l'enfance et à la jeunesse nous empêchaient de ployer sous le poids d'une telle responsabilité : le plus souvent nous n'y pensions pas, tout au plaisir de voir du pays et de vivre des expériences inédites.

Et si je peux généraliser à partir de mon propre cas, quel émerveillement de voir Ottawa pour la première fois à 16 ans (j'étais, à l'instar de Jean Éthier-Blais, le représentant du Nord de la province, et des marches plus éloignées encore : le vrai nord, du Témiskaming à la baie d'Hudson)! Quelle émotion d'être debout dans une des salles de l'ancienne École normale (maintenant l'édifice de l'École des études supérieures de l'Université d'Ottawa), que je connaissais de réputation parce que mes professeurs y avaient fait leurs études, dans une atmosphère feutrée de boiseries sombres, de hauts plafonds et de science profonde, avalant ma salive avant de me lancer dans une improvisation sur « le séparatisme québécois », face à des juges à la fois terriblement austères et subtilement encourageants. Mais surtout, souvenir indélébile, le choc de marcher dans la rue Waller, derrière un groupe de jeunes adultes, sans doute des étudiants de l'Université d'Ottawa, et de les entendre parler français! À Ottawa, on se parlait en français, tout naturellement, dans la rue! L'étonnement m'avait littéralement dérouté. À les suivre, subjugué, sans égard au chemin parcouru, je m'étais égaré à quelques rues de ma destination.

Je me souviens plus vivement de ce moment dans la rue que des épreuves ou de mon propre triomphe comme lauréat des garçons. Jusqu'alors, pour moi, le français était de l'ordre du privé. Langue de la maison, de l'école (et encore : elle était bilingue), de l'église (et encore : elle aussi était bilingue). La rue était anglaise. On n'y parlait qu'anglais, même entre francophones. D'ailleurs, à partir d'un certain âge, une fois affranchi du giron maternel, toute communication se faisait en anglais, sauf avec les parents, les instituteurs et le curé. Et voici qu'autour de moi, dans la rue, hors du contexte scolaire ou paroissial, hors de portée de toute autorité répressive (la « police de la langue » n'est pas une invention québécoise, n'en déplaise aux anglophones du Québec : nos institutrices avaient le bras long pour tordre les oreilles des téméraires qui osaient parler anglais à l'école), dans les rues d'Ottawa, donc, j'entendais tout naturellement des jeunes parler français! Le français, en cet instant, a perdu son caractère factice, artificiel, imposé, et j'ai confusément entrevu qu'il pouvait être vivant. Encore aujourd'hui, remontant la rue Waller, il m'arrive à l'occasion de revivre ce moment et de ressentir brusquement la reconnaissance la plus vive et la plus irrationnelle pour ces jeunes inconnus, passants anonymes, mais dont la langue était si vive et si naturelle.

J'ose croire que les autres élèves venus des quatre coins de la province en cette année 1962, ou dans les années qui ont précédé ou qui ont suivi, ont vécu des expériences analogues, aussi déterminantes. Nous étions quarante-deux à Ottawa, primaire et secondaire confondus, en cette année. Cela fait quarante jeunes au moins par année pour qui le français peut être autre chose que la langue de l'humiliation quotidienne. Quarante jeunes, par définition des premiers de classe et donc possiblement des ferments éventuels dans leur milieu, pour qui le français accédait à une autre dimension.

Pour les responsables de cette rencontre annuelle, le Concours, cela va de soi, avait d'autres dimensions. Les élèves ne le savaient pas, mais ces modestes exercices étaient le lieu d'un affrontement et d'une revendication qui avaient une dimension héroïque certaine. « Je ne pense jamais à ces obscurs lutteurs sans admiration, ni tendresse » dira Jean Éthier-Blais des représentants de « l'intelligentsia administrative franco-ontarienne, attachés à la langue française, la défendant avec ardeur, tentant par tous les moyens dont ils disposaient, d'étendre son champ[4]. » Ils étaient lutteurs en effet, car il faut savoir que ce Concours n'était pas un banal « spelling bee », épreuve qui avait alors la faveur de mes amis anglophones, ni un quelconque concours d'éloquence, tel que parrainé à l'époque par les clubs sociaux (cela dit sans vouloir nier l'intérêt de ces activités). Dans son existence même, il était contestation du pouvoir anglais.

En effet, son créateur, monsieur Robert Gauthier, premier responsable de l'enseignement francophone en Ontario, l'avait institué alors même que l'enseignement en français était encore officiellement interdit en Ontario : l'infâme règlement 17 ne sera abrogé qu'en 1944. Non seulement s'agissait-il de valoriser l'enseignement du français à l'intérieur de ces écoles bilingues, mais de plus il importait de donner à la langue un statut public par la voie d'un concours qui allait se dérouler en plein jour, cautionné par le ministre de l'Éducation. Les Orangistes avaient beau parader chaque année, « King Billy » caracolant sur son cheval blanc, la majorité anglo-saxonne avait beau exercer chaque jour sa hargne anti-française sous le couvert des plus beaux principes du fair-play britannique, le français, bien timidement mais combien publiquement, affirmait sa place au soleil. Les inspecteurs des écoles, les commissaires d'écoles, habitués à louvoyer dans les traquenards du sérail torontois, savaient bien ce qui était en jeu; les instituteurs et les institutrices, frères, religieuses, laïcs dévoués, savaient faire oeuvre patriotique et travail de survie nationale en déployant des prodiges d'imagination pour susciter, chez leurs élèves, de l'intérêt pour leur langue bafouée. Comment saluer convenablement cette obscure et multiple armée qui pendant des années a porté le français à bout de bras en Ontario!

C'est en parcourant les documents précieusement conservés par une mère affectueuse et complaisante que j'ai pu mesurer l'importance qu'accordait la collectivité à cet événement. Toutes ces lettres de félicitations envoyées par toutes sortes de personnes (à une époque où on écrivait encore volontiers) : instituteurs du moment, institutrices des années précédentes, coparoissiens, amis d'enfance de mes parents, marguilliers, collègues de mon père dans le réseau scolaire franco-ontarien, chacune de ces personnes se réjouissant pour ses propres raisons, et heureuse du succès d'un obscur écolier boutonneux. Car ce succès, cela m'a paru évident à la lecture de ces bouts de papier jaunissant, avait une portée collective. On signalait le petit triomphe d'un élève, certes, mais on fêtait surtout la survie et la vitalité de sa langue, sa vigueur sans cesse renouvelée, gage d'une pérennité problématique mais ardemment souhaitée.

Qu'on en juge par la lecture du *Droit* du 28 avril 1962. En première page, à la une, des photos des deux grandes lauréates au primaire et au secondaire, et un article consacré au succès des élèves du Nord de l'Ontario pendant cette édition du Concours. Les pages 5, 6 et 7 du journal affectées à d'autres articles sur la Semaine française, dont la totalité de la page 5 au Concours : photos des lauréats et texte serré donnant scrupuleusement tous les détails sur le Concours, la provenance et la généalogie des lauréats! Il en était ainsi chaque année dans *Le Droit*. Chronique villageoise, pourrait-on dire avec raison. Mais ainsi se cimente une collectivité, se reconnaissent ses membres et s'affirment ses forces vives. En profitant des moindres événements pour se réjouir et pour fêter sa jeunesse et son avenir. Mais c'était à l'époque, il est vrai, où ce quotidien, alors propriété des Oblats, savait comprendre sa propre devise, se rappelait sa raison d'être, s'évertuait à servir la collectivité franco-ontarienne même dans les plus humbles événements et ne se complaisait pas dans la chronique policière et la morbidité sensationnaliste. Autre temps, autres moeurs.

L'Association canadienne-française de l'Ontario laissera tomber le Concours provincial de français en 1971. Mais une professeure de l'Université d'Ottawa, Nicole Bourbonnais, aura l'heureuse idée de le ressusciter en 1982, avec l'appui empressé des autorités de l'Université. Depuis lors, chaque année, en collaboration avec l'Université Laurentienne et les professeurs des écoles secondaires de la province, se tient un Concours pour les élèves de fin d'études secondaires. Chaque année sont convoquées ces remarquables assises où la jeunesse franco-ontarienne concourt pour sa langue et l'affirme du même coup. Qu'il en soit longtemps ainsi!

NOTES

1. Jean Éthier-Blais, *Fragments d'une enfance*, Montréal, Leméac, 1989, 179 p.

2. *Ibid.*, p. 175.

3. Paul-François Sylvestre, *Le Concours de français*, Sudbury, Prise de Parole, 1987, 155 p.

4. Jean Éthier-Blais, *op. cit.*, p. 176.

PORTRAIT D'AUTEUR : PATRICE DESBIENS

Georges Bélanger
Université Laurentienne (Sudbury)

Je ne suis pas la réponse.
Je suis la question.
Je suis le coup de poing
d'interrogation.

L'Espace qui reste, p. 48

Viens me voir.
Viens me croire.
Tu sais où je reste
La tendresse est ma
seule adresse.

Sudbury, p. 49

Autodidacte, poète et musicien, Patrice Desbiens est né le 18 mars 1948 à Timmins, Ontario. Il a vécu et travaillé à Toronto, Timmins et surtout Sudbury. Après un séjour à Québec et à Saint-Marc-des-Carrières, de 1970 à 1976, il choisit, en 1988, de s'installer à Québec et d'y vivre en permanence.

Il écrit depuis vingt-cinq ans et consacre tout son temps, sans compromis, à la poésie. Le bilan reste impressionnant : onze livres publiés, dont deux à compte d'auteur. En 1985, il est choisi parmi les cinq finalistes pour le prix du Gouverneur général, section poésie; un jury a retenu son dernier livre *Dans l'après-midi cardiaque* parmi les meilleures oeuvres poétiques de l'année. Plus tard, on lui décerne le prix du Nouvel-Ontario.

Le changement de milieu n'a pas empêché l'auteur de produire. Il n'a jamais été aussi actif, nous disait-il, qu'au cours des trois dernières années. Un premier manuscrit, *La Somme de tout*, est terminé et déjà soumis à un éditeur; deux autres sont en préparation : *Un pépin de pomme sur un poêle à bois* et *Poèmes d'amour*.

Patrice Desbiens aime rencontrer le public. Ainsi présente-t-il de nombreuses lectures de ses poèmes chaque fois que l'occasion le lui permet, et participe-t-il à plusieurs festivals, colloques ou salons du livre. Au moment où nous l'avons rencontré cet été, il arrivait de Baie-Saint-Paul, comté de Charlevoix, où il avait inauguré une série de lectures publiques. Il est présent aux salons du livre de Montréal et de Québec. Il assiste et participe au Festival international de la poésie des Trois-Rivières.

Poète du quotidien, Patrice Desbiens ne peut plus supporter cependant « ... d'être éternellement comparé à Charles Bukowski ou à Lucien Francoeur. » Avec le pouvoir qu'il a acquis et qu'il possède sur les mots et les images, il parle de la vie de tous les jours, d'amour, de violence et de mort. Cynique et sarcastique à souhait, Patrice Desbiens ne cesse d'affronter la réalité, la vie, afin de mieux l'exorciser comme dans un combat sans fin. Ni vainqueur ni vaincu, seule une fureur de vivre comme un déchirement et une blessure, se profile dans ses oeuvres à la façon d'un fil conducteur.

C'est à Québec, chez lui, que nous avons rencontré Patrice Desbiens, en présence d'une amie, Michelle Leclerc. Il venait de participer au tournage d'un film qui inaugure la série « À la recherche de l'homme invisible », titre inspiré de l'un de ses livres, *L'Homme invisible/The Invisible Man*, brossant un tableau de la réalité de l'Ontario français, et produit par le Centre ontarois de l'Office national du film du Canada en collaboration avec les Productions Aquila.

* * *

FA « Patrice Desbiens, pour quelles raisons avez-vous choisi, en 1988, de quitter l'Ontario pour vivre au Québec?

PD -Après avoir assisté et participé au Salon du livre de Québec en avril, il s'est passé quelque chose, j'ai craqué, je suis resté. À Sudbury, je m'ennuyais de Québec, de la belle ville de Québec où j'avais déjà vécu six ans. Je présentais souvent des lectures, j'étais invité à des colloques et, chaque fois que je retournais à Sudbury, je m'ennuyais. Il ne se passait rien. Et surtout au niveau de la langue et l'attitude que les gens avaient vis-à-vis de la langue. Je me suis promis qu'à quarante ans, je partirais pour Québec. Aujourd'hui, j'ai quarante-trois ans, j'ai tenu ma promesse.

FA -Au fond il s'agissait d'une question vitale sur le plan de la langue, de la culture, de l'identité?

PD -Je suis parti pour une question de langue, que je voulais garder, et non pas de nationalisme dont j'ai horreur. Je ne suis pas venu au Québec pour crier. C'est une question de langue, d'environnement; je veux vivre en français, parler en français dans la rue, l'entendre résonner dans mes oreilles, m'acheter un paquet de cigarettes en français.

MF -Je pense qu'il n'y avait plus de défi pour toi là-bas; le défi c'était de venir ici et de vivre dans ta langue.

PD -Comme la maladie d'Alzeihmer, l'assimilation ne pardonne pas. C'est oublier; l'oubli, c'est subtil, très subtil. Même avec des amis francophones, la première chose que tu sais, tu parles anglais. J'ai publié sept livres en Ontario, mon quotidien était vécu en anglais et ma vie littéraire en français. Le recueil *Poèmes anglais*, publié en 1988, constitue un exemple parfait et a été mon chant du cygne. À la dernière page, je dis : De temps en temps/je sors mes/poèmes anglais./Je les lis et les/relis./ Je les trouve/vraiment/très bons (XXXVIII, p. 38). J'étais tenté de recommencer à écrire en anglais, parce que je suis capable d'écrire en anglais. J'écris même très bien en anglais.

FA -Avez-vous écrit beaucoup en anglais?

PD -Oui, beaucoup. J'ai publié dans des revues, mais je n'ai jamais publié de livre. Je n'ai jamais eu de vie en anglais.

FA -Que signifie à cet égard le livre *L'Homme invisible/The Invisible Man* publié en 1981?

PD -Présentement moi, je suis visible, dans le sens où je suis visible à Michelle, à toi, à Québec. Mais je suis maintenant invisible en Ontario. Dans ce livre je voulais dire qu'être pris entre deux cultures, c'est épouvantable. Surtout au Canada où l'anglais et le français sont toujours en train de se chamailler. Toi, tu es coincé entre les deux : tu comprends les deux langues, tu parles les deux langues parfaitement, mais tu n'es personne. Je connais des Franco-Ontariens qui ne parlent ni le français ni l'anglais correctement; ils parlent les deux langues tout croche. Ils n'ont aucune langue. Moi, je parle parfaitement bien l'anglais. Quant au français, c'est pas mal non plus. Quand je suis arrivé au Québec, j'avais des problèmes, j'avais des difficultés à me faire comprendre. J'avais l'accent franco-ontarien, celui du Moulin à fleur [N.D.L.R. : quartier francophone de Sudbury].

Je ne condamne pas l'Ontario ou Sudbury. C'est tout simplement un milieu anglais, anglophone. Lorsqu'on m'a demandé récemment pourquoi j'ai quitté Sudbury pour venir à Québec, j'ai répondu que Sudbury est trop près de Sault-Sainte-Marie! (rires). [N.D.L.R. : La ville de Sault-Sainte-Marie s'est déclarée unilingue anglaise le 20 janvier 1990.]

FA -Sur le plan de l'écriture et de la création, comment avez-vous vécu le changement de milieu? Sentez-vous toujours le besoin d'écrire? Pourquoi écrivez-vous?

PD -Être resté en Ontario m'aurait empêché de vivre; j'aurais fini comme André Paiement : quand tu bloques, tu bloques. J'avais peur parce que des gens me disaient que j'allais cesser d'écrire si je m'en allais au Québec.

J'écris encore, ce n'est pas parce que je ne suis plus en Ontario que je ne suis plus Franco-Ontarien ou que j'ai oublié ce que c'est d'être Franco-Ontarien. Cependant je leur dis : si ça ne marche pas, venez ici. Ce n'est pas une question de nationalisme. C'est une question de survie, point.

Le pourquoi de l'écriture? Question difficile à répondre. J'écris pour pouvoir montrer que je suis en vie; c'est l'essence même de la vie. Il s'agit d'un besoin. Quand tu fais ce travail depuis longtemps, il devient instinctif comme un menuisier qui fait son travail depuis vingt-cinq ans. Lorsque tu travailles dans le bois, tu as besoin de bois. Moi, j'avais besoin de bois, pas de plastique. Depuis, je ne cesse d'écrire.

FA -Vous admettrez qu'écrire onze livres de poésie n'est pas commun?

PD -D'autres en ont écrit beaucoup plus que cela. Il faut dire que sept livres de poésie en Ontario français, il faut le faire. Je pense que j'ai fait ma part. J'écris, c'est tout. Il y a quelques jours, on m'a demandé de me présenter quand je suis allé à Baie-Saint-Paul. Je me suis contenté d'écrire : « Je m'appelle Patrice Desbiens, je suis un poète, j'écris des poèmes. » Un poète écrit des poèmes.

FA -Comment travaillez-vous?

PD -Il n'y a pas de gros mystère dans l'écriture. J'écris à tout moment dans la journée, mon cahier est toujours ouvert. Je prends des notes, toujours au crayon. En pleine conversation, je peux me lever, aller à mon cahier et j'écris, je note. Je ne suis pas le genre 9 à 5 au niveau de l'écriture.

FA -Avez-vous publié depuis votre arrivée au Québec?

PD -J'ai publié *Amour ambulance* aux Écrits des Forges, en 1989, et j'ai un manuscrit qui a des chances d'être publié en Chine. Le Secrétariat permanent des peuples francophones (SPPF) l'a fait parvenir à un éditeur là-bas.

FA -Y a-t-il d'autres manuscrits en préparation?

PD -J'ai aussi un deuxième manuscrit, *Un pépin de pomme sur un poêle à bois*, que je suis en train d'écrire et dont j'ai lu des extraits. J'ai eu une bourse du Conseil des arts. Après avoir affirmé qu'il s'agissait d'une suite à *L'Homme invisible*, un fonctionnaire m'a accusé de répétition. Alors la première phrase du livre est devenue :« je me répète ». C'est une suite. Le manuscrit a subi beaucoup de transformations. Au début, je voulais l'intituler « Le Pays de Catherine ».
Je travaille aussi sur un troisième manuscrit. Il n'y a pas de titre. Ce sont des poèmes d'amour uniquement. J'alterne entre les manuscrits.

FA -Vous n'avez jamais été aussi actif?

PD -Je n'ai jamais travaillé sur trois livres en même temps en Ontario. D'accord, je ne publie pas autant. À Sudbury, Prise de Parole était à deux portes de chez moi. Je rentrais un manuscrit et il était publié. Aujourd'hui le désir, c'est d'être capable d'écrire ce que je veux sans me sentir poussé dans le dos.

FA -Comment avez-vous réagi en apprenant que vous étiez parmi les cinq finalistes pour l'obtention du prix du Gouverneur général, section poésie, avec *Dans l'après-midi cardiaque*?

PD -Un sentiment de fierté, non? J'étais à Montréal et j'étais énervé. Tout le monde essayait de me joindre. Je n'avais jamais connu une situation comme celle-là et je ne savais pas quoi faire. Mais cela ne veut rien dire pour moi : je suis en nomination pour le prix du Gouverneur général, je suis à Québec, je suis sur le BS (assistance sociale), je n'ai pas d'argent. Qu'est-ce que ça veut dire tout ça? Si tu gagnes, c'est 10 000 $, c'est comme avoir une bourse. Une fois que ta bourse est partie, tu es encore un poète et tu n'as rien. Il y a quelques temps, j'ai gagné le prix du Nouvel-Ontario : une grosse plaque et pas de chèque!

FA -Quel est votre meilleur livre?

PD   -Mon meilleur, celui que j'aime le plus, c'est *Poèmes anglais*; celui que j'ai techniquement réussi, si on parle littérature, c'est *Dans l'après-midi cardiaque*. J'ai mis tout mon coeur dans *Poèmes anglais*. Les gens ont des opinions différentes : Richard Desjardins dit que *Les Cascadeurs de l'amour* est mon meilleur; Yves Boisvert, *Sudbury*; Michelle Leclerc, *L'Espace qui reste*. Et toi, quel est ton choix?

FA   -*L'Espace qui reste* et *Dans l'après-midi cardiaque*. Mais pourquoi *Poèmes anglais*?

PD   -Il est spécial celui-là, j'y ai travaillé tellement longtemps. Je l'avais dans la tête, j'avais le concept. Il fallait que je fasse un livre comme ça. Je l'aime bien. J'aime la couverture, le texte, la typographie. Il y a des dessins de Herménégilde Chiasson de l'Acadie, celui qui a fait un film sur Jack Kerouac. J'ai lu des extraits du manuscrit la première fois au colloque sur Jack Kerouac. Je l'ai entièrement écrit à Sudbury, à la machine à écrire IBM.

FA   -Comment voyez-vous l'avenir de la littérature francophone? des francophones hors-Québec?

PD   -Il est difficile de répondre à cette question sans insulter personne. À un moment donné, à cause de la popularité de mes livres, c'est devenu comme une espèce de responsabilité. Si tu veux vivre, écrire, créer en français en Ontario, il y aura toujours quelque chose qui va se passer là-bas. C'est curieux : on dit qu'un Franco-Ontarien s'en vient au Québec et devient nationaliste. Mais y a-t-il quelque chose de plus nationaliste qu'un Franco-Ontarien? Pourtant, j'ai horreur du nationalisme. Je ne suis pas venu ici pour ça, je suis venu ici pour travailler dans ma langue, me sentir à l'aise. Prends le cas de Beckett, il est Irlandais, il a écrit toute sa vie en français. Un Irlandais qui s'en va écrire en français à Paris, et qui ne veut rien savoir de l'Irlande! Et il y a cette phrase d'Alain Grandbois : « Suis-je l'exilé ou l'êtes-vous? » Je me suis assez fait reprocher d'être parti, que je sais maintenant comment leur renvoyer la balle.

FA   -Où vous situez-vous par rapport à l'espace qui reste entre l'amour et la folie, et derrière elle, la mort?

PD   -La folie, c'est comme je le dis dans *Amour ambulance* : c'est la peur de ne pas mourir. J'ai toujours dit : j'ai peur de ne pas mourir. Et l'amour, c'est la peur de vivre.

Les poètes ont sans doute plus de temps pour penser à la mort. Ma mère est morte, mon père est mort, j'avais quatre ans. Paillasse s'est suicidé, un ami Serge à Québec s'est suicidé, mon frère est mort à l'hôpital. Ma soeur Colette est morte. Il ne me reste que Denise. Je suis entouré de morts. La mort, c'est aussi quelque chose que l'on ne connaît pas. Actuellement, je suis plus proche de l'amour que de la mort. Et ça influence directement mon travail. Oh! grande bénédiction, je suis en amour et je suis aimé.

FA -Vous suscitez l'intérêt du lecteur par vos images saisissantes de la réalité et du quotidien. Avez-vous développé une technique?

PD -Les images, c'est mon travail. Il n'y a pas de technique. Je pense, je vis et je parle comme ça. C'est naturel.

FA -Quels sont les auteurs qui vous ont influencé?

PD -Je parlerais plutôt des auteurs que j'aime. Les influences, c'est difficile à déterminer. Les lignes de démarcation n'existent pas. Il y a moi et tout ce qui m'arrive. Mes influences, c'est triste à dire, sont plutôt américaines, et je n'aime pas les Américains. J'aimerais écrire des petits poèmes d'amour, des petits poèmes zen.

Connaître les auteurs et les aimer, ce n'est pas pareil. Jacques Prévert pour l'amour et la simplicité. Richard Brautigan, mon préféré, que je m'amuse à qualifier de Prévert américain. Et un auteur qui n'est pas connu, mais j'espère qu'il le sera, parce que c'est un bon poète même si c'est un Anglais, David McFadden de Hamilton, Ontario. Il est bon et c'est dommage qu'il ne soit pas traduit en français. Il y a aussi Paul Éluard. Stephen King, pour relaxer. Il ne m'a pas influencé. Bukowski : j'ai décroché assez vite, je le trouvais un peu raide. Il ne m'intéresse plus parce que je suis tanné de me faire comparer à lui et à Lucien Francoeur.

FA -Faites-vous encore de la musique? Y a-t-il un lien entre la musique et ce que vous écrivez?

PD -Un petit peu. J'ai joué longtemps pour arrondir les fins de mois. Je ne connais pas beaucoup de musiciens ici, j'en connaissais plus à Sudbury. Il y a toujours eu un lien direct avec la musique, je ne peux pas le cacher. Même que dans *Amour ambulance*, c'était presque en rimes; il y a beaucoup de sonorités, des jeux de sons. Ce n'était pas prévu, c'est arrivé comme ça, dans ce temps-là. J'ai un peu abandonné. »

OUVRAGES DE PATRICE DESBIENS

Cimetières de l'oeil, Saint-Marc-des-Carrières, à compte d'auteur, s.d.

Larmes de rasoir, Québec, à compte d'auteur, s.d.

Ici, Québec, Éditions À mitaine, 1974.

Les Conséquences de la vie, Sudbury, Prise de Parole, 1977.

L'Espace qui reste, Sudbury, Prise de Parole, 1979.

L'Homme invisible/The Invisible Man, Sudbury, Prise de Parole et Penumbra Press, 1981.

Sudbury, Sudbury, Prise de Parole, 1983.

Dans l'après-midi cardiaque, Sudbury, Prise de Parole, 1985.

Les Cascadeurs de l'amour, Sudbury, Prise de Parole, 1987.

Poèmes anglais, Sudbury, Prise de Parole, 1988.

Amour ambulance, Trois-Rivières, Écrits des Forges, 1989.

Patrice Desbiens a également publié de nombreux poèmes dans plusieurs revues et journaux, par exemple : *Ébauches*, *La Souche*, *Liaison*, *Rauque*; *L'Express* de Toronto et le *Poetry Toronto Newsletter*; *Réaction*, le *Sudbury Star*, *Le Voyageur* et *Le Nouvel-Ontarien* de Sudbury; *Alive Press*, *Ward 7 News*, *Poésie Windsor Poetry*.

ÉTUDES CRITIQUES ET RECENSIONS

Il en existe plus d'une centaine. Nous proposons les titres suivants :

[Anonyme], « *Ici* de Patrice Desbiens », dans *Le Soleil*, 27 juillet 1975.

Michel Beaulieu, « Poète de Timmins : *L'Homme invisible* de Patrice Desbiens », dans *Livre d'ici*, vol. 7, n° 38, 23 juin 1982.

Robert Dickson, « Autre, ailleurs et dépossédé. L'oeuvre poétique de Patrice Desbiens », *Les Autres Littératures d'expression française en Amérique du Nord*, Ottawa, Éditions de l'Université d'Ottawa, coll. « Cahiers du CRCCF », n⁰ 24, 1987, p. 19 à 34.

Paul Gay, *La Vitalité littéraire de l'Ontario français, premier panorama*, Ottawa, Éditions du Vermillon, coll. « Paedagogus », n⁰ 1, 1986.

Pierre Paul Karch, « Une prise de parole, oui; mais pour dire quoi? Analyse transactionnelle des principaux textes de quelques poètes franco-ontariens », *Les Autres Littératures d'expression française en Amérique du Nord*, Ottawa, Éditions de l'Université d'Ottawa, coll. « Cahiers du CRCCF », n⁰ 24, 1987, p. 47 à 62.

André Leduc, « Quand la conscience détachée observe la conscience engagée se débattre... » [*Les Cascadeurs de l'amour*], dans *Le Droit*, 10 octobre 1987, p. 46.

Michel Liddle, « Poétique/politique de la détresse » [*Amour ambulance*], dans *Liaison*, mai 1990, p. 21.

Pierre Nepveu, « *Dans l'après-midi cardiaque* de Patrice Desbiens », dans *Spirale*, juin 1986, p. 22.

François Paré, « Conscience et oubli : les deux misères de la parole franco-ontarienne » [*Les Conséquences de la vie, L'Espace qui reste* et *L'Homme invisible/The Invisible Man*], dans *La Revue du Nouvel-Ontario*, n⁰ 4, 1982, p. 89-102.

Jean Royer, « La littérature franco-ontarienne : prendre la parole pour ne pas disparaître », dans *Le Devoir*, 19 février 1983, p. 19 et 36.

Michèle Salesse, « *L'Homme invisible/The Invisible Man* : récit de Patrice Desbiens », dans *Lettres québécoises*, n⁰ 26, été 1982, p. 79-80.

Robert Yergeau, « La traversée du réel » [*Sudbury*], dans *Lettres québécoises*, n⁰ 36, hiver 1984-1985, p. 34.

SÉRAPHIN MARION : LA VIE ET L'OEUVRE
DE PAUL GAY

Paul Wyczynski
Université d'Ottawa

Écrire de notre temps une biographie est une gageure. Il convient de bien connaître le personnage dont on parle, mais encore faudrait-il composer un récit avec doigté, en intégrant progressivement faits et commentaires dans une coulée narrative où la vie, l'oeuvre et le milieu se complètent réciproquement. Le Père Gay a bien choisi son personnage. Séraphin Marion incarne plusieurs traits caractéristiques : il est tout à la fois littérateur doué, chercheur de talent, historien et archiviste par surcroît, professeur respecté, conférencier plein de verve et de couleurs, journaliste qui s'ignore, critique littéraire, Canadien français qui examine attentivement son passé, enfin, et ce depuis toujours, Franco-Ontarien qui lutte sans cesse, (en utilisant souvent les armes de ses adversaires!) pour les droits de sa communauté minoritaire. Peu à peu, il crée sa propre légende de pionnier des lettres canadiennes-françaises, en tant qu'historien des lettres surtout, de celui aussi qui brandit l'étendard de la survivance sur des remparts où s'égrènent les échos de *La Marseillaise*. Marion est bien l'homme de son temps. Toujours soigneusement habillé, lorgnon sur un nez proéminent, il habite Ottawa (après ses études à Paris et un séjour à Kingston), rue Sunnyside. Il aime son bureau, son salon où résonne parfois un piano d'ébène, son jardin où il n'hésite pas à se promener avec la brouette pour ramasser du bois mort dont la flamme égaie à l'occasion la cheminée. Il est bien de la génération des Groulx, Montigny, Marius Barbeau, Marcel Dugas.

Avec *Séraphin Marion : la vie et l'oeuvre* (Ottawa, Éditions du Vermillon, 1991, 254 p.), le Père Gay a voulu, en accumulant une documentation abondante, saisir ce personnage dans toutes ses dimensions (physique, spirituelle, intellectuelle). En creusant sa vie, et aussi sa légende, il constate que Marion, indépendamment de l'âge et des connaissances acquises, demeure fondamentalement le même : esprit coulé dans ses convictions premières, lutteur qui aime les limites de son champ ancestral. D'ailleurs, le Père Gay l'a très bien résumé dans ce paragraphe : « Séraphin Marion n'a pas franchi les barrières du modernisme. Sa peur maladive du changement, ses sarcasmes exagérés contre le paganisme, ses cris devant la poésie moderne, son apologie du gaumisme montrent un écrivain définitivement fixé dans les canons irréfutables du passé. » (p. 20) Ces remarques sont parfaitement vraies. Marion a longuement creusé le champ de la littérature canadienne d'expression française, mais il s'arrête à l'époque de Fréchette. Il connaît bien la littérature française, mais il n'aime pas dépasser l'époque du vieux Victor Hugo, en évitant soigneusement les avenues de Baudelaire, de Verlaine et de Rimbaud. Il se sent bien en compagnie des voyageurs de la Nouvelle-France, il est à l'aise face à Marc Lescarbot, feuillette avidement de vieux journaux, s'exalte devant le malheureux Octave Crémazie. Dans ce sens, ses *Lettres canadiennes d'autrefois* constituent un monument où les faits littéraires s'accompagnent d'anecdotes et d'incidents, toute une vie littéraire saisie dans des courants d'idéologies, de luttes politiques, d'envols et d'échecs, une petite épopée des Canadiens français qui lisent et écrivent comme ils peuvent, portés par les temps vers l'époque des Mercier, des Marchand, des Laurier. Il reste que dans les livres et les articles de Marion, on peut humer le parfum de vieille France et tel il sera dans son style et son comportement jusqu'à la fin de ses jours.

Ce n'est pas sans raison que le Père Gay insiste sur l'aspect batailleur de son personnage qui apprenait patiemment les luttes, d'abord entre les Français et les Anglais, ensuite entre le Bas-Canada et le Haut-Canada. Il a rapidement saisi ce que cela signifiait que d'être Franco-Ontarien, donc Canadien doublement minoritaire. Marion appréhendait l'avenir de sa communauté. Il rêvait d'un miracle, conscient de l'impuissance de son rêve dans un océan anglo-saxon. Il en parlera souvent dans ses écrits (dans *Le Travailleur* et les *Cahiers des Dix*) et dans ses conférences prononcées un peu partout au pays. L'homme est considéré comme l'apôtre des Franco-Ontariens. Il reçoit de nombreuses distinctions et sait capter l'attention du public lors des rencontres à l'Institut canadien-français.

Si cette biographie est riche en renseignements, elle souffre cependant d'une certaine incohérence dans son organisation. Parfois, la composition donne une impression de collage. Le nombre exagéré de digressions, d'énumérations de titres et de données bibliographiques, qu'on aurait pu éviter en les regroupant dans une bibliographie critique en bonne et due forme à la fin du volume, gêne à maintes reprises le déroulement logique du discours. Le morcellement entrave la progression du récit bibliographique. Les textes de Colette Marion sur son père (p. 132-142, 222-224) sont très beaux, émouvants, bien écrits, mais s'intègrent-ils vraiment en tant que pièces intercalées dans la coulée du récit biographique? Je les verrais dans un appendice, quitte à les filtrer et à retenir ce qui alimenterait le discours du biographe. Peut-être qu'un jour le Père Gay réorganisera son livre, émondera certaines pages et cimentera l'ensemble en suivant une ligne de narration rigoureuse.

À titre de conclusion une petite remarque. Depuis 1952, je peux me vanter d'avoir été parmi les amis de Séraphin Marion. Jusqu'à sa mort, il m'a toujours parlé de ses gloires et de ses malheurs, m'a aimablement adressé ses livres et articles avec de touchantes dédicaces. Un jour, il a été particulièrement ému. En avril 1961, paraissait le premier tome des « Archives des lettres canadiennes », entièrement consacré au mouvement littéraire de Québec de 1860. En tête du volume, cette dédicace : « À M. Séraphin Marion, pionnier des recherches de littérature canadienne-française à l'Université d'Ottawa ». Séraphin Marion a longuement regardé ce livre; sur son visage on lisait une joie immense. J'ai aperçu des larmes sur ses joues. L'homme honoré a su d'un seul coup saisir la valeur d'un simple acte de reconnaissance. Il y avait en lui beaucoup de chaleur humaine. Il semblait connaître le prix d'une amitié entre les hommes. Il rêvait également d'une amitié entre les peuples. Ce grand rêve demeure avec nous.

ANTHOLOGIE DE LA POÉSIE FRANCO-ONTARIENNE DE RENÉ DIONNE

James de Finney
Université de Moncton

Douze ans après l'*Anthologie de textes littéraires acadiens* et un an après l'*Anthologie de la poésie franco-manitobaine*, René Dionne, professeur à l'Université d'Ottawa, vient de faire paraître aux Éditions Prise de Parole une *Anthologie de la poésie franco-ontarienne*, comblant ainsi un vide dont on commençait à s'étonner. Mais les amateurs de poésie et de littérature ontarienne n'ont rien perdu pour attendre. Cette anthologie, même si elle est relativement modeste (223 pages, 42 poètes, 164 textes) permet de constater la vitalité et la qualité de la poésie ontaroise.

On ne s'étonne pas de constater que René Dionne reprend ici le format de ses anthologies bien connues de la littérature québécoise, parues il y a quelques années aux Éditions La Presse. Mais qu'on se rassure, l'*Anthologie de la poésie franco-ontarienne* fait partie d'une stratégie méthodiquement orchestrée par Dionne depuis plusieurs années pour délimiter, valider et mettre en valeur la littérature franco-ontarienne. Dès les premières lignes de l'avant-propos, il annonce d'ailleurs la parution prochaine de deux études d'ensemble sur cette littérature.

L'*Anthologie de la poésie franco-ontarienne* regroupe auteurs et textes, bien entendu, mais elle contribue aussi, par des notices individuelles complexes, variées et denses, à jeter les bases d'une vision d'ensemble, thématique et historique, de cette poésie. Maître de l'ellipse, Dionne parvient à condenser renseignements biographiques, analyses textuelles et jugements esthétiques dans des formules simples et définitives. Les lecteurs qui parcourront attentivement textes et notices n'auront pas l'impression de découvrir une *terra incognita* poétique, mais plutôt d'avancer méthodiquement à travers une littérature déjà constituée, même si c'est depuis peu. Cette impression tient en bonne partie à la complexité de la démarche de l'auteur. L'anthologie est le résultat de lectures personnelles (« nous sommes, dit-il, le seul responsable du choix qui a été fait », p. 12, et tous les recueils du corpus sont commentés dans les notices), mais aussi du travail rigoureux de l'historien de la littérature, comme en font foi la qualité du travail bibliographique et les analyses des sources et variantes (voir, par exemple, la « Complainte de Cadieux », p. 17-19, et les poèmes de Ronald Després, p. 55-59). De plus, cette interaction de la science et de la lecture est constamment sous-tendue et animée par une défense et illustration discrète mais efficace de cette jeune littérature. L'impression vient enfin de ce que l'auteur accepte le défi et le risque de s'astreindre au format classique de l'anthologie littéraire, genre qui sert à délimiter une littérature et à inscrire ses auteurs dans le concert des voix littéraires consacrées. Il y a plusieurs années, une telle anthologie aurait peut-être figé l'image de l'Ontario littéraire. Mais de nos jours, les anthologies se multiplient, de sorte qu'elles servent surtout maintenant à faire le point sur les littératures[1] et à en baliser le développement.

Pour délimiter cette poésie dans le temps et en indiquer tout à la fois les sources populaires, Dionne remonte d'abord à la « Complainte de Cadieux » (1709); il suivra par après le rythme de parution des recueils jusqu'en 1991. Quelques lignes de l'avant-propos lui suffisent pour tracer les grandes lignes de cette évolution :

> Après les poètes outaouais de la fin du dix-neuvième siècle, Benjamin Sulte et William Chapman, et le Jules Tremblay des années 1910, il faut attendre la décennie de 1970 et les jeunes poètes du Nord pour lire des recueils inspirés par le nationalisme et le terroir. L'ensemble de la poésie franco-ontarienne manifeste des préoccupations humaines avant tout [...] (p. 10)

D'autres formules, tout aussi ramassées et percutantes, servent à définir des auteurs (« Évasion et fuite, tels sont les deux mots qui peuvent définir la poésie de Michel Dallaire », p. 167), à les situer les uns par rapport aux autres (Guy Lafond, par exemple, a créé « le corpus poétique le plus étoffé de l'Ontario français », p. 60), à juger en quelques mots les défauts (le « moralisme peu convaincant », p. 82) de celui-ci ou le laisser-aller de celui-là (p. 170). Bref, Dionne accepte lucidement d'assumer ces fonctions qu'on appelle maintenant institutionnelles et qui sont inhérentes à ce type d'anthologie.

Ailleurs, c'est le René Dionne lecteur qui se manifeste. Il sait moduler son ton et son propos pour épouser l'intention de l'auteur, passant sans difficulté de la poésie populaire et naïve des débuts aux soucis formels d'un Yergeau (p. 139) ou d'un Villeneuve (p. 136), à la « chaude et délicate tendresse qui affleure dans presque tous les poèmes » (p. 71) d'une Cécile Cloutier ou encore à l'énergie populiste, parfois iconoclaste, d'un Dalpé ou d'un Lalonde : « On lit Robert Lalonde pour son amour de la vie, ses bonheurs d'expression, les audaces de sa verve populaire [...], son plein d'images bigarrées, concrètes, qui font de lui un primitif original. » (p. 85)

À l'occasion, il n'hésite pas à outrepasser les règles tacites du genre pour faire l'apologie enthousiaste d'un auteur d'un seul recueil, comme Michel Vallières (p. 174-176).

Cette anthologie n'est cependant pas à l'abri des limites qu'on associe aux anthologies. Qui choisit, juge, résume, analyse et classe doit parfois laisser de côté de fines nuances. Eût-il été souhaitable que Dionne se donne davantage de liberté de manoeuvre pour commenter, expliquer et illustrer ses propos, comme le fait l'auteur de l'*Anthologie de la poésie franco-manito-baine*? Il faut convenir qu'ici et là, l'ellipse finit par impatienter, à force d'austérité. Mais en définitive, ces analyses et ces jugements auraient peut-être été moins percutants, l'émotion moins retenue, moins convaincante aussi, dans un format moins sobre. D'ailleurs, pour survivre au delà de l'enthousiasme des débuts, toute littérature doit se confronter aux dures lois de la vie littéraire. Dionne lui fournit cette occasion.

La promesse d'une étude plus approfondie à paraître l'an prochain explique aussi la brièveté de l'esquisse historique de l'avant-propos. Mais le lecteur qui cherche à vérifier la remarque du début sur cette poésie « si peu nationaliste et régionaliste » (p. 10) s'étonne tout de même de trouver, dispersés dans les présentations individuelles, de nombreux aperçus sur la dimension sociale et identitaire de cette poésie. Les analyses de nombreux jeunes poètes montrent, en effet, un souci du social qui, s'il a rompu avec le nationalisme-régionalisme des prédécesseurs, n'en marque pas moins une forme nouvelle de prise en charge du destin collectif. Dionne en est conscient, tout comme il signale l'absence de la nature brute du Nord dans les oeuvres d'avant 1970. Mais le genre impose à l'auteur et aux lecteurs des contraintes qu'il n'est pas toujours facile d'accepter.

Il y a quelques années, la notion même de poésie franco-ontarienne devait être validée et défendue contre les sceptiques. René Dionne s'y est employé avec fermeté et lucidité, conscient du travail associé à cette fonction. L'*Anthologie de la poésie franco-ontarienne* cède la parole aux poètes, l'auteur acceptant la tâche de condenser ses propos dans des formules courtes qui interdisent tout à-peu-près. Ce qui explique qu'on retire de cette lecture l'impression nette d'une littérature qui s'engage résolument dans la voie de la maturité, qui dépasse le stade de la découverte naïve et enthousiaste pour faire l'objet d'analyses, de comparaisons et de jugements esthétiques. Ainsi, cette anthologie constitue un moyen privilégié pour quiconque veut s'y retrouver dans cette littérature « canadienne-française » dont on a parfois du mal à discerner les lignes directrices. En attendant avec impatience l'histoire de la littérature franco-ontarienne que l'auteur promet pour bientôt.

NOTE

1. «Sont franco-ontariennes pour nous les oeuvres écrites en français par des auteurs qui sont nés en Ontario, ou qui habitent cette province, ou qui ont écrit la plupart de leurs ouvrages pendant qu'ils y résidaient, ainsi que les oeuvres de langue française dont l'Ontario est le cadre ou le sujet.» (p. 11)

SUITE EN SOL INDIEN
DE PASCAL SABOURIN
et
LES FRUITS DE LA PENSÉE
DE CHRISTINE DUMITRIU VAN SAANEN

Éloïse Brière
Université de l'État de New York à Albany (SUNY)

Deux recueils de poésie provenant de l'Ontario, *Suite en sol indien* de Pascal Sabourin et *Les Fruits de la pensée* de Christine Dumitriu van Saanen, ont vu le jour en 1991 au Manitoba (Saint-Boniface, Éditions des Plaines, 1991). Écrites toutes les deux par des universitaires, ces oeuvres invitent le lecteur à s'interroger sur les origines et la finalité de la vie.

Si l'aboutissement du processus poétique se rejoint dans les deux recueils, on y décèle peu de ressemblances en ce qui concerne le ton et la forme poétique. Les vers libres, lyriques ou intimes de Sabourin se distinguent nettement de ceux de sa collègue torontoise qui souvent préfère le sonnet, l'alexandrin et la rime. Cependant leur divergence est encore plus marquée dans les perspectives qu'ils proposent sur le savoir et la science. Pour Sabourin, la science trahit les hommes : « Cérébraux célébrés », ils se « bercent satisfaits comme des cochons repus ». Le champignon nucléaire « ... dans l'azur japonais » (p. 4) rend cette trahison on ne peut plus claire.

À l'opposé, Christine Dumitriu van Saanen, dans les premières parties des *Fruits de la pensée*, salue le rôle du penseur qui perce les mystères de la vie : « les penseurs/ Qui brisent le sommeil des rêves à l'écoute. » (p. 1) Les poèmes de van Saanen proposent une série de méditations abstraites sur la vie, fondées dans une foi en la pensée humaine : « La force du cerveau dissipera les brumes. » (p. 14) Comme on le voit dans l'extrait suivant, c'est grâce à l'approche scientifique que le chercheur, à force d'examiner les causes et leurs effets, découvre la vérité.

> Des inconnus épars, tu arrachais le voile,
> En repensant du roc, le gouffre du départ.
> La cause de l'effet, tu la trouvais plus tard,
> La vérité blottit dans tes lueurs, sa moelle.
> (« Portrait », p. 14)

Cinquième volume de poésie publié par ce professeur, ingénieur géologue à l'Université de Toronto, le titre, *Fruits de la pensée*, souligne le caractère cérébral de ses poèmes. Cette caractéristique se reflète également dans les aspects formels de ses poèmes. Ils sont le plus souvent de forme fixe, comme si la rime et le rythme, hautement travaillés, constituaient autant de preuves du travail de l'esprit qui en est leur objet.

Contrairement à van Saanen, Sabourin se méfie de la science (« Oh! attention la science/ Ça vous bouche un trou... » (p. 3)), car si la nature porte les blessures infligées par l'homme, c'est que les progrès scientifiques le poussent à ce genre de sacrilège. Hiroshima et Saigon sont, pour ce poète, autant de preuves de l'effet pervers des sciences exactes. Le poète réclame alors que cesse le monopole des « Grands Capitaines rationnels » (p. 5), afin que l'homme reprenne contact avec l'essentiel : la nature. Celle-ci se manifeste dans le « sol indien », invoqué dans le titre ainsi que dans la dernière partie du livre.

Mais avant de communier avec ce sol indien, le poète dénonce, dans les deux premières parties du recueil, les abus du monde contemporain. Il expose le danger que recèle le nucléaire, grande réussite trompeuse de la « Science et l'Imagination » avec ses tuyaux « anesthésiques/ Parce que nous croyons t'avoir vaincue » (p.37). Il observe les forêts décimées soit par les *bulldozers*, soit par les pluies acides, alors que la marée noire recouvre les plages de l'Alaska. Puis, son regard s'arrête sur l'homme; trahi par l'Église, la société et l'histoire, il ne lui reste plus qu'à s'interroger sur son « franco-moi », produit des « Durs hivers d'un peuple ignoré » (p. 24). S'affirmant enfin, il s'écrie (comme Menaud) : « Je suis ici/ Je suis d'ici/ Je reste. » (p. 24)

Terminant son tour d'horizon du monde contemporain, le poète adopte une tonalité plus intime dans la deuxième partie du recueil intitulée « Envols ». Il s'agit d'une série de tentatives — d'envols — pour rejoindre l'autre : l'Anglo-Ontarien, la femme, le passé, la France. Souvent ratées, ses tentatives de communication conduisent le poète à l'orée de la forêt.

Le lyrisme soutenu des deux dernières parties du livre s'enracine dans la nature, qui en constitue à la fois le cadre et le sujet. C'est ici « Au milieu de fiers mélèzes centenaires (que)/ Nous nous abreuvons sans réserve/ Nous sommes chez nous... » (p. 74) Cette appartenance franco-ontarienne au terroir est toutefois doublée d'une présence troublante. Norman se faufile dans les poèmes, témoin silencieux amérindien, cet « Homme dont on a dérobé jusqu'au nom/ Et qui n'entend plus la voix de ses pères » (p. 110). Ainsi même au coeur de la nature, on retrouve les traces de la mort que l'homme et la civilisation infligent aux autres êtres, aux autres cultures.

Pour van Saanen, Canadienne d'origine hollandaise, si la nature souffre également (« Forêt »), elle est aussi lieu où le poète communie avec les forces primordiales. Contrairement à Sabourin, la nature ne symbolise pas l'attachement du poète au continent nord-américain; plutôt, elle y puise des forces qui la conduisent vers les autres. Ainsi nous trouvons un mouvement chez van Saanen qui, dans les premiers poèmes, va d'une exploration de la pensée et de l'esprit (parties 1 et 2 du recueil), qui se fond avec la nature (partie 3), et qui finit par évoquer l'humanité (partie 4). Ce trajet débouche, à la fin du parcours, sur une série de petits poèmes lapidaires, réflexions du poète sur l'évolution de l'humanité, la sagesse, la réalité, et l'infini. Au terme de ces méditations, c'est la mort qui attend : « La cellule meurt sans faire de bruit. » (p. 76), écho du « dernier sommeil » (p. 79) qui attend notre « enveloppe périssable » (p. 85).

Deux oeuvres, l'une d'une beauté sobre, ancrée dans l'humanisme et la pensée, l'autre, plus lyrique, enracinée dans les sols du Nord, nous conduisent à réfléchir sur la vie et la mort.

LA P'TITE MISS EASTER SEALS
DE LINA CHARTRAND

Bernard Lavoie
Université de Bâton-Rouge

Au début des années soixante, Monique Latrémouille, sa mère Antoinette et sa cousine Nicole Conway passent une nuit à bord du train Timmins-Toronto. Ayant subi depuis peu une opération à la colonne vertébrale, Monique se trouve immobilisée dans un plâtre qui va de la tête aux pieds. Comme beaucoup d'enfants de cette époque, elle a contracté la polio en bas âge. Au bout du voyage, le verdict définitif concernant sa rémission ou sa condamnation à mort l'attend. Au cours du périple, chaque femme révèle ses craintes et ses aspirations. Monique, coincée entre la vitalité de sa cousine et l'atonie de sa mère, perd de sa force initiale et de son courage pour finalement admettre sa peur.

Le contraste entre la mouvance et l'immobilité donne à la pièce sa force métaphorique. Monique, immobilisée dans un plâtre, se déplace vers son destin. Elle est accompagnée par sa mère, qui se réfugie dans des valeurs catholiques et francophones, et par sa cousine qui vit en anglais, dans un monde changeant au rythme d'un *rock and roll*. Monique est déchirée entre les mondes de ses compagnes. Elle envie la liberté de sa cousine, mais son infirmité l'attache à la vie familiale qu'elle aimerait fuir.

À travers les dialogues, *La P'tite Miss Easter Seals* (Sudbury, Prise de Parole, 1988, 90 pages) met en évidence le processus d'assimilation des francophones de l'Ontario à la culture anglophone dominante. Antoinette avec ses interdits religieux, sa pauvreté, sa conscience d'appartenir à une minorité représente un poids moral pour Monique, comparé à la légèreté de Nicole, son aisance économique, sa liberté de moeurs, son appartenance à la majorité. Monique fait partie de ces deux mondes. Elle est encore sous le joug de sa mère, mais aspire à une vie semblable à celle de sa cousine. L'assimilation est d'ailleurs inévitable chez les deux adolescentes plus à l'aise pour converser en anglais, contrairement à Antoinette qui a appris cette langue à l'âge de trente ans. Pour ces jeunes filles, il n'y a pas de choix, la langue d'usage est la langue de la majorité. C'est aussi la langue de la liberté et du plaisir, surtout comparée à l'austérité des moeurs de la communauté francophone.

L'anglais est aussi la langue de l'urbanisation. Antoinette est originaire d'une campagne francophone, elle vit maintenant à Timmins, petite ville bilingue, et se dirige sur Toronto, la grande ville anglophone. Pour

Antoinette, cette progression représente une menace. Pour les cousines, elle est libératrice. La musique proposée par l'auteure souligne la réalité de l'assimilation des jeunes filles. Alors qu'elles vibrent au son du *hit-parade*, la mère fredonne des chansons traditionnelles francophones. La musique illustre de façon efficace la double appartenance de Monique. Elle défend son attachement au *rock and roll* pour affirmer sa différence face à sa mère. Toutefois, lors de la scène de réconciliation, c'est elle-même qui demande à sa mère de chanter :

> MONIQUE : Chante ta vieille chanson M'man.
> ANTOINETTE : Tu veux que j'chante?
> Avec hésitation, Antoinette chante *Ferme tes jolis yeux*. (p. 89)

Nicole n'a pas encore totalement rejeté sa culture.

Alors que le texte définit avec précision la culture catholique francophone que les jeunes filles rejettent, la culture canadienne (anglaise), à laquelle elles aspirent, demeure floue. Les musiques qu'elles aiment sont américaines, tout comme les défilés et concours de beauté auxquels elles participent.

Même s'il y a progression dramatique, c'est avant tout une pièce d'atmosphère, une nouvelle dramatisée. Après lecture, il reste une image forte au delà de la métaphore et de l'anecdote, celle, comme explique John Van Burek dans la préface, « de cette jeune fille, paralysée, dans le plâtre, suspendue dans les airs et qu'on embarquait dans le train pour un long voyage de nuit, de Timmins à Toronto » (p. 7).

DES ÉCRITS JOURNALISTIQUES D'IMAGINATION AUX NOUVELLES LITTÉRAIRES DE GABRIELLE ROY

Estelle Dansereau
Université de Calgary

Que savons-nous des débuts littéraires de Gabrielle Roy? Peu de choses, même neuf ans après sa disparition. Parmi d'autres, François Ricard et Novella Novelli ont, chacun à leur façon, mis en valeur les écrits journalistiques, ces reportages, essais et récits qui précèdent la publication de *Bonheur d'occasion*[1]. Il nous semble qu'avec les analyses croissantes des chercheurs scrutant les manuscrits et les tapuscrits de l'écrivaine, les études génétiques tenteront de sonder tous les aspects stylistiques, thématiques, idéologiques et génériques de la production régienne. La comparaison des récits fictifs datant d'environ 1945 (dorénavant version A), qui révèlent d'abord l'écriture d'une débutante, avec la version remaniée des mêmes récits (version B), pendant ses années de maturité, serait particulièrement pertinente.

Des quatre nouvelles publiées en 1975 dans le recueil *Un jardin au bout du monde*, deux avaient paru dans *Amérique française*, dont « La vallée Houdou » (février 1945) et « Un vagabond frappe à notre porte » (janvier 1946). Dans l'avant-propos du recueil, Gabrielle Roy explique à ses lecteurs que ces deux nouvelles réapparaissent « sous forme remaniée[2] », tandis que les deux autres, « Où iras-tu Sam Lee Wong? » et « Un jardin au bout du monde », sont restées inédites pendant presque trente ans. Sans toutefois produire un inventaire exhaustif des modifications apportées aux textes ultérieurs, nous pouvons peser et comparer les deux versions afin de mieux évaluer et approfondir les choix lexicaux, syntaxiques, stylistiques et esthétiques introduits dans la version définitive de 1975. Se rapportant en partie à la genèse d'une oeuvre, ces considérations pourraient également signaler, de façon très provisoire, certaines prédilections dans l'expressivité typiques de la période la plus mûre de l'écrivaine. La comparaison nous permettra de tirer des conclusions sur les remaniements d'ordre linguistique, de cerner certaines des caractéristiques du langage littéraire régien, afin de démasquer, s'il y a lieu, le mythe d'une écriture perçue comme étant facile, naturelle, coulante.

Lors de la parution du recueil *Un jardin au bout du monde*, la critique a témoigné d'une écriture pleine de confiance et de maturité : « Ce qui nous paraît d'une facilité déconcertante résulte d'habitudes littéraires longuement acquises, telle que vous la diriez maintenant dominée par un génie plus fort qu'elles[3] ». Cette maîtrise serait atteinte, non uniquement grâce à trente années de métier, mais également, selon François Ricard, à « l'expérience acquise dans les reportages[4] » à partir de 1939. Dans son article, « Gabrielle Roy : la somme de l'oeuvre », Réjean Robidoux spécule que les écrits divers des premières années, parmi lesquels il entend « ...les reportages au-delà de ceux qu'on a repris dans *Fragiles Lumières de la terre*, ou bien les billets et nouvelles des débuts », présentent « sous un aspect de genèse, [...] au moins autant d'intérêt que les prolégomènes de tout grand auteur[5] ». C'est François Ricard cependant qui reconnaît, avec la perspicacité que nous lui connaissons, la double valeur de ces textes dans notre compréhension globale de l'oeuvre de Gabrielle Roy :

> Or on trouve dans ces écrits, malgré leur qualité souvent inégale, de nombreux éléments qui annoncent directement les oeuvres ultérieures : l'écrivain y apprend son métier, aiguise sa plume et découvre peu à peu sa voie personnelle. Ces textes méritent donc que nous nous y intéressions, non seulement parce qu'ils contiennent l'amorce de l'oeuvre à venir, mais aussi parce que plusieurs d'entre eux ont une réelle valeur et que leur mise à jour ne peut que parfaire notre connaissance de Gabrielle Roy[6].

De 1939 à 1946, Gabrielle Roy cultive ses talents d'observation et apprend son métier, en traitant des sujets la « rapprochant des faits, de la réalité, de l'observation serrée des choses[7] ». À cette époque, elle mine la diversité multiculturelle du pays dans des reportages sur « Les peuples du Canada » (essais repris dans *Fragiles Lumières de la terre*) qui « tournaient plus ou moins à l'évocation idyllique[8] », mais qui, dans leur appréciation du visage complexe du pays, annoncent « des thèmes, des décors et un style tout différents de ceux de *Bonheur d'occasion* : l'Ouest enchanteur, les immigrants, la nature, le passé, l'innocence[9] ». Parmi ces reportages figure l'examen journalistique du peuple doukhobor qui fournira la matière préliminaire pour le récit « La vallée Houdou ».

De son propre aveu, Gabrielle Roy ne se serait pas préoccupée de l'expression autant que de la substance quand elle reprend, presque trente ans plus tard, les deux récits parus dans *Amérique française*. Une comparaison des deux versions publiées, l'une datant de 1945 ou 1946 et l'autre de 1975, révèle que les modifications apportées aux récits sont de nature et d'importance distinctes. Si les exemplaires d'*Amérique française* que possédait Gabrielle Roy contiennent des corrections faites au crayon sur la copie même[10], celles-ci ne représentent qu'une révision préliminaire dont la date d'exécution est invérifiable. D'autres remaniements ultérieurs à ceux-ci sont souvent plus importants et ne s'imposent guère, à moins d'une comparaison minutieuse des tapuscrits, tâche que nous ne pouvons entreprendre dans ce travail. Pour cette raison, nous préférons adopter des méthodes de compilation et d'évaluation propres aux études linguistiques et tirer, à partir d'observations diverses, quelques conclusions sur les procédés utilisés pour créer la version finale des deux récits en question.

Dans l'avant-propos à *Un jardin au bout du monde*, Gabrielle Roy divulgue ce que le remaniement de son « Vagabond frappe à notre porte » lui a coûté : « C'est une entreprise périlleuse que de resserrer le sens et la forme d'un texte ancien tout en lui gardant la naïveté ou le lyrisme primitifs qui lui ont donné vie » (B:7). La passion pour son sujet l'emporte, semble-t-il, sur les moyens d'expression. Ce commentaire bref justifie le faible nombre de corrections faites par l'auteure qui tient à son désir de conserver l'effet originel, de ne pas perdre le premier élan créateur. Or les modifications effectuées dans la version finale, bien qu'elles dépassent les simples reprises de grammaire et de ponctuation, respectent la forme intégrale du récit original jusqu'aux moindres détails narratifs.

Le récit, « Un vagabond frappe à notre porte », présente l'histoire d'un charmant imposteur qui forge, pour une famille en exil sur la prairie canadienne, le lien perdu avec le passé québécois du père. Dans l'avant-propos du recueil, Gabrielle Roy focalise sur la qualité affective et l'importance thématique de cette nouvelle :

> Si j'ai tenu à reprendre cette nouvelle, c'est qu'elle représente assez bien, je crois, l'aspect quelque peu moyenâgeux, l'aspect « image sainte », sous lequel, au fond de la plaine, quand j'étais enfant, nous apparaissait le Québec, à travers les récits que nous en faisaient nos parents, immigrés au Manitoba, mais n'ayant pas quitté de coeur leur Bas-Canada, et qui « brodaient... brodaient... » (B:7).

Il est évident que la version originale satisfaisait déjà passablement bien l'auteure. La situation et les événements, même les dialogues sont conservés dans la version de 1975.

Bien que la structure qu'identifie André Brochu soit déjà développée[11], on ne peut en dire autant de la rigueur de l'expression. D'après un examen préliminaire non systématique, nous constatons que la version B fonctionne selon un système de ponctuation mieux axé sur la logique, un raffinement dans le vocabulaire, une concision dans la description de certains gestes ou actions, une amélioration dans le rythme de la phrase et une simplification dans l'inscription du parler populaire canadien. Afin de ne pas présenter ici un inventaire de toutes les corrections faites, nous procéderons sur un mode inductif, en comparant deux extraits dont le dernier (version B) aurait subi un nombre modeste de changements qui, toutefois, servent à introduire une tension plus hautement dramatique.

A. Or ce soir, mon père prit l'étrange vagabond à part, et les noms jaillissaient de ses lèvres, ceux que l'on associait à la mauvaise humeur et ceux qui figuraient aux fêtes et d'autres encore qui nous étaient parfaitement inconnus; l'oncle France, la tante Luzina, le cousin Brault. On eût dit qu'une digue trop longtemps érigée contre son passé croulait enfin et que les souvenirs affluaient, à torrent, pêle-mêle, se bousculant. Le vagabond l'écoutait parler en donnant des petits signes d'approbation[12].

B. Or, ce soir-là, mon père se rapprocha de l'étrange visiteur et voilà que des noms jaillissaient de ses lèvres, ceux que l'on associait à la mauvaise humeur aussi bien que ceux qui figuraient aux fêtes et d'autres qui nous étaient encore parfaitement inconnus : l'oncle France, la tante Eléonore, le cousin Brault. On eût dit qu'une digue trop longtemps érigée contre le passé cédait enfin aux souvenirs qui affluaient en se bousculant. Le visiteur faisait de petits signes d'approbation (B:22-23).

Quoique mineures, les variantes dans la version B soulignent la quantité et la nature des remaniements effectués tout au cours du texte.

Elles indiquent déjà quelques directions significatives se rapportant à des choix lexicaux, pour mettre en valeur certains champs sémantiques, et à un resserrement calculé de l'expression, pour hausser l'effet dramatique des situations fictives. Parmi celles-ci, nous constatons l'emploi calculé des noms, désignant le vagabond, pour créer un champ sémantique qui ne trahit pas dorénavant le secret de Gustave. Advenant souvent dans la version A, le nom « vagabond », comportant un sens négatif, est remplacé par la désignation plus neutre et plus précise de « visiteur », et ainsi rend la perception rapportée conforme aux limites de la conscience de la narratrice. Dans d'autres parties du texte, nous remarquons que la désignation « mendiant » est remplacée par celle d'« homme » ou d'« étranger », celle de « vagabond » sera plus tard remplacée par le nom propre « Gustave », quand le visiteur aura osé se nommer, tandis que celle de « gueux » deviendra dans les dernières pages plus précisément « malade ». Les noms pour désigner Gustave reflètent les connaissances progressives de la jeune narratrice. Avoir retenu les jugements moraux implicites dans les mots « vagabond » et « gueux » aurait nui à l'histoire en condamnant Gustave avant que son imposture ne soit révélée.

D'autres variantes lexicales servent à préciser le sens et à donner aux mots un plus grand rôle évocateur. Si certains détails au niveau événementiel sont supprimés de la version B, la pleine portée des actions présentées n'en souffre aucunement. En remplaçant le segment « mon père prit l'étrange vagabond à part » par « mon père se rapprocha de l'étrange visiteur », l'auteure crée une situation plus intime dans laquelle le père se montre plus clairement le complice de Gustave. Le geste de rapprochement entre donc dans le paradigme des actes contradictoires par lesquels le père entraîne sa propre déception. De même, supprimer le verbe « croulait » pour y introduire « cédait » permet à l'auteure de faire voir l'arrivée des souvenirs comme une concession, un compromis. Moins dramatique, ce verbe insère pourtant dans le récit cette qualité intangible de perspicacité distinctive de la prose régienne. Dans les situations où un geste en suppose implicitement un autre, Roy ne conserve dans la version B que le geste essentiel à la révélation de l'être profond, tout en privilégiant l'astuce dans l'observation et la profondeur psychologique. Comme faire de petits signes implique nécessairement l'acte d'écouter, Roy ainsi condense sa phrase : « l'écoutait parler en donnant des petits signes » devient tout simplement « faisait de petits signes ».

La reprise des événements dans un temps narré mieux défini mène Gabrielle Roy à se servir davantage de déictiques (« ce soir-là », « voilà que ») dans la version B. En exerçant un contrôle plus ferme sur la syntaxe, l'auteure établit des rapports logiques, causals ou temporels entre les actions : dans l'extrait « aussi bien que ceux » remplace « et ceux ». Elle supprime le pléonasme et cultive davantage l'anticipation affective pour remplacer l'explication ou la description de situations.

L'extrait examiné ci-dessus résume les catégories d'écart repérées en comparant les versions A et B. Assez modestes au fond, ces remaniements représentent néanmoins des prédilections pour un discours à la fois précis et débordant de non-dits. En étudiant davantage les améliorations stylistiques intégrées par Roy à la version B, nous pourrons déduire la conception de ce non-dit et, nous croyons, percevoir la complexité raffinée de l'expression.

Sans prétendre à l'exhaustivité, cet inventaire regroupe des procédés divers qui se rapportent au resserrement ou à la condensation de certains aspects du texte, et à la surdétermination de certains lexiques entrant dans des rapports sémantiques complexes. Notons que :

1° -La reconstruction logique, causale ou temporelle d'une série de gestes ou d'actions nécessite un resserrement de la syntaxe. Le sens masqué par de nombreuses ruptures syntaxiques, la phrase « Soudain elle broncha et dit, une main à sa tempe, tout étonnée » (A:29), est merveilleusement simplifiée et resserrée comme suit : « Soudain elle tressaillit en portant une main à sa tempe » (B:11). Ainsi le seront de nombreux autres segments tels : « C'est quelqu'un qui ne connaît pas les airs, dit ma mère. Et sur son signe, je m'empressai d'aller ouvrir » (A:30); « C'est quelqu'un qui ne s'y connaît pas, remarqua encore ma mère, en me faisant signe d'aller ouvrir » (B:13). Le procédé inverse, c'est-à-dire l'amplification, est rare mais nécessaire quand l'expression fait tout simplement défaut : l'ellipse du mot « vente » dans « il convenait que la foi aide les médicaments » (A:44) est corrigée pour redonner au segment la logique nécessaire : « il admettait aisément que la foi aidait la vente des médicaments » (B:33).

2° -L'ambiguïté créée par un trop grand nombre d'épithètes disparaît et est remplacée par un souci plus grand des rapports syntaxiques. L'observation pure d'une série d'actions presque indépendantes l'une de l'autre perd de son intensité affective ou dramatique : « Je le précédai dans la salle de ferme et, dès en entrant, l'homme sur mes talons, je jetai à mon père comme un reproche, comme une moquerie » (A:31) devient « Je le précédai dans la salle et, l'homme sur mes talons, je jetai à mon père comme un reproche moqueur » (B:14). De nouveau, c'est le rétablissement de rapports causals établis au niveau de l'expression qui simplifie cette phrase au niveau syntaxique, tout en y introduisant une dimension dramatique nouvelle.

3° -La concision dans la description, comme dans les structures grammaticales, permet à l'auteure des effets de style remarquables. Ainsi une proposition infinitive déplacera la lourde proposition subjonctive qui masque le parallélisme structural de la phrase : « Mon père avait paru tout décontenancé, bien plus surpris de ce qu'il avait pu dire qui nous eût poussés à cette question que de notre haletante curiosité » (A:34); « Mon père avait paru plus décontenancé d'avoir provoqué cette question que de notre haletante curiosité » (B:21). Certains resserrements sont si modestes que la raison pour l'amélioration de la phrase est à peine perceptible : « Les reins ceints d'un grand tablier, elle restait penchée sur le poêle et le reflet des flammes, de temps en temps, quand elle déplaçait un rond, lui sautait au visage comme pour la mordre » (A:33); « Les reins ceints d'un grand tablier, elle restait penchée sur le poêle et la flamme de temps en temps lui sautait périlleusement au visage » (B:18). Le complément circonstanciel « quand elle déplaçait un rond », quoique intéressant pour sa qualité explicative, est supprimé de la version B, afin de redonner à la phrase son rythme logique.

4° -Les phrases maladroites sont reprises parfois pour leur donner une structure devenue caractéristique chez Roy où l'action est repoussée jusqu'à la fin de la phrase : « les loups, les coyotes avaient fui dès l'aube au moment où la tempête s'apaisait » (A:50); « À l'aube, au moment où la tempête s'apaisait, les loups et les coyotes avaient regagné le refuge des terres boisées » (B:57). Des phrases agencées, mais sans rapports causals distincts, sont unifiées pour reconstruire la série de gestes menant à la consternation du père : « Mon père s'était levé en froissant son journal. Il fit un pas et s'arrêta dans son élan. Il avait eu un geste étrange comme pour serrer l'inconnu entre ses bras » (A:31); « Mon père aussitôt se leva, fit un geste étrange, comme pour étreindre l'inconnu, mais son élan se brisa » (B:14). L'énumération à laquelle a recours l'auteure dans la version B révèle toute la puissance de l'émotion atténuée, toute la turbulence profonde qui tourmente le père.

5° -Aux moments les plus intenses de l'action, la description et les énumérations sont souvent réduites, les gestes simplifiés et rendus plus poétiques : « Peu à peu nous glissions des escabeaux, des chaises, du banc pour nous approcher » (A:32); « Peu à peu nous glissions de nos sièges pour nous approcher » (B:16). Dans cet exemple l'attention du lecteur se concentre inévitablement sur l'encerclement du visiteur par la famille, attirée comme involontairement par ses récits de leur passé. Ailleurs, les descriptions de gestes provenant du documentaire plutôt que de la fiction sont poétisées : « Sa tête pencha sur sa poitrine. Un sourire triste flotta sur ses lèvres » (A:33); « Il pencha son visage éclairé par de lointains souvenirs mélancoliques » (B:19). Moins importe le fait que l'émotion du père transparaît que le fait que, en ressuscitant les souvenirs, Gustave lui offre les moyens d'y goûter.

Si le récit ne perd en rien au niveau événementiel par ces modifications, les nombreux procédés de condensation servent à resserrer et pointer le discours narratif, à hausser les effets dramatiques, à augmenter la qualité évocatrice du discours.

L'introduction d'une plus grande précision dans le lexique, ce qui permet à l'auteure de supprimer des pléonasmes, de laisser transparaître le côté poétique de sa perception, sert surtout à créer, au niveau sémantique, un réseau complexe de complémentarité et de contradiction. Certaines précisions se manifestent au niveau du mot (« un petit opossum » (A:31); « un blaireau » (B:16)), du segment (« Oui, dit mon père, la parole ailleurs » (A:33); « Oui, rêvait mon père » (B:19)), de la pensée (« Une moisissure de bon tabac se détachait du papier; des croix marquaient des baisers » (A:45); « Une fine odeur de tabac collait au papier; des croix à la fin simulaient des baisers » (B:46)). De même, les pléonasmes sont non seulement supprimés, mais remplacés par un lexique plus poétique : « Quelque chose de gai, qui n'était point dit, transpirait entre les lignes écrites » (A:45); « Quelque chose de gai s'échappait des lignes » (B:46). Enfin, la situation absurde d'intention involontaire communiquée par cette phrase : « Comme si elle allait se décider à échapper quelque parole blessante » (A:31) est reprise pour faire valoriser la situation d'intention : « comme si elle allait se décider à prononcer quelque parole blessante » (B:15-16).

Le raffinement et l'individualisation des gestes chez les personnages se manifestent surtout par les remaniements portés à la dernière version. Ne demandant que l'ajout ou la substitution de quelques mots, ce procédé est frappant par son effet : « Puis, devant le vagabond, il demanda » (A:32); « Puis, se campant devant le vagabond, il lui demanda » (B:16), « jeta ma mère en pâlissant » (A:49); « balbutia ma mère en portant à son coeur ses mains agitées » (B:54). Si dans la version B, les mains de la mère viennent trahir ses inquiétudes et ses espoirs, le lexique se rapportant à la difficulté de passer à l'énonciation s'insère dans le paradigme de la communication, thème central du récit. En surdéterminant la parole, ou son absence, dans la version ultérieure, Roy la lie aux émotions profondes : « Elle était calme » (A:49); « Elle était devenue étrangement calme » (B:55), « Il ajouta plus bas » (A:49); « Il s'efforça de maîtriser sa voix » (B:55), « Dans la nuit c'est une phrase de ma mère peut-être qui m'éveillait » (A:37); « Plus tard, m'étant éveillée, j'entendis ma mère qui parlait bas à mon père » (B:27). La parole entre, dans la version B, en rapport étroit avec la complicité du père et de Gustave : « Après le souper, il se mit à conter, aidé de mon père qui disait » (A:34); « Après le souper, il se mit en effet à raconter la parenté, aidé de mon père qui situait le temps en s'informant » (B:21). Ainsi sont établis par des procédés de sémantisation complémentaires la parole et la création.

En dernier lieu, la présentation du parler populaire canadien dans les dialogues subit des modifications bien que l'auteure semble vouloir simuler, dans les deux versions, l'accent canadien. Il est difficile de deviner pourquoi elle aurait décidé de supprimer certains aspects de la langue orale, tout en maintenant sa sonorité. Remarquons quelques usages courants, chez les francophones de l'Ouest, qui sont standardisés : « C'est-y Agnès d'abord? » (A:30); « C'est-y Agnès alors » (B:13), et « J'aurais dû le savoir même que je t'ai jamais vue » (A:30); « J'aurais dû le savoir, même si je ne t'ai jamais vue » (B:14). Les particularités communes à la transcription du parler canadien sont « corrigées », telles « ben » / « bien », « tu trouves pas » / « tu ne trouves pas ». Parfois la standardisation fait disparaître en entier le côté populaire du discours des personnages : « L'a pas un nom c't homme, l'a dix noms » (A:49) devient « Il n'a pas un nom cet homme, il en a dix » (B:55). Quoique plus accessibles au lecteur, ces dialogues perdent de leur couleur locale, de leur vérisimilitude.

Il est indéniable que la version B est surtout marquée par une grande souplesse dans la perception et la communication d'un monde intérieur perçu indirectement, car saisi par fragments peut-être par la jeune narratrice. Les descriptions sont imprégnées d'une chaleur ainsi que d'une profondeur psychologique introduites souvent dans la dernière version seulement. Les procédés repérés ci-dessus servent à transformer une narration directe et peu subtile en un texte soucieux de communiquer les nuances psychologiques et les effets esthétiques dont sont marqués les récits ultérieurs de Gabrielle Roy.

Les remaniements effectués dans le second récit se caractérisent tout autrement. Parue pour la première fois en 1945 dans *Amérique française*, la nouvelle « La vallée Houdou » est précédée d'une note qui tente de souligner l'aspect réaliste de ce « pathétique récit de la plaine » (B:4). S'inspirant quelque peu de son essai « Des turbulents chercheurs de paix[13] », Gabrielle Roy retravaille dans une représentation fictive les événements documentés dans son reportage. Si la nouvelle « La vallée Houdou » est dite avoir été repêchée par l'auteure pour sa qualité de « témoignage assez juste (...) des rêves chimériques qui guidèrent tant d'immigrants d'Europe centrale et orientale dans leur installation sur les terres de l'Ouest, pauvres gens qui, pour avoir voulu suivre leur étoile, aboutirent au plus total désenchantement » (B:8), la version finale perd les traces de ce souci de raconter la trajectoire des immigrants. Le « rêve doukhobor[14] » décrit dans l'essai de Roy se transforme dans la nouvelle par la quête d'une illusion mnémonique. Pour Gabrielle Roy cependant, les Doukhobors représentent ceux qui « gardent encore en eux le goût et le besoin de la terre promise[15] », restant des chercheurs tenaces d'illusions. Mélange de faits actuels et historiques, cette nouvelle présente l'histoire métaphorisée des peuples immigrants ainsi que de leurs espoirs.

Et ce qu'elle raconte est transformé dans son récit où elle rassemble toutes les désillusions des Doukhobors pour montrer en forme de tableau poétique leur désir extraordinairement tenace de reconstruire dans leur pays adoptif le pays d'autrefois devenu mythique. C'est ce que propose Roy dans « La vallée Houdou ». Contrairement au « Vagabond », cette nouvelle est marquée par une réécriture plus importante. Là où le texte antérieur est repris par un resserrement des liens causals, par une conscience augmentée du narré et du pouvoir évocateur des mots, ici c'est le discours poétique qui est recherché, ce sont l'ellipse, la métaphore et l'évocation qui rendent en quelques lignes tous les rêves et toutes les déceptions du peuple doukhobor.

Les procédés sont plus difficilement repérables, car la réécriture transforme radicalement le texte. Pour cette raison, nous limiterons notre analyse à quelques procédés identifiables, tout en tâchant de montrer l'étendue des remaniements.

Parmi les procédés sémantiques figure la métaphorisation qui opère sous sa forme la plus élémentaire comme procédure de substitution sémantique. Si dans le version A l'usage fréquent du lexique « plaine » et de son synonyme « le pays plat » reste essentiellement descriptif, il prend des valeurs sémantiques et thématiques plus larges dans la version B quand l'auteure a recours à plusieurs variante pour désigner la cruelle indifférence de la plaine : « Prairies » (B:133), « la plaine nue toujours » (B:138), « le silence d'ici » (B:141). Qu'elle ait recours à la métaphorisation (« Leurs yeux ronds, bleus, naïfs, exprimaient une crainte tenace » (A:6); « Leurs yeux bleus et naïfs, ronds d'étonnement, exprimaient le même tenace dépaysement » (B:137)), à la personnification (« un pays sans âme » (A:6); « la même cruelle indifférence » (B:138)) ou à l'onomatopée (« disaient les femmes » (A:7); « ronchonnaient quelques-unes des femmes » (B:139)), Gabrielle Roy crée une densité dramatique ainsi que poétique qui sert à épaissir les jonctions sémantiques se rapportant au rêve doukhobor. Les procédés de resserrement remarqués dans « Vagabond » seraient reliés aux procédés de sémantisation dans « La vallée Houdou », nouvelle dans laquelle l'épaisseur sémiotique, qui deviendra caractéristique des récits régiens à partir de *Rue Deschambault*, offre une économie dans l'expression ainsi qu'une complexité sémantique qui démentit la simple binarité.

D'autre part, la qualité dramatique de la phrase régienne, effectuée par un réaménagement logique des segments, par l'introduction d'épithètes intervenantes, par l'attente repoussée jusqu'à la fin de la phrase, est cultivée dans la version B : « Il restait encore à quarante milles au nord du chemin de fer une plaine herbeuse, ancien pâturage d'un troupeau de bisons » (A:7); « À quarante milles au nord du chemin de fer, une grande étendue de plaine herbeuse, ancien pâturage d'un troupeau de bisons, était encore à prendre » (B:143). L'énumération, stratégie commune à la rhétorique française, donne à la phrase régienne sa limpidité et son rythme poétique : « les montagnes au loin, la rivière dans l'herbe, des oiseaux partout » (A:9); « des montagnes au loin, une rivière dans l'herbe, une paix rare, et partout des oiseaux » (B:147). En insérant la préposition « partout » avant « des oiseaux », l'auteure privilégie ce segment qui entre, différemment des autres segments, dans le paradigme de la paix. De plus, elle adopte une stratégie du langage poétique en cultivant le rythme de la phrase. Une énonciation singulièrement gauche peut atteindre une beauté poétique par un remaniement de la syntaxe : « qui serait content de vous voir si abattues, sans courage ainsi, et à pleurer toujours donc! » (A:7); « qui serait content de vous voir à l'heure actuelle, abattues, sans courage, toujours à pleurnicher » (B:139-140). Opérant sur le principe d'équivalence séman- tique, l'énumération donne aux émotions en question d'autres valeurs se rapportant à plusieurs paradigmes valorisés dans le récit. Dans d'autres ex- traits, l'explication directe n'est pas aussi efficace que l'énumération as- sidue des étapes traversées pour arriver à créer le pays rêvé : « C'est à force de travail que nous avons conquis le pays. La beauté du pays, c'est toujours l'homme qui la lui donne » (A:6); « L'indifférence, dis-tu Streliov! Mais sais-tu seulement combien d'arbres, de citronniers, de cerisiers, d'acacias, nous avons plantés là-bas et combien nous en avons perdus pour un qui nous restait, le sais-tu seulement, Streliov? » (B:138). L'effort nécessaire pour réussir prend ainsi une signification plus directement liée à l'expé- rience humaine, tandis que l'énumération des arbres plantés soulève l'isotopie d'abondance et de vitalité pertinente au rêve doukhobor.

La qualité dramatique qui ressort de la version B est également fondée sur l'emploi de stratégies qui prêtent à la présentation de la conscience des personnages, de leurs pensées et de leurs paroles plus de vraisemblance, tout en insérant dans cette présentation une ambiguïté calculée. Le discours direct est marqué dans les deux versions par le tiret; cependant les pensées sont présentées par des guillemets dans la version A. Dans la version B, ceux-ci disparaissent pour être remplacés par le discours indirect libre, effectuant ainsi un mélange des consciences de la narratrice et du person- nage : « Mc'Pherson fulminait, lâchait de gros jurons. 'Qu'est-ce qu'ils s'at- tendaient donc à trouver dans ce pays!' » (A:5); « McPherson fulminait. Quoi d'autre s'attendaient-ils donc à trouver, ici, au plus étale des terres canadiennes? » (B:135). McPherson, un personnage presque anodin aux désirs des Doukhobors dans la version A, adopte lui aussi les espoirs et les craintes des immigrants : « Mc'Pherson allait donner ordre de contourner la vallée vers l'est, espérant encore arriver aux plaines grasses avant la tombée de la nuit » (A:9); « McPherson lui-même pendant un moment presque envoûté, quoiqu'il en eût, se ressaisit. Il haïssait ce lieu plus que tout » (B:145). Ce réaménagement prête au personnage de McPherson plus de profondeur psychologique, en introduisant chez lui les mêmes tendances humaines de désir et de rêve.

Il convient de constater que la surdétermination de l'illusion dans la version B, de la création d'une réalité sans rapport au monde réel, facilite les modifications importantes qu'apporte Gabrielle Roy à la conclusion du texte ultérieur. Lors de ce moment culminant où les Doukhobors perçoivent la terre désirée, la description brève de la version A cède la place à une évocation poétique de la transformation des êtres par le désir :

> En effet, ils étaient comme ensorcelés. La joie, l'espoir, une sorte de délivrance ravageait leurs traits. Ils avancèrent ensemble dans l'herbe, à mi-jambes. (A:9) Ils étaient en effet comme ensorcelés, à peine reconnaissables, leur visage transformé, éclairé, leurs yeux rayonnants. D'un commun accord, ils sautèrent de la charrette, ils avancèrent vers la vallée. Des cailloux roulaient sous leurs pas, une fine poussière de terre s'en élevait, trahissant à elle seule la pauvreté du sol, mais les Doukhobors n'y prenaient garde, avançant de front, les yeux éblouis, vers l'étincellement de toutes choses que le soleil à son déclin réussissait à tirer d'une inextricable broussaille (B:146).

Cet ensorcellement devient privilégié dans le texte ultérieur. Tandis que la version originale se ferme sur la tristesse du paysage, la version B cultive chez le lecteur l'ambiguïté créée par les émotions complémentaires et parfois contradictoires associées au rêve :

> En s'en allant, ils regardaient derrière eux, lorsque la vallée se fondit dans le lointain, dans les ténèbres et, peut-être déjà, dans sa poignante tristesse. (A:10) Assis de front sur un même côté de la charrette, ils regardaient derrière eux lorsque soudainement la vallée s'éteignit dans le crépuscule et peut-être déjà dans sa poignante tristesse. Mais, dans l'ombre, sur leurs visages fermés, continuait de briller le flamboiement de ciel qu'ils avaient vu et que leur âme rapportait (A:149).

L'effet spéculaire ainsi introduit sert à polariser la réalité et le rêve, thèmes constants de l'auteure, et à situer l'illusion / la création au centre des désirs humains. Ainsi Roy donne-t-elle à la dernière version de ce récit la densité sémantique que nous avons déjà remarquée dans « Un vagabond frappe à notre porte ».

Il semble donc que notre analyse des remaniements ultérieurs des deux nouvelles indique que l'introduction d'un réseau de signification beaucoup plus ample, beaucoup plus dense, sert à rattacher ces nouvelles à la production littéraire de la période de maturité de Gabrielle Roy. La comparaison nous a permis de percevoir les raffinements qu'aurait gagnés l'auteure avec les années, lui permettant de cerner à l'aide d'un mot ou d'un réaménagement de segments la profondeur psychologique de ses personnages et ainsi de créer des êtres tiraillés par des désirs inconciliables. Ce qui ressort clairement de cette analyse, c'est que Gabrielle Roy atteint, par le remaniement de ces deux nouvelles, le style limpide et coulant qui la caractérise. Cependant, elle n'y est arrivée que comme ancienne amie de l'écriture.

BIBLIOGRAPHIE

BROCHU, André, « Le schème organisateur chez Gabrielle Roy », *Voix et images*, 42, printemps 1989, p. 414-422.

Gabrielle Roy : dossier de presse, 1946-1985, Sherbrooke, Bibliothèque du Séminaire de Sherbrooke, 1986.

GAGNÉ, Marc, *Visages de Gabrielle Roy, l'oeuvre et l'écrivain*, Montréal, Beauchemin, 1973.

LABONTÉ, René, « Gabrielle Roy journaliste : au fil de ses reportages (1939-1945) », *Studies in Canadian Literature*, 7.1, 1982, p. 90-108.

NOVELLI, Novella, *Gabrielle Roy : de l'engagement au désengagement*, Quattro Continenti 3, 1989.

RICARD, François, *Gabrielle Roy*, Montréal, Fides, 1975.

RICARD, « La métamorphose d'un écrivain : essai biographique », *Études littéraires*, 17.3, hiver 1984, p. 441-455.

ROBIDOUX, Réjean, « Gabrielle Roy : la somme de l'oeuvre », *Voix et images*, 42, printemps 1989, p. 376-379.

ROY, Gabrielle, *Fragiles Lumières de la terre : écrits divers, 1942-1970*, Montréal, Stanké, 1978.

ROY, Gabrielle, *Un jardin au bout du monde*, Montréal, Beauchemin, 1975.

ROY, Gabrielle, « Un vagabond frappe à notre porte », *Amérique française*, janvier 1946, p. 29-51.

ROY, Gabrielle, « La vallée Houdou », *Amérique française*, février 1945, p. 4-10.

SOCKEN, Paul, « Gabrielle Roy as Journalist », *Canadian Modern Language Review*, 30.2, january 1974, p. 96-100.

NOTES

1.   Fréquemment ignorés, les reportages autres que ceux regroupés dans *Fragiles Lumières de la terre : écrits divers, 1942-1970*, (Montréal, Stanké, 1978) ont été commentés par François Ricard, Novella Novelli, Paul Socken et René Labonté. Ce dernier s'y intéresse autant pour ce que leurs pages divulguent sur l'auteure et sa perception du monde et des gens que pour l'annonce qu'ils font des oeuvres littéraires ultérieures.

2.   Montréal, Beauchemin, 1975, p. 7. Désormais, la pagination se rapportant aux deux récits étudiés sera directement incluse dans le texte comme suit : (B :7), quand il s'agira du recueil de nouvelles. Les cahiers manuscrits de ces deux récits ainsi que plusieurs versions sous forme de tapuscrits faisant partie du Fonds Gabrielle Roy auraient beaucoup à nous apprendre sur les méthodes de rédaction de l'auteure à cette époque. Cependant, les résultats rapportés dans cette étude sont basés uniquement sur la comparaison des versions A et B telles que décrites dans l'introduction et ne s'inspirent aucunement des manuscrits déposés dans le Fonds.

3.   Paul Gay, *Le Droit*, le 15 juillet 1975. Repris dans *Gabrielle Roy : dossier de presse, 1946-1985*, Sherbrooke, Bibliothèque du Séminaire de Sherbrooke, 1986.

4.   François Ricard, *Gabrielle Roy*, Montréal, Fides, 1975, p. 48.

5.   *Voix et Images*, 42, printemps 1989, p. 376.

6.   François Ricard, *op.cit.*, p. 39.

7.   *La Détresse et l'enchantement*, Montréal, Boréal, 1984, p. 505.

8.   François Ricard, «La métamorphose d'un écrivain : essai biographique», *Études littéraires*, 17.3, hiver 1984, p. 450.

9.   *Ibid.*

10.   Fonds Gabrielle Roy, Bibliothèque Nationale d'Ottawa.

11.   «Le schème organisateur chez Gabrielle Roy», *Voix et Images*, 42, printemps 1989, p. 414-422.

12.   «Un vagabond frappe à notre porte», *Amérique française*, janvier 1946, p. 34-35. Désormais toute pagination se rapportant à ce récit sera incluse dans le texte comme suit (A:34-35).

13.   Paru dans le *Bulletin des agriculteurs*, 38, 12 décembre 1942, l'essai est repris dans *Fragiles Lumières de la terre*, Montréal, Stanké, 1978, p. 33-43.

14.   *Fragiles Lumières...*, p. 35.

15.   *Ibid.*, p. 41.

LOUIS RIEL SUR LA SCÈNE FRANCOPHONE DE L'OUEST CANADIEN : DE LA SUBLIMATION À LA DISTANCIATION

Ingrid Joubert
Collège universitaire de Saint-Boniface

Lors de la sortie de *Je m'en vais à Régina*, la première pièce franco-manitobaine authentique écrite par Roger Auger, en 1976, Jacques Godbout[1] avait crié au miracle devant la naissance d'un dramaturge francophone valable dans une communauté de l'Ouest canadien, en l'absence d'un milieu propice.

L'observateur attentif au théâtre écrit et joué au Manitoba français décèlera trois tendances principales.

La première de ces tendances s'inscrit dans la lignée du théâtre documentaire ou théâtre du quotidien, empruntant à l'esthétique naturaliste le souci de reproduire mimétiquement la réalité sociale immédiate, aussi sordide ou intolérable soit-elle. *Je m'en vais à Régina*, qui met en scène le drame de l'aliénation linguistique et culturelle d'une famille franco-manitobaine typique, en donne un exemple parlant.

Un deuxième courant, prédominant dans le théâtre écrit, et suscitant également l'enthousiasme du grand public, célèbre le souvenir d'un épisode crucial du passé collectif devenu légendaire par l'entremise de drames historiques puisant largement dans les conventions éprouvées de ce genre. La visée en est avant tout pédagogique et sublimatrice : le complexe d'infériorité minoritaire se mue en sentiment de supériorité ou d'exception. Marcien Ferland, auteur acclamé des *Batteux*[2] et de *Au temps de la prairie*[3] en est sans doute le meilleur représentant.

Une dernière tendance, à laquelle pourrait être donné le label de « postmoderne » et dont une présence accrue se manifeste aussi sur la scène depuis deux ou trois ans, fait preuve d'une volonté démystificatrice. Tout en faisant usage du même répertoire collectif que celui des drames historiques traditionnels, ces pièces, marquées d'un souci de théâtralité, tiennent à distance un modèle sacralisé, reconnu enfin comme inopérant. Un tel courant irrespectueux des codes thématiques et esthétiques a été inauguré par *Le Roitelet* de Claude Dorge[4], *Aucun Motif* de Rhéal Cenerini[5] et confirmé sur la scène par *L'Article 23*[6] et *Avant que les autres le fassent*[7], sorte de cabaret autoparodique prenant pour cible les manies et stéréotypes franco-manitobains.

La tendance profondément ancrée dans le monde théâtral du Manitoba français est celle du goût pour les drames historiques retentissants où le complexe d'infériorité minoritaire se mue en un sentiment de supériorité : le génocide savamment agencé par l'Anglais est enrayé par un héros francophone doublement vainqueur d'un ennemi et d'un complot racial.

Le prototype de ce théâtre où réalisme historique et sublimation idéologique se conditionnent naturellement est la pièce *Les Batteux* de Marcien Ferland, jouée avec un très grand succès en 1982 (couronnée du prix Riel) et publiée en 1983. Elle met en scène l'adoption de la loi Thornton en 1916, interdisant l'enseignement du français dans les écoles manitobaines. Cet événement crucial suscitera l'organisation de la résistance francophone à « l'envahisseur » anglais. Grâce à la distribution gigantesque et à sa dimension lyrique et musicale, une telle pièce rejoint les origines du théâtre comme rite collectif et politique. Rite dont le but est de conjurer, par la magie de l'événement théâtral, le génocide culturel alarmant, tout en présentant comme une victoire l'entrée des Franco-Manitobains dans la longue période de la clandestinité. Souci de documentation rigoureuse et reconstitution minutieuse du mode de vie de l'époque, allant jusqu'à l'insertion de scènes de récolte filmées, vont de pair avec la mise en valeur des francophones héroïques trahis par des anglophones méprisables.

En dépit de la documentation à laquelle s'est astreint l'auteur, quant aux événements politiques, au folklore et aux habitudes langagières des campagnes franco-manitobaines[8], la manipulation tendancieuse du récepteur, due à la seule organisation des matériaux « réels », n'est que trop évidente[9].

L'écrasante défaite parlementaire de 1916, mise en parallèle avec la Conquête de la Nouvelle-France par les Anglais, est transformée en mythe compensateur d'une résistance à la fois passive et héroïque dont le moteur est le *souvenir* : souvenir d'un passé idyllique et souvenir d'un viol subi selon la loi du plus fort. À l'instar du Québec de l'après-défaite, le passéisme et la ténacité ancrée dans un mode de vie ancestral sont censés assurer la survie clandestine du groupe spolié, en marge du courant majoritaire. Une telle résistance souterraine est orchestrée par le « Messie » québécois Pierre dont le rôle est de sauver la collectivité de l'anéantissement. Dans une telle cérémonie de reconnaissance d'un répertoire collectif familier, le public contemporain est sommé de rendre hommage à des valeurs, éprouvées par leur solidité et leur durée, afin d'y puiser la force pour une résistance renouvelée dans le présent de chacun des participants.

Or le scénario collectif le plus sacré du répertoire franco-manitobain, celui de la mission de Louis Riel, a connu un destin exemplaire dans le traitement théâtral qui lui a été réservé. À titre de comparaison, il sera utile de mentionner l'ancêtre des pièces consacrées au sort de Louis Riel, intitulée *Riel*, de Charles Bayer et E. Parage, publiée à Montréal (L'Étendard) en 1886 et rééditée au Manitoba par les Éditions des Plaines en 1984. Cette pièce, jamais présentée sur une scène, avait pourtant été écrite dans le but de recueillir des fonds pour la famille de Louis Riel au Manitoba. Bien qu'elle soit qualifiée d'historique par les auteurs, elle s'insère, par son caractère apologétique, dans la visée sublimatrice de la production littéraire franco-canadienne du XIXᵉ siècle. Le but polémique avoué de la pièce est de divulguer les « vraies » raisons du destin de Louis Riel et des Métis, d'en promouvoir le souvenir, de divulguer l'idée du martyre du chef métis et de prendre ainsi la revanche sur la défaite infligée par les Anglais. Ce « drame historique », qui met en scène des événements et des personnages réels insérés dans un contexte fictif, relève bien davantage du mélodrame par un manichéisme excessif (la défaite de Riel et ses compagnons lors de la bataille de Batoche est due à la noire trahison d'un Anglophone détestable, Macknave), par la surabondance d'enlèvements, de meurtres, de reconnaissances des plus invraisemblables, par le recours permanent au pathétique facile des lamentations et des jurons et surtout par la prééminence donnée à une intrigue amoureuse entre une Blanche, enlevée et élevée par des Indiens et un journaliste américain, et tout cela malgré le titre de la pièce! L'ambition de ce journaliste, au nom symbolique de Francoeur, est une mise en abîme de celle des auteurs de la pièce : au moment de prendre congé des Métis, Francoeur s'exclame : « ... ma tâche à moi commence. Maintenant que la sanglante tragédie du Nord-Ouest est terminée, je veux l'écrire au livre de l'histoire, pour la gloire des uns et la honte éternelle des autres. » (p. 69)

Le choix des termes « sanglante tragédie » est révélateur : les auteurs, à l'instar du personnage Francoeur, se placent d'emblée dans une perspective historique dont le recul temporel permet de déceler les traces ineffables d'un destin collectif : la défaite de Batoche et la pendaison de Riel ne sont que le signe tangible d'un martyre rédempteur, nécessaire à la gloire du peuple métis. La table des matières indique clairement la nature symbolique des cinq actes de cette tragédie.

Ainsi, conforme à la perspective éternelle de la tragédie antique, le traître anglophone Macknave n'est que l'instrument nécessaire à l'accomplissement du destin, inscrit de tout temps dans la nation métisse. Et pourtant, ce recul tragique n'est qu'un faux recul, puisque la pièce est presque contemporaine aux événements évoqués. Elle emprunte des couleurs historiques alors qu'en réalité, c'est une oeuvre de propagande dans la lutte des Franco-Canadiens contre l'injustice raciste de leurs « frères » anglophones.

Malgré les faiblesses évidentes de cette apologie passionnée, la pièce *Riel* prend aujourd'hui la valeur d'un modèle. Après un siècle de victoire idéologique anglophone, victoire marquée par le mépris total pour ce pauvre fou de « rebelle métis », nous assistons à la résurgence de ce mythe rédempteur, responsable de l'émergence d'une littérature francophone de l'Ouest. Il n'y a que les méthodes d'approche qui ont changé et, comme nous l'avons vu dans le cas de Marcien Ferland, le réalisme documentaire a remplacé les techniques démodées du mélodrame.

Il n'est pas étonnant que, après *Les Batteux*, Marcien Ferland se soit attaqué au destin de Louis Riel et des Métis, dans sa pièce inédite *Au temps de la prairie*, montée au Centre culturel franco-manitobain à Saint-Boniface en 1986. À l'instar des *Batteux*, cette nouvelle pièce de Ferland est une fresque historique entièrement consacrée à l'épisode manitobain de la rébellion métisse de 1869-1870, sous la direction de Louis Riel. De nouveau, l'auteur se complaît à reconstituer méticuleusement la vie des Métis dans son quotidien, à en recréer la couleur et l'atmosphère au point d'admettre dans la distribution gigantesque de la pièce de *vrais* Métis, uniquement dans leurs vrais costumes et leur parler authentique. Cette « tranche de vie » est particulièrement affichée dans le prologue où les trois premières scènes évoquent une demande en mariage, une noce et la chasse au bison, elle-même présente sous forme d'un diaporama. Même au coeur de la pièce où l'action politique est au premier plan, ces tableaux de genre forment une trame parallèle : les scènes seize et dix-sept, par exemple, sont conçues comme scènes parallèles, l'une évoquant la cuisine d'une famille métisse et l'autre la réunion du Conseil du deuxième gouvernement provisoire. L'insertion de séquences filmées (la chasse aux bisons) pousse à l'extrême ce désir de nous présenter une copie véridique du réel.

Et pourtant, ce réel se situe dans le passé, à plus d'un siècle de distance, d'où l'effort obstiné de *reconstitution*. L'auteur essaie de s'en tenir à une fidélité scrupuleuse aux événements historiques, à leur chronologie et aux textes des discours et lettres dont nous disposons aujourd'hui. Si la présence de personnages historiques tels que André Nault, le père Ritchot, Thomas Scott, John A. Macdonald n'a que la valeur de silhouettes servant à authentifier la fiction historique, le cas du personnage de Louis Riel retient évidemment notre attention. Comme le titre de la pièce l'indique clairement, il s'agit d'évoquer le paradis perdu des Métis plutôt que de glorifier Louis Riel. Ce dernier nous apparaît donc comme le produit direct de son milieu dont il se distingue à peine, sauf par son éducation et sa piété. En situation de crise, à l'arrivée des arpenteurs, on lui demande d'être chef, et il l'accepte sans difficulté. Riel est donc présenté comme leader naturel des Métis, aux objectifs clairs et respectables (la défense des droits métis) qui ne pouvait agir autrement dans les circonstances qu'on connaît. Il n'est question ni de mission religieuse, ni de visions, de folie, ni d'apothéose comme dans la pièce *Riel*. C'est un héros « linéaire », le simple leader d'un combat juste, sans plus. Dans cette pièce, Riel n'est que le produit parfait du sol manitobain.

Au temps de la prairie semble suivre ainsi toutes les consignes du réalisme mimétique basé sur la documentation, sur le respect de la chronologie et l'exactitude des événements historiques, et sur le déterminisme socioculturel des personnages. Si la sublimation est moins apparente dans cette pièce que dans *Les Batteux*, c'est qu'il s'agit de la « tragédie » d'une défaite dont le responsable est l'ennemi anglophone (le complot orangiste) qui a *trahi* les aspirations légitimes des Métis français. En effet, à y regarder de près, *Au temps de la prairie* est construit sur le modèle de la tragédie antique (cette fois-ci justifiée par le recul temporel d'un siècle) composée d'un prologue, de cinq actes et d'un épilogue. Les trois scènes mentionnées plus haut constituent le prologue; le premier acte évoque en sept scènes l'organisation de la résistance métisse aux arpenteurs et au nouveau gouverneur MacDougall; le deuxième acte (en cinq scènes) présente la formation du premier gouvernement provisoire et l'occupation du Fort Garry; le troisième acte (quatre scènes) évoque les séances du deuxième gouvernement provisoire et l'exécution de Scott; le quatrième acte (trois scènes) présente les négociations de l'Acte du Manitoba; le cinquième acte (deux scènes) est consacré à l'échec de Louis Riel et de ses amis, symbolisé par les titres : l'Exil et le Crépuscule, alors que l'Épilogue (deux scènes) se situe quatre ans après pour évoquer la déchéance de la vie des Métis, suite à leur persécution par les immigrants orangistes.

Malgré l'apparente courbe tragique, on assiste à un curieux relâchement de la tension dramatique par la trop grande importance accordée à la fresque sociale. L'illusion dramatique est constamment rompue par le morcellement des séquences, par le parallélisme des scènes et par l'insertion des scènes filmées qui sortent le spectateur de l'action. Par ailleurs, il est difficile de s'identifier à cette multitude de personnages qui ne sont que des pions sur l'échiquier du Destin. Ils semblent camper sur la scène, et leur psychologie rudimentaire ne permet pas la pénétration de leur conscience. L'auteur hésite entre une conception dramatique de la pièce, dont il emprunte la charpente tragique, et une vision épique du théâtre, à la Brecht, qui préconise justement la rupture constante de l'illusion dramatique. *Au temps de la prairie* passe à côté de la perspective critique, distanciatrice, qui caractérise le théâtre épique. Car malgré l'optique réaliste adoptée par l'auteur, la pièce est orientée de façon à faire vibrer les cordes émotives, ethniques et nationales du public. Le choix de la rébellion manitobaine des Métis et ses moments clés, la création d'une atmosphère nostalgique de paradis perdu, la mise en valeur de la lutte courageuse et pathétique de ce petit peuple démuni contre la brutalité et le machiavélisme du pouvoir anglophone aménagent pour le spectateur une perspective centrale qui l'engage à épouser émotivement la cause francophone. *Au temps de la prairie* révèle de nouveau chez Ferland une conception de l'histoire dont le *souvenir* est le moteur.

Ne découvre-t-on pas alors le même programme idéologique que dans la pièce *Riel* : révéler « la gloire des uns et la honte éternelle des autres »?

Plus près de la réalité historique et plus loin des excès du mélodrame, *Au temps de la prairie* présente néanmoins un tableau mélancolique et attendri de la résistance courageuse mais désespérée des Métis français du Manitoba. À exactement cent ans de distance, et malgré tous les scrupules « réalistes », la pièce reste une apologie de la rébellion métisse et une mise en accusation du complot anglophone qui assume la fonction du destin antique, à l'instar du traître Macknave dans *Riel*. Voici la preuve de la vitalité de ce scénario collectif qui inspire la majorité des productions locales.

C'est justement ce répertoire traditionnel, conforme aux attentes d'un public prisonnier d'un passé maintes fois célébré, que démystifient certains auteurs. Claude Dorge, avec *Le Roitelet*, a inauguré une perspective insolite adoptée à partir du mythe sacré de la mission de Louis Riel. Au lieu d'adhérer à une représentation mimétique d'un référent historique connu du public, l'auteur se saisit de l'itinéraire sacralisé de Riel, en abolissant les repères chronologiques, spatiaux et idéologiques, familiers aux spectateurs. Plonger ceux-ci dans l'intimité tourmentée d'un héros national, qui, au surplus, est détenu dans un asile pour déséquilibre mental, est déjà un premier acte de lèse-majesté. Projeter ensuite ses divers états de conscience, passés, présents et futurs en un kaléidoscope de visions imaginaires n'est guère plus pardonnable. Mais mettre ainsi à nu les mécanismes psychologiques et sociaux présidant à la formation d'une mission religieuse frise le sacrilège, en regard de la tradition.

Qui plus est, les conventions théâtrales du réalisme aimées du public sont carrément laissées de côté. Le théâtre, au lieu de cacher honteusement ses codes dramatiques, s'affiche comme aire expérimentale de jeu, les visions de Louis Riel improvisant leur propre mise en scène, sur l'espace scénique de la chambre d'asile, plongeant ainsi le spectateur dans l'incertitude quant à la perspective à adopter sur une fusion entre réalité et apparence. Il ne s'agit donc pas de nous présenter un Riel historique, daté et circonscrit par des repères chronologiques précis, mais de nous le faire vivre de l'intérieur, dans son humanité à la fois riche et humble. L'originalité du *Roitelet* réside dans le fait que nous vivons, avec le héros, dans l'intimité de sa conscience, la formation d'une mission sociale et religieuse, mais le tout en rétrospective. Car le point de départ de la pièce est l'admission de Riel à l'hôpital Saint-Jean-de-Dieu à Longue-Pointe en 1876, date tardive de son existence. Ce qui ressort clairement de cette pièce, ce sont les deux facteurs essentiels contribuant à la formation de cette mission : d'un côté les pressions sociales représentées par la famille, le clergé régional, les Métis, et de l'autre côté, le tempérament de Riel, à la fois volontaire et imaginatif, le prédisposant à une foi ardente.

La deuxième moitié de la pièce marque la métamorphose de la vie du héros en celle du Christ, plus spécifiquement du Christ de la Passion. Et cette transformation sensible, que nous, les lecteurs, vivons de l'intérieur, devient plausible à partir de la perspective d'un homme mentalement ébranlé. C'est là le coup d'éclat de l'auteur. Tout se passe comme si la réalité extérieure n'était qu'un jeu d'apparences dont l'inconsistance serait dévoilée par le regard pénétrant du visionnaire qui sait déchiffrer le fond des choses et des êtres. En l'occurrence, ce mage est détenu dans un asile par des gens réputés normaux. La question, qui se pose alors au lecteur et à laquelle il est sommé de répondre personnellement, est de savoir où réside la vérité. Puisque tout cadre de références objectives se trouve bouleversé par le jeu des métamorphoses, la pièce interpelle le public, sollicitant chez lui des réactions personnelles.

Le Roitelet effectue donc une double distance, celle du scénario de la mission et du martyre de Louis Riel, et celle d'une conception mimétique de la représentation du réel historique. Si l'illusion dramatique se trouve déjà fortement ébranlée dans cette pièce, le processus d'identification avec une conscience dominante — par le biais d'une expérience émotive partagée — est maintenu.

Ce n'est point le cas dans les deux dernières pièces publiées, *Aucun Motif* et *Les Partisans* de Rhéal Cenerini. L'exemple de Louis Riel avait prouvé que le Christ était devenu le symbole d'une minorité persécutée et martyrisée. Ce n'est pas pour rien que, dans la pièce de Cenerini, *Aucun Motif*, le Christ a été mis à mort par un Ponce Pilate anglophone (Macdonald), représentant de l'oppression politique et linguistique. Or, ce modèle tout à fait conforme à la perception minoritaire a été renversé par l'auteur de sorte que l'ancien persécuteur (anglophone) devienne le persécuté. Ce jeu ironique avec les modèles actantiels semble correspondre au désir de briser le carcan d'un ghetto et de montrer ces modèles transformables, ou tout au moins faciles à renverser, selon le caprice de la conjoncture politique. La distance ironique qu'instaure la pièce contribue à faire de cette forme de théâtre un instrument de libération aussi bien pour l'auteur que pour le récepteur.

Cette veine parodique et l'exploration active des possibilités de création se trouvent de plus en plus exploitées sur la scène francophone dans des pièces de style cabaret sociopolitique, non publiées jusqu'à présent. Le meilleur exemple en est, sans aucun doute, la pièce *L'Article 23*, écrite et montée en coproduction par un auteur francophone, Claude Dorge, et un écrivain anglophone, David Arnason. Pour rendre hommage à cette double origine, la pièce a été présentée en 1985 au public francophone par le Cercle Molière pour ensuite être jouée au *Prairie Theater Exchange*.

L'Article 23 prend comme point de départ le même répertoire collectif si fréquemment traité : l'histoire de l'oppression des francophones par les « anglo », depuis la fondation du Manitoba jusqu'en 1985, date à la fois du centenaire de l'exécution de Louis Riel et de la réhabilitation officielle des droits linguistiques des francophones, au Manitoba, par la Cour Suprême du Canada.

La pièce frappe par la présentation irrévérencieuse de la matière. Point d'intrigue linéaire, à courbe dramatique et résolution finale, point de présentation chronologique des événements ni de personnages cohérents, mais une série de quinze vignettes, entrecoupées de neuf chansons.

Le tour de force des auteurs a été de rendre comique une matière qui, d'emblée, n'a rien de drôle. Selon le témoignage de Claude Dorge, dramatiser l'épineuse question linguistique au Manitoba lui paraissait une gageure difficile à tenir, et ce n'est que l'effort de collaboration avec le coauteur Arnason et l'équipe de production qui leur a permis d'adopter une perspective satirique sur les événements[10].

Que penser donc de ces diverses tendances? À en juger d'après les dernières saisons théâtrales, le théâtre du quotidien et le réalisme historique gardent, en dépit de l'évolution récente vers la parodie et vers le cabaret sociopolitique en particulier, une place prépondérante dans le répertoire du Cercle Molière. Le goût (tyrannique) du public y semble jouer un rôle important dans la mesure où ce dernier dispose de sanctions économiques suffisamment fortes pour décourager des créations trop innovatrices ou audacieuses qui risquent de déranger son confort moral. Il est donc à espérer que le courant novateur se faisant jour dans les récentes créations dramatiques puisse trouver des débouchés soit dans la publication, moins soumise à des sanctions immédiates, soit dans le cadre d'un théâtre expérimental, tel que présenté déjà au CM2[11] ou au Collège de Saint-Boniface.

NOTES

1. Roger Auger, *Je m'en vais à Régina*, (Avant-propos de Jacques Godbout) Montréal, Leméac, 1976, 83 p.

2. Marcien Ferland, *Les Batteux*, Saint-Boniface, Éditions du Blé, 1983, 109 p.

3. Marcien Ferland, *Au temps de la prairie*, pièce inédite, présentée au Centre culturel franco-manitobain en mars 1985.

4. Claude Dorge, *Le Roitelet*, (présentation d'Ingrid Joubert), Saint-Boniface, Éditions du Blé, 1980, 127 p.

5. Rhéal Cenerini, *Aucun Motif* (suivi de *Liberté* et *Les Partisans*), Saint-Boniface, Éditions des Plaines, 1983, 129 p.

6. *L'Article 23*, coproduction de Claude Dorge et de David Arnason, présentée en 1985 au «Cercle Molière» et au «Prairie Theater Exchange».

7. *Avant que les autres le fassent*, coproduction de Claude Dorge, de Vincent Dureault et de Daniel Tougas, présentée en 1987.

8. Selon le témoignage de l'auteur, 80 % de la matière de la pièce provient de cette documentation.

9. Le simple choix d'un épisode dramatique, aux contours spatio-temporels clairement identifiés, et dont les moindres détails sont fortement ancrés dans la mémoire collective du public, oriente la pièce dans le sens d'une cérémonie de reconnaissance communautaire.

10. Roland Stringer, «La SFM gagne de nouveaux membres?...», *La Liberté*, vol. 71, n⁰ 44, 15 février 1985, p. 5.

LE PÈRE ÉMILE PETITOT ET L'ORIGINE DES PEUPLES D'AMÉRIQUE : POLYGÉNISME OU MONOGÉNISME

Gilles Cadrin
Université de l'Alberta (Edmonton)

Dès leur arrivée sur les terres d'Amérique, les explorateurs, les voyageurs et les missionnaires ont cherché à connaître l'origine des populations qu'ils rencontraient sur les lieux de leurs découvertes. Quand et comment ces populations s'étaient-elles implantées dans le Nouveau Monde? À quelle lignée des fils de Noé se rattachaient-elles? À celle de Japhet, de Sem ou à celle de Cham? Ces populations ne pouvaient-elles pas être d'origine préadamique? Au XVIIIᵉ siècle, Voltaire n'avait-il pas encore élargi le débat, en suggérant que les Indiens d'Amérique formaient possiblement un peuple à part lorsqu'il avait demandé dans sa célèbre boutade : « Du moment que Dieu a pu créer des mouches en Amérique, pourquoi n'aurait-il pas pu y créer des hommes? » Telles sont certaines des questions que les savants reprendront jusqu'au XXᵉ siècle, avant que les sciences de l'anthropologie, de la géographie, de l'archéologie et de la paléontologie démontrent d'une façon plausible que les peuples d'Amérique sont venus de l'Asie, il y a plus de 35 000 ans.

Le Père Émile Petitot, missionnaire de la congrégation des Oblats de Marie Immaculée, est un de ces savants qui se sont intéressés à la question de l'origine des peuples d'Amérique et qui sont entrés dans le débat de son époque pour présenter leurs théories en réponse aux partisans du polygénisme. La science moderne en a réfuté plusieurs, mais elle a reconnu celles qui confirment que les Indiens et les Esquimaux (peuplades d'Amérique) se rattachent à la souche commune de l'humanité. De son vivant, le Père Petitot a été combattu, mais il a aussi reçu de grands honneurs : aujourd'hui, il est presque oublié même si le gouvernement canadien, en 1975, a fait élever une plaque à Mareuil-lès-Meaux, en France, pour commémorer sa contribution scientifique et missionnaire. Ainsi, pour mieux apprécier l'oeuvre de ce missionnaire du Grand Nord canadien, nous le présenterons comme religieux et savant, nous verrons quelles sont les critiques qu'il adresse à ses devanciers et à ses contemporains et nous montrerons enfin sur quoi se fondent ses théories.

Le Père Émile Petitot naquit à Grancey-le-Château (Côte d'Or), en France. Après des études au petit séminaire du Sacré-Coeur à Marseille, il entra dans la congrégation des Oblats de Marie Immaculée en 1860 et il fut ordonné prêtre en 1862[1]. Deux semaines plus tard, il partit pour le Canada à la suite de Mgr Taché, évêque de Saint-Boniface, qui était venu en France chercher des prêtres afin de répondre aux besoins croissants de son immense diocèse. Arrivé à Montréal, il prit quelques jours pour s'initier à l'Amérique et il se mit en route vers Saint-Boniface. Ce long voyage lui offrit ses premiers contacts avec les Indiens. Sa réaction ne fut pas des plus positives : l'Indien lui faisait peur[2]. Il constata aussi à quel point le Canada et surtout les États-Unis avaient étendu rapidement la civilisation sur leurs territoires. S'il en était fasciné, le savant plus tard s'insurgera contre ce progrès qui était en train de détruire les Indiens et leur milieu, champ dans lequel le missionnaire et le chercheur devaient aller cueillir les réponses à la question de l'origine des peuples d'Amérique. (*Missions* 1865, p. 484-486)

À cause du besoin pressant de missionnaires, le Père Émile Petitot passa très peu de temps à Saint-Boniface pour se préparer à son nouveau rôle. Il partit le 8 juin vers le Grand Nord, croyant, selon son voeu le plus cher, qu'il pourrait aller oeuvrer auprès des Esquimaux du Mackenzie, population qui n'avait pas encore accueilli de missionnaires, même si le Père Henri Grollier s'était déjà aventuré sur leur territoire. Cependant, au lieu de l'envoyer à Good Hope, Mgr Vital-Justin Grandin décida de l'initier au Grand Nord et à ses populations, en le retenant plus au sud; d'abord à la mission de la Providence, du mois d'août 1862 à mars 1863, et ensuite à la mission Saint-Joseph sur l'île de l'Orignal, dans le Grand Lac des Esclaves, jusqu'en août 1864.

Ces deux premières obédiences s'avérèrent très profitables pour le Père Petitot. D'abord, en moins de cinq mois, il avait réussi à maîtriser si bien la langue qu'il pouvait prêcher en montagnais (chipewyan)[3]. De plus, ces premiers séjours dans le Nord l'initièrent, non seulement à sa vocation de missionnaire, mais lui permirent de cultiver ses talents de linguiste, d'ethnologue, de géographe et de peintre. En effet, dans la solitude de la vie de missionnaire, il consacrait ses temps libres à l'étude des langues déné, à l'exploration et à la visite des diverses tribus de la région du Grand Lac des Esclaves. Partout où il voyageait, il faisait des relevés géographiques et géologiques. (*Missions* 1867, p. 382-383 et 388-389) Il notait constamment les moeurs et les coutumes des tribus déné et il enregistrait les données de leurs langues. Cette cueillette lui permit de publier, en 1876, son *Dictionnaire de la langue Dènè-Dindjié*[4] portant sur les dialectes des Montagnais (Chipewyan), des Peaux-de-Lièvres et des Loucheux (Kutchin).

Pourtant, ce qui jouera un rôle très important dans l'orientation des recherches futures du Père Petitot, c'est l'initiation au monde des légendes et des contes des Déné Couteaux-Jaunes que lui offrit un vieux conteur aveugle nommé Ekhounelyel[5]. Pendant de longues heures, le missionnaire enregistrait, par écrit, des légendes qu'il donnait ensuite comme sujet de version à Marie Pépin, la fille aînée de son serviteur. Conscient de la valeur du témoignage de ces contes et légendes, Petitot en poursuivit la cueillette pendant tout son séjour au Canada. De retour en France, il les publia sous le titre de *Traditions indiennes du Canada Nord-Ouest*[6]. Dans la préface, il mentionne que ce recueil représente vingt années de cueillette chez les Inuit, les Déné, les Cris et les Pieds-Noirs du sud de l'Alberta, et il précise qu'il avait conçu ce projet dans « le but persévérant et avoué de découvrir les origines américaines[7] ».

Cette remarque indique bien que Petitot était conscient que le rôle du missionnaire ne s'arrêtait pas à l'évangélisation. Il a d'ailleurs évoqué à plusieurs reprises la dimension scientifique de la mission qu'il s'était tracée. Ainsi, parlant de ses travaux de géographie, il affirmait :

> Ne considérant pas les études scientifiques comme incompatibles avec des occupations d'un ordre spirituel, mais les regardant plutôt comme leur complément, je me suis appliqué, pendant plus de douze ans que j'ai vécu sous le climat glacé du cercle polaire ou dans la contrée environnante, à réunir successivement, à la suite des longs et fréquents voyages que j'ai été amené à y faire, les éléments géographiques dont le manque se fait sentir sur la carte. (*Missions* 1875, p. 149)

Convaincu de la dualité de son rôle, en plus de fournir aux sociétés géographiques de Londres et de Paris des descriptions du Grand Nord, Petitot était donc entré dans un des grands débats scientifiques de l'époque, celui de l'origine des peuples d'Amérique. Il allait ainsi offrir à la science le fruit de ses recherches et s'attaquer aux penseurs matérialistes ou positivistes qui, par leurs « théories impies », remettaient en cause l'unité de la race humaine et, par conséquent, la validité des Écritures saintes.

Sa première intervention, dans une lettre au supérieur des Oblats, est remplie d'hésitations, mais elle remet en cause la thèse de l'autochtonie des Indiens, thèse à laquelle Petitot semble avoir adhéré à son arrivée en Amérique. Ce revirement de position se manifestait après un an de séjour dans le Nord auprès des Montagnais (Chipewyan). Il avait noté qu'au physique ceux-ci ressemblaient aux Européens et que, dans leurs traditions orales, il pouvait percevoir quelques souvenirs du déluge, de Noé, de l'arche, de Babel et de la confusion des langues. De plus, ne trouvant pas chez eux la croyance en un bon et un mauvais Manitou, Petitot entrevit dès lors la possibilité d'attribuer une origine asiatique à cette tribu particulière :

> Cette divergence de traditions qui existe entre les Montagnais et les autres Peaux-Rouges situés plus au sud, divergence qui est totale dans la langue et les habitudes me porte à croire que les Montagnais sont une race à part, et que toutes les nations du Nord-Amérique ne sont pas autochtones. Je serais bien aise d'avoir avec moi quelques rudiments de langue hébraïque ou syriaque. Avec le peu que je sais de la langue montagnaise et ce que le bon Dieu me donnera d'en connaître, s'il me prête vie, qui sait si on ne pourrait pas faire de curieuses découvertes sur l'origine de ces peuples? (*Missions* 1867, p. 370-371)

La poursuite de ses visites auprès de différentes tribus indiennes du Nord et ses brèves rencontres avec les Esquimaux allaient lui permettre de faire de « curieuses découvertes » qu'il présenta en 1865 dans son « Étude sur la nation montagnaise ». (*Missions* 1867, p. 484-547) Dans ce travail, il réitère sa croyance à l'existence du rapport entre la culture montagnaise et celle des Juifs. Il note des similitudes au niveau des traditions, des croyances et des prescriptions. Parlant de la religion montagnaise, il constate qu'elle « consiste en un fétichisme grossier » qu'il caractérise de fétichisme juif « parce qu'il se trouve mêlé à des traditions et à des prescriptions qui ont évidemment une origine judaïque ». (*Missions* 1867, p. 505-506) En somme, Petitot relève de nombreux parallèles entre les Montagnais et les Juifs, mais il n'ose pas encore affirmer catégoriquement qu'un lien ferme existe entre ces deux groupes. Il y a un obstacle majeur : c'est que l'interprétation de la création du monde offerte dans les légendes des Montagnais ne fait aucune allusion à un Dieu créateur. (*Missions* 1867, p. 513)

Pourtant, en dépit de ses doutes, le missionnaire se croit en mesure de s'attaquer aux principales hypothèses émises avant lui ou par ses contemporains. Il s'oppose à Génébrard et à Thévet qui font des peuples américains les restes des tribus amenées en Assyrie par Salmanazar, en 721 avant Jésus-Christ. Il s'oppose aussi aux opinions émises par Mayhew, Elliot, William, Gomara, de Lery et Lescarbot qui en font les descendants des Chananéens chassés par Josué et les Hébreux qui, délivrés de l'Égypte, s'emparaient de la Judée, la Terre Promise, vers le milieu du XIIIe siècle avant Jésus-Christ. Il n'est pas non plus d'accord avec Thomas Jefferson, le Père Charlevoix et bien d'autres qui ont vu dans les Peaux-Rouges des Tartares ou des Scythes. Enfin, il n'accepte pas qu'on lie les peuples d'Amérique aux Éthiopiens, aux Phéniciens, aux Scandinaves, aux Chinois ou encore aux Gaulois. S'appuyant alors sur les croyances et les pratiques observées chez les Montagnais, il avance l'hypothèse suivante : « Ces traditions et les prescriptions judaïques encore en honneur dans la nation montagnaise, nous inclinent à la croire de race juive et occupant le pays depuis une époque très éloignée, mais postérieure à la captivité de Babylone. » (*Missions* 1867, p. 529)

Pourquoi Petitot a-t-il choisi cette période précise de l'histoire biblique pour y rattacher l'origine de la famille montagnaise? La raison n'est pas claire et il semble n'avoir expliqué nulle part le fondement de cette hypothèse. Il faut donc conclure que Petitot a choisi la période postérieure à la captivité de Babylone, parce qu'elle coïncide avec le retour des Juifs en Judée, après leur libération par le roi Cyrus, en 538. Pendant cette période, un grand nombre d'entre eux se sont répandus à travers le monde d'alors.

Évidemment, l'hypothèse que présentait Petitot a été détruite par les découvertes de la science moderne. Mais, en fin de compte, la science lui a donné raison sur le point principal qu'il soutenait : l'unité de la race humaine. C'est pourquoi, convaincu du bien-fondé de cette théorie, il s'est attaqué violemment à ses devanciers et à ses contemporains américains. C'est à la lumière de ces attaques que l'on peut mieux interpréter le point de vue et le parti pris de Petitot.

Parmi les Américains auxquels il s'en prend, il faut noter Schoolcrafft, Horn, et tout particulièrement Pierre-Étienne Du Ponceau et Albert Gallatin, ces deux derniers étant des hommes d'État d'origine française, amateurs de philologie et d'ethnologie. Petitot leur reproche de voir « dans les Américains une race distincte, du cap Horn aux confins des États-Unis, et qui a peuplé les deux Amériques depuis la dispersion de Babel ». (*Missions* 1867, p. 518) Or en étudiant les textes de Du Ponceau et de Gallatin, on se rend compte que ni l'un ni l'autre ne suggèrent que les peuples d'Amérique ne se rattachent pas à la souche commune de l'humanité. Du Ponceau parle plutôt de l'organisation des langues des Indiens qui est tout à fait différente de celle des autres langues du monde. Ces particularités sont, comme le rapporte Mary R. Haas, « those comprehensive grammatical forms which appear to prevail with little variation among the aboriginal natives of America from Greenland to Cape Horn[8] ».

Ce trait caractéristique de toutes les langues d'Amérique, soutient Du Ponceau, c'est qu'elles sont polysynthétiques, c'est-à-dire que les éléments d'une phrase sont agglutinés de sorte qu'un mot résume plusieurs idées. En réalité, Du Ponceau ne cherchait pas à nier le lien commun de tous les humains, mais bien à décrire le système des langues américaines et à montrer que leur organisation diffère des langues de l'Ancien Monde[9]. Ainsi, comme il avait déclaré en 1819 que son étude des langues jusqu'à ce point n'avait pas eu pour but de découvrir l'origine des Indiens, mais bien de faire avancer la connaissance de l'Homme[10], il refusait de croire que par l'étude de l'étymologie on puisse remonter aux langues souches de l'humanité[11]. Or Petitot croyait en cette possibilité et se faisait un devoir de la réaliser.

En ce qui a trait à Gallatin, la critique de Petitot relève en partie de la même erreur d'interprétation. En effet, à la demande du baron Alexandre de Humboldt, Gallatin avait fourni, en 1823, une classification des familles indiennes en fonction de leurs langues[12]. Par la suite, il avait continué à recueillir des données linguistiques par tous les moyens, entre autres, en faisant circuler par le ministère de la Guerre une liste de mots et de phrases en vue d'en obtenir l'équivalent dans les diverses langues des tribus d'Amérique[13]. À la lumière de ces nouvelles données, Gallatin notait, en 1836, qu'il était d'accord avec les théories de Du Ponceau :

> The result appears to confirm the opinions already entertained on that subject by Mr. Du Ponceau, Mr. Pickering, and others; and to prove that all the languages, not only of our own Indians, but of the native inhabitants of

America from the Arctic ocean to Cape Horn, have, as far as they have been investigated, a distinct character common to all, and apparently differing from any of those of the other continent, with which we are most familiar[14].

Gallatin appelle ce trait caractéristique des langues indiennes, le phénomène d'agglutination. Il est donc évident qu'il ne cherchait nullement à nier l'origine commune de la race humaine. Cependant, il offrait une hypothèse sur l'arrivée des Indiens en Amérique que Petitot ne pouvait pas accepter. Voici ce que Gallatin prétendait :

Counteracting causes must have occasionally impeded the progress of erratic wanderers. But, after making every proper allowance, I cannot see any possible reason that should have prevented those, who after the dispersion of mankind moved towards the east and northeast, from having reached the extremities of Asia, and passed over to America, within five hundred years after the flood[15].

Cherchant à expliquer le nombre des Indiens en Amérique et la diversité de leurs langues en fonction du rythme de reproduction et de migration, et en fonction aussi de la chronologie biblique traditionnelle du XIXe siècle, Gallatin soutient en somme que l'arrivée des humains en Amérique remonte à cinq cents ans après la confusion des langues à Babel. Ceci implique donc que les ancêtres des Indiens ne sont pas entrés en contact avec la civilisation hébraïque, monothéiste, car il soutient de plus que les premiers habitants sont arrivés à l'état sauvage, que certains groupes sont restés à l'état sauvage, tandis que certains peuples du Mexique et du Pérou sont passés de la vie de chasseurs à celle d'agriculteurs et qu'ils ont ainsi accédé au rang de nations semi-civilisées[16]. En somme, Gallatin s'inscrit dans le courant des penseurs américains qui veulent montrer l'originalité de l'homme américain, en l'émancipant culturellement et spirituellement de l'Ancien Monde. Malheureusement, Petitot a vu dans l'oeuvre des penseurs mentionnés l'influence des rationalistes et des matérialistes modernes qui remettaient en cause les données de la Bible.

Comme Petitot n'acceptait pas les conclusions des savants matérialistes, il s'en prenait à leurs méthodes de recherche. Là-dessus, il n'épargna ni les Américains ni les Européens. À son avis, ceux qu'il appelle les « savants du coin du feu » et des « chemins de fer » ou encore les « savants de cabinets » (*Missions* 1867, p. 485-486) sont coupables de n'être pas allés cueillir les secrets que l'avance de la civilisation risquait d'ensevelir à tout jamais. En somme, Petitot leur reproche de ne pas avoir étudié en profondeur les langues et les traditions des peuplades américaines qu'il perçoit comme la seule bibliothèque qui livrerait le secret de l'origine des Indiens. Donc, les critiques de Petitot doivent être comprises comme une invitation à ne plus faire de l'histoire une muse, mais plutôt à compulser l'histoire des Peaux-Rouges avec les traditions des peuples asiatiques ou avec la Bible. (*Missions* 1867, p. 518)

En dépit de la fermeté de ses critiques, le missionnaire hésita pendant longtemps à soutenir de façon catégorique la thèse de l'origine hébraïque des Peaux-Rouges. Mais, après douze années passées dans le Grand Nord, Petitot avait acquis assez de certitude sur l'origine des Esquimaux et des Indiens pour s'opposer publiquement aux partisans de l'autochtonie des peuples d'Amérique. En 1875, l'occasion se présenta lorsque, de retour en France pour faire publier ses dictionnaires, il s'arrêta à Nancy au Congrès international des Américanistes. Avec le Père Émile Grouard, il écouta les exposés et il se rendit vite compte que la plupart des savants cherchaient par leur intervention à démontrer l'autochtonie des peuples d'Amérique. Il demanda alors la parole et pria le bureau de ne pas conclure, promettant de revenir avec des documents le lendemain, si on lui en accordait la possibilité. Ce fut fait et, par ses arguments, il réussit à démontrer que les Indiens et les Esquimaux n'avaient pas poussé en Amérique comme des champignons, mais qu'ils étaient originaires de l'Asie. (*Missions* 1875, p. 387-409)

Petitot connaissait, ce jour-là, un moment de gloire. Le chercheur qui avait sillonné le Grand Nord et qui avait pénétré le monde de l'Indien et de l'Esquimau remportait la victoire sur les « savants de cabinet ». Cette victoire, c'était celle du savant sur ceux qu'il considérait comme les poètes de la science, mais c'était surtout la victoire de l'Église sur les rationalistes et les positivistes. La presse française en fit état avec éclat car, dans l'ensemble, les arguments présentés par le missionnaire apparaissaient comme irréfutables.

Aujourd'hui, même si plusieurs des théories de Petitot font sourire, il faut s'arrêter à sa thèse centrale, l'origine asiatique des peuples d'Amérique, et voir comment il l'a étayée par des arguments tirés de ses observations sur le terrain, observations qui sont analysées à la lumière de la Bible et des connaissances de son époque.

Petitot puise un de ses arguments dans le rapport entre les langues d'Amérique et celles de l'Asie. Ce rapprochement, il le découvrit peu après avoir complété son « Étude sur la nation montagnaise ». Il confia alors au supérieur général qu'il venait de faire une découverte singulière qui le confirmait dans la « douce illusion que ces peuples pourraient bien être de race juive. » (*Missions* 1870, p. 271) Cette découverte, c'est le rôle des voyelles dans la création des divers dialectes à l'intérieur de la famille déné. Comme il l'explique dans l'avant-propos de son *Dictionnaire de la langue Dènè-Dindjié* : « ... les variantes consistent dans la mutation des voyelles, tandis que les consonnes demeurent invariables comme dans les dialectes araméens ou sémitiques[17] ». Ainsi le mot « terre » en montagnais se dit « ni », en esclave, « né » et en loucheux, « nan ».

Ce phénomène de mutation n'est pas sans évoquer le rapport qui existe entre l'hébreu et les langues des peuples voisins tels l'égyptien, le syriaque, le chaldéen, le samaritain et le phénicien, « de telle sorte, dit-il, que chacun de ces peuples pouvait, en suppléant aux voyelles manquant, lire les Saintes Écritures dans sa propre langue ». (*Missions* 1870, p. 279) Non seulement cette particularité linguistique indique-t-elle un rapport entre la formation des langues hébraïques et la formation des langues américaines, mais elle démontre, à l'encontre de la thèse de Du Ponceau, que les hommes ont traversé en Amérique possédant déjà le langage, puisque les Écritures disent que l'homme a été créé parlant et à l'image de Dieu[18]. Petitot se trouve pourtant incapable de préciser à quelle famille de langue asiatique se rattache la langue déné, mais il espère que ses preuves seront suffisantes « pour détruire l'erreur de l'*autochtonie absolue* des Américains[19] ».

Ses autres arguments en faveur de l'unité de la race humaine, Petitot les puise dans les témoignages des Déné, dans leurs légendes et coutumes, et dans leurs traditions. Voyons d'abord les témoignages.

Un de ces témoignages, c'est celui des Indiens Couteaux-Jaunes à qui le missionnaire avait demandé ce qu'ils savaient de leur origine. Ils lui racontèrent qu'un géant, habitant l'Ouest, leur barrait la route vers les terres désertes. Ils le tuèrent et son cadavre tomba en travers des deux terres. Il servit de pont aux rennes qui traversaient périodiquement. Comme d'autres tribus offraient le même témoignage, Petitot conclut que le géant représentait le peuple et les rennes « le flot des hordes qui se pressèrent et se succédèrent d'Asie en Amérique[20] ».

Si les Couteaux-Jaunes donnent peu de précisions, les Peaux-de-Lièvres et les Loucheux évoquent avec beaucoup de détails leur lieu d'origine et leurs conditions de vie antérieure; ils disent qu'ils étaient dominés par un peuple féroce et immoral dont les hommes, le soir, se changeaient en chiens. Dans ce pays se trouvaient quantité d'animaux qu'on ne retrouve pas dans le nord de l'Amérique, tels le serpent et le singe. Un jour, disent-ils, il se fit un mouvement de la terre qui leur permit de fuir vers l'Orient jusqu'au bord de la mer qu'ils traversèrent pour passer dans une terre déserte. Les premiers temps en cette terre nouvelle furent pénibles, mais de petits morceaux de viande tombaient du ciel tous les matins jusqu'à ce qu'ils trouvent sur place le moyen de subsister[21]. Le parallèle avec le séjour des Israélites en Égypte, leur fuite dans le désert et la manne qui tomba du ciel pour les nourrir ne pourrait pas être plus évident.

Dans tous ces détails, Petitot retient surtout les caractéristiques des ennemis des Couteaux-Jaunes. Ceux-ci sont décrits comme se rasant la tête, portant perruque et se métamorphosant en chiens. Or Petitot note que la tribu des Flancs-de-Chiens, méprisée par les Déné, tirerait son origine de l'union d'une femme avec un homme-chien. De plus, comme la croyance en une nation d'hommes-chiens est répandue de l'Égypte jusqu'en Chine, Petitot voit là des preuves certaines de l'origine asiatique des Déné[22].

Petitot tire aussi des preuves des légendes et des coutumes qui ressemblent à celles des Asiatiques et à celles des Anciens. Il note d'abord chez les Déné la croyance à la métempsycose et à la migration des âmes, parce qu'ils prétendent que les enfants qui naissent avec une ou deux dents sont des enfants ressuscités ou réincarnés. Les Déné croient même que leurs morts peuvent renaître métamorphosés en caribou, en ours ou en élan. Sur ce, Petitot interroge son lecteur : « ... cette doctrine vieille comme le monde, partagée par les Celtes comme par les Égyptiens, et qui fut importée jusqu'aux extrémités de l'Asie par le philosophe Lao-Tsé, à son retour de la terre des Pharaons, comment est-elle parvenue en Amérique si ce n'est par l'Asie[23] ».

Que conclure aussi du grand respect que les Déné ont pour le boeuf musqué et de la prétendue valeur médicinale de la bouse de vache? En plus des liens avec les Hindous, Petitot suggère des rapports avec les Chinois, les Malgaches, les Grecs et les Arabes : la façon dont les Déné perçoivent le tonnerre se rattache à l'image de l'oiseau de Jupiter; la façon dont ils traitent les morts les lie aux Égyptiens; leur croyance en l'immortalité de l'âme les rapproche des Grecs et des Latins; enfin leur façon de voir le premier couple les identifie à la pensée arabe. En somme, toutes ces corrélations sont des preuves, selon Petitot, qui s'opposent à la thèse de l'autochtonie des peuples d'Amérique[24].

Il reste, pour terminer, les preuves à partir des traditions et des observances se rapportant soit à la loi naturelle soit à la loi mosaïque. Comme nous l'avons mentionné plus haut, c'est ce rapport qui éveilla la curiosité de Petitot. Il renonça alors à la thèse de l'autochtonie des Indiens car, dans les légendes des Déné, en dépit du cadre particulier où se situent les événements, il retrouvait des récits de la création du monde, de la chute de l'homme, de sa rédemption, du déluge... Aussi il se rendait compte que les prescriptions et les interdits de la loi mosaïque étaient observés presque à la lettre. Par exemple, il notait que le Montagnais recueillait le sang de l'animal tué et l'apportait à une certaine distance pour l'enterrer ou le couvrir de neige comme le prescrit le Lévitique : « Quiconque aura pris à la chasse une bête sauvage... qu'il répande son sang et le couvre de terre. » (*Missions* 1867, p. 514) Le Montagnais suivait aussi les prescriptions judaïques en ce qui a trait à la femme qui relève de couches, au traitement des morts et à de nombreuses autres pratiques telles que la confession des fautes, le jeûne, l'exorcisation. Enfin, Petitot affirmait que certaines tribus circoncisaient les enfants mâles quelques jours après leur naissance. En vertu de toutes ces preuves, il lui semblait impossible de douter du lien entre les Asiatiques et les peuples d'Amérique. S'opposer à la doctrine du monogénisme était à ses yeux faire acte de mauvaise foi. En somme, grâce à toutes ces preuves, les vérités de la foi étaient sauves.

Lorsque le Père Émile Petitot a quitté son pays pour faire oeuvre de missionnaire, il ne soupçonnait pas qu'il se découvrirait une autre vocation, celle de défenseur de la foi. Bien qu'il n'ait pas été préparé à cette mission et que les moyens à sa disposition fussent très rudimentaires, il est entré dans le débat portant sur l'origine des peuples américains, convaincu que sa contribution scientifique faisait partie intégrante de l'oeuvre missionnaire.

Ses écrits ne sont plus retenus par le monde des sciences, car ils ont été dépassés par les travaux de chercheurs appuyés par des moyens combien plus nombreux qu'au temps des premiers missionnaires. Ils soutiennent ce que plusieurs soupçonnaient déjà. Mais ils ont le mérite d'offrir un regard qui se fonde sur la compréhension et la connaissance des peuples à l'état quasi original auprès desquels le missionnaire oeuvrait. Aujourd'hui, son oeuvre prend un sens nouveau et revient à l'honneur. Les Amérindiens et les Esquimaux du Canada, à la recherche de leur identité que la civilisation blanche a profondément transformée, redécouvrent dans l'oeuvre du Père Petitot l'héritage culturel légué par leurs ancêtres.

NOTES

1. Donat Savoie, (éd.), *Les Amérindiens du Nord-Ouest canadien au XIXe siècle selon Émile Petitot*, vol. 1 : *Les Esquimaux Tchiglit*, Ottawa, ministère des Affaires indiennes et du Nord canadien, 1970, p. 37.

2. *Missions de la congrégation des Missionnaires Oblats de Marie Immaculée*, Paris, Hennuyer, 1863, p. 205, p. 209. La revue des Oblats sera désignée dorénavant par *Missions* et l'année de publication.

3. Émile Petitot, *Autour du Grand Lac des Esclaves*, Paris, Albert Savine, 1891, p. 49-50.

4. Paris, Ernest Leroux, 1876.

5. Émile Petitot, *op. cit.*, p. 49-50.

6. Émile Petitot, *Traditions indiennes du Canada Nord-Ouest*, réimpression [première éd.,

1886] Paris, G.-P. Maisonneuve & Larose, coll. «Les littératures populaires de toutes les nations», 1967, t. XXIII.

7. *Ibid.*, p. III.

8. Mary R. Haas, «Grammar or Lexicon? The American Indian Side of the Question from Du Ponceau to Powell», *International Journal of American Linguistics*, 35 (3), July 1969, p. 240.

9. Peter P. Pratt, «Peter Du Ponceau's Contributions to Anthropology», *Ethnohistory*, 18 (2), Spring 1971, p. 150. Ce qui suit démontre bien que Petitot n'avait pas approfondi la pensée de Du Ponceau : «Perhaps the greatest value of the classification was to show that the American Indians had their closest affiliations with Asiatic tongues. This finding, even

though not well documented, supported the view that the American Indians had entered the New World from Asia and that it was unlikely that they could be displaced Welsh, Irish of other Europeans, as some believed. It did not rule the possibility, however, that Indians could be descended from the Last Tribes of Israel. Indeed, Du Ponceau noted that Hebrew contained some parallels in construction, and he called for an orientalist to study these similarities.» p. 152.

10. Murphy D. Smith, «Peter Stephen Du Ponceau and his Study of Languages. A Historical Account», *American Philosophical Society* 127 (3), 1983, p. 152.

11. *Ibid.*, p. 157.

12. Albert Gallatin, «A Synopsis of the Indian Tribes of North America», *Transactions and Collections of the American Antiquarian Society*, Vol. 2, 1836, p. 1.

13. *Ibid.*, p. 1.

14. *Ibid.*, p. 5-6.

15. Albert Gallatin, «Notes on the Semi-Civilized Nations of Mexico, Yucatan, and Central America», *Transactions of the American Ethnological Society*, Vol. 1, 1845, réimpression, Millwood/New York, Kraus Reprint, 1976, p. 179.

16. *Ibid.*, p. 174-214; Gallatin, «A Synopsis...», *op. cit.*, p. 6-7.

17. Émile Petitot, *Dictionnaire de la langue Dènè-Dindjié*, Paris, Ernest Leroux, 1876, p. XIII.

18. *Ibid.*, p. XII.

19. *Ibid.*, p. XVII (l'italique est de l'auteur).

20. *Ibid.*, p. XXVII.

21. *Ibid.*, p. XXVIII.

22. *Ibid.*, p. XXVII-XXX.

23. *Ibid.*, p. XXX.

24. *Ibid.*, p. XXX-XXXIII.

HUBERT GUINDON ET L'ANALYSE DU CANADA FRANÇAIS

Claude Couture
Université de l'Alberta (Edmonton)

La réédition, en 1990, par les Éditions Saint-Martin, des principaux articles du sociologue Hubert Guindon a été l'un des événements intellectuels les plus importants des dernières années pour le Canada français[1]. L'ironie de l'histoire a aussi voulu que cette publication des oeuvres du prophète de l'éradication de la bureaucratie catholique au Québec et du pourfendeur des politiques du bilinguisme soit concomitante aux événements ponctuant l'échec de l'Accord du lac Meech.

Publiée d'abord en anglais (University of Toronto Press) en 1988, cette collection des articles de Guindon permet de suivre à la trace une oeuvre peu abondante, mais qui fut et est encore très influente dans la sociographie sur le Canada français. Dans cet article, il ne sera évidemment pas question de contester cette influence. Cependant, trente ans après la parution du *magnum opus* de Guindon (« Réexamen de l'évolution sociale du Québec »), la littérature occidentale en sciences sociales s'est énormément enrichie et un « réexamen » de certains concepts et angles d'analyse utilisés par Guindon peut être, à tout le moins, intéressant. Nous nous proposons donc de résumer les principaux arguments de Guindon concernant la signification de la Révolution tranquille au Québec et de montrer comment cette analyse a été articulée à partir des mêmes concepts clés qui seront utilisés par la suite pour prédire la disparition inévitable des Canadiens français hors-Québec; ensuite de revenir au coeur même de la théorie utilisée par Guindon pour expliquer la relation entre la tradition et la modernité; puis de démontrer comment une interprétation erronée sur le Québec d'avant 1960 peut aussi conduire à une compréhension tout aussi contestable de la situation des francophones à l'extérieur du Québec.

La Révolution tranquille vue par Hubert Guindon

Le « réexamen de l'évolution sociale du Québec » publié par Guindon en novembre 1960[2] était un plaidoyer pour la défense des thèses de Léon Gérin[3] et des sociologues de l'École de Chicago[4] sur la société rurale canadienne-française. Cette plaidoirie avait été motivée par les attaques du sociologue Philippe Garigue[5] contre les explications concernant le caractère traditionnel (« folk ») et rural du Canada français depuis la Conquête de

1760. S'inscrivant, au contraire des prétentions de Garigue, dans la lignée des travaux de Gérin, Miner et Hughes, l'analyse de Guindon fut remarquable en raison de sa conclusion. L'auteur y prédisait en effet, dès 1960, la disparition de l'influence bureaucratique de l'Église au Québec, phénomène qui se concrétisa par la suite.

La critique de Garigue portait sur trois principaux aspects. Premièrement, les sociologues de l'École de Chicago qui ont étudié le Canada français en le décrivant comme une « folk society » ont péché par ignorance de l'histoire de cette société. Deuxièmement, leur construction analytique reposait sur les idées du premier sociologue canadien-français, Léon Gérin, au sujet du Québec rural. Or Gérin lui-même aurait méconnu l'histoire du Canada français. Enfin, toujours selon Garigue, il n'y avait aucun conflit entre la société rurale canadienne-française et la société industrielle environnante pour la simple et unique raison que le Canada français avait déjà dans sa culture des « éléments nécessaires à une urbanisation massive[6] ».

L'argument à propos de l'ignorance de l'histoire était d'autant irrecevable, a soutenu Guindon, que ce fut justement en raison de leur excellente connaissance de l'histoire du Canada français que Gérin, Hughes et Miner ont développé leurs thèses sur la société rurale. Plus précisément, ces auteurs n'ont jamais soutenu que le Canada français avait *toujours* été rural[7], mais bien qu'il l'était devenu à la suite de la Conquête. La disparition de la bourgeoisie française entraîna, après 1760, le passage d'une société féodale marchande à une société rurale dominée par l'Église. L'institution essentielle de cette organisation sociale rurale était la paroisse, lieu privilégié de la reproduction des élites et de la domination de l'Église[8]. La stratégie économique était d'assurer la « subsistance[9] » de la famille et de léguer à l'aîné la terre afin de perpétuer le contrôle familial. Les excédents de la population rurale exclus par ce système de transmission de la terre devinrent une source de main-d'oeuvre abondante pour les capitalistes de la fin du XIXe siècle. D'où la contradiction fondamentale, selon Guindon et les sociologues de Chicago, de la société rurale canadienne-française : avec l'explosion démographique du XIXe siècle, les marginalisés de la société rurale devenaient de plus en plus dépendants d'un monde industriel « étranger », dominé par des capitalistes anglo-saxons. Cette dépendance alimentait les craintes de l'Église déjà affolée par les mouvements libéraux et nationaux sur le continent européen qui risquaient de se propager au Canada français. Pour répondre à cette double menace, l'Église mit tout en oeuvre pour renforcer son contrôle idéologique et social et ce, même si l'industrialisation érodait les bases de la société rurale qu'elle dominait. Ainsi, à partir de la fin du XVIIIe siècle et jusqu'au milieu du XXe siècle, la société canadienne-française fut bel et bien, selon Guindon, une société rurale dominée par l'Église, mais de plus en plus bousculée par la poussée irrésistible du monde industriel. La question fondamentale posée par Hughes était donc tout à fait pertinente : « Comment l'industrialisation allait-elle se mêler et se fondre aux institutions d'une organisation sociale essentiellement rurale?[10] » La première moitié du XXe siècle québécois, continue Guindon, fut marquée par cette tension entre la société rurale et la société industrielle. Le paradoxe fut que l'Église, afin de mieux résister, créa une bureaucratie dans les affaires sociales et l'éducation qui favorisa son déclin. Tel fut l'apport original de Guindon qui montra que l'Église contribua elle-même à créer cette « nouvelle classe moyenne » qui allait revendiquer dans les années 1960 son remplacement par l'État.

Quelques années plus tard[11], Guindon analysait d'un oeil très pessimiste la situation des Canadiens français à l'extérieur du Québec. Le raisonnement procédait également de cette opposition globale entre la société rurale et la société urbaine. La survivance était possible pour les Canadiens français hors-Québec tant qu'ils demeuraient isolés dans des communautés rurales dominées par l'Église. L'intégration dans des communautés urbaines anglophones ne pouvait qu'entraîner une individualisation menant directement à l'assimilation. Étant privés des ressources dont dispose le Québec, les Canadiens français ne peuvent donc survivre à une modernisation qui rend impossible la culture française dans un contexte urbain anglophone.

La théorie de la modernisation

La vision de l'École de Chicago s'imposa dans les années 1960 et la contestation de Garigue resta marginale. Il faut aussi comprendre que cette interprétation du Canada français rural cadrait parfaitement avec les théories dominantes de la sociologie américaine, surtout à partir des années 1950. Et même si Horace Miner se détacha plus tard des interprétations généralisantes de son directeur de thèse Robert Redfield sur la « folk society » canadienne-française[12], il n'en demeure pas moins qu'il continua à revendiquer un héritage structuro-fonctionnaliste, associé d'abord au sociologue Radcliffe-Brown, puis à Talcott Parsons.

Au cours de l'entre-deux-guerres, la sociologie américaine a été beaucoup associée à l'École de Chicago. Or cette école de sociologues de l'Université de Chicago était un regroupement disparate d'universitaires nullement unis par une solide théorie commune. Ce qui unissait plutôt ces chercheurs était une méfiance envers la théorie et un engouement pour l'empirisme. Pourtant, ces sociologues partageaient avec Durkheim une passion identique pour l'émergence des sociétés modernes, industrialisées et urbaines. L'un des maîtres de l'École de Chicago, Robert Redfield, élabora le concept de « société paysanne » traditionnelle par opposition aux sociétés modernes.

Or cette préoccupation pour l'opposition entre la tradition des sociétés paysannes et la modernité des sociétés industrielles revint dans la sociologie américaine des années 1940 et 1950 avec les travaux de Talcott Parsons. Cependant, Parsons, très influencé par l'oeuvre de Durkheim, a constamment cherché à parfaire une théorie sociologique de l'action sociale[13] indispensable à ses yeux pour faire de cette discipline une vraie science.

Curieusement, toutefois, la fascination qu'a également exercée sur Parsons l'avènement des sociétés modernes l'a entraîné dans des énoncés très proches de ceux de Redfield sur l'opposition société paysanne — société industrielle. Déjà, Durkheim, dans *La Division du travail social*[14], avait proposé de faire la distinction entre les sociétés à solidarité mécanique et les sociétés à solidarité organique. La première forme de solidarité était celle des sociétés archaïques dominées par les sentiments collectifs et non individuels. Au contraire, dans les sociétés à solidarité organique, la différenciation est profondément marquée et l'individualisme règne, comme dans les sociétés urbaines et industrielles. Ainsi que l'a fait remarquer Robert Nisbet[15], Durkheim et plusieurs autres sociologues s'inquiétaient de cette tendance et de la disparition du sens communautaire. À cette opposition entre les sociétés à solidarité mécanique et celles à solidarité organique, Durkheim combina l'opposition entre les sociétés segmentaires et « la division moderne du travail[16] ». Une société segmentaire est une société dans laquelle un groupe d'individus, habitant une même localité, est fortement intégré. Ainsi, cette forme de société est très proche d'une société à solidarité mécanique à cette différence qu'elle est plus étendue et constituée de « segments ».

Parsons reprit cette théorie, mais en y apportant quelques nuances. Pour Parsons, les sociétés sont divisées en quatre sous-systèmes qui correspondent chacun à une discipline[17]. La science économique décortique le « sous-système d'adaptation » alors que la science politique étudie « la poursuite des buts ». Pour leur part, la psychologie sociale et la sociologie s'intéressent respectivement à la « latence » et à la communauté sociétale. Selon Parsons, rejoignant ainsi Durkheim, plus une société est moderne, plus les sous-systèmes sont différenciés alors que l'individualisme y est dominant.

Dans le contexte canadien des années 1950, avec l'influence de Chicago et de Parsons, l'opposition, reprise par Guindon, entre une société rurale, communautaire et religieuse d'une part et, d'autre part, une société moderne et individualiste a donc paru très satisfaisante à une époque où le Canada français était encore, en apparence, dominé par l'Église et un premier ministre, Maurice Duplessis, qui avait des allures de dinosaure.

La complexité de la relation tradition-modernité

Nul doute que la Révolution tranquille a été une période de réformes importantes au Québec. L'Église a indéniablement perdu de son influence. Mais la thèse d'une société globalement rurale de la Conquête au milieu du

XXᵉ siècle est-elle satisfaisante? L'influence de l'Église a-t-elle été exclusive et unidimensionnelle?

D'abord, écartons le cas spécifique du Canada français pour examiner dans son ensemble la relation entre la tradition et la modernité. Même si Hubert Guindon n'a pas explicitement fait référence à l'oeuvre de Parsons, sa façon de poser le problème ramène à l'opposition fondamentale entre la tradition et la modernité. Or, justement, l'une des thèses les plus connues de Parsons se rapporte à l'organisation familiale[18]. Selon Parsons, en réponse aux exigences de la société industrielle, la famille était passée d'une structure étendue à une structure nucléaire. Cette théorie de la nucléarisation de la famille faisait suite aux explications de Frédéric Le Play au XIXᵉ siècle et de l'École de Chicago selon lesquelles le passage de la campagne à la ville avait entraîné la destruction des réseaux traditionnels de parenté[19]. Qu'en est-il aujourd'hui de ces thèses?

Depuis une vingtaine d'années, elles ont été fortement ébranlées, pour ne pas dire complètement détruites. Un premier travail important a été réalisé par le démographe Peter Laslett et son équipe[20]. Laslett et le Cambridge Group ont montré que la famille nucléaire était répandue en Europe de l'Ouest bien avant la Révolution industrielle. On a même soutenu l'idée que c'est parce que la famille était déjà nucléarisée que « l'industrialisation a pu décoller[21] ». Dans une autre étude, Michael Anderson a lui aussi renversé les propositions classiques de la sociologie américaine en montrant que, dans les cités cotonnières du Lancashire, à l'époque de la Révolution industrielle, le mode de vie des familles ouvrières était complexe et « étendu », regroupant parfois trois générations, alors qu'à l'origine les familles migrantes étaient nucléaires[22].

> Selon Martine Segalen :
> Vingt ans d'études sur la famille en Europe ont mis en lumière la variété des faits familiaux et leur complexité. Finies les théories globalisantes comme celle que proposait Talcott Parsons, rejetées les explications mono-causales. Un retournement de perspectives s'est simultanément instauré. La famille n'est plus un objet passif subissant les transformations économiques, sociales, culturelles, mais un lieu de stratégies et de résistances[23].

Un constat identique a été posé par Tamara K. Hareven pour les États-Unis[24]. En prenant pour exemple l'histoire de la famille, il n'est plus possible d'opposer globalement la société traditionnelle rurale à la société industrielle urbaine. La période dite de la transition, soit de la fin du XVIIIᵉ siècle jusqu'au milieu du XXᵉ siècle (c'est-à-dire jusqu'à l'avènement de la consommation de masse), semble plutôt avoir été marquée par une imbrication des deux sociétés causée par des stratégies complexes d'adaptation de la part des différents groupes d'individus. Précisons ici que même Durkheim, dans *La Division du travail social*, avait remarqué l'ambiguïté fondamentale de l'Angleterre de la fin du XIXᵉ siècle qui présentait selon lui plusieurs caractéristiques de société segmentaire à solidarité mécanique, alors que ce pays était pourtant un modèle d'industrialisation et d'urbanisation[25]. Dans le contexte occidental des années 1850 à 1950, des caractéristiques importantes des sociétés préindustrielles ont été des compléments indispensables dans la mise en place des sociétés industrielles. Point de rupture brutale, mais au contraire des stratégies d'adaptation complexes et variées. Les différentes formes d'organisation de la famille en sont un exemple éloquent et il est tout simplement dérisoire d'opposer globalement la société rurale traditionnelle à la société industrielle. Dans ce cas, comment interpréter l'histoire du Canada français?

Un « réexamen » du Canada français

L'historiographie sur la famille canadienne-française[26] a également montré la richesse des choix posés par des familles d'ouvriers montréalais à la charnière des XIXe et XXe siècles. Entre autres, Lucia Ferretti a remarqué que les ouvriers francophones de la paroisse Sainte-Brigide, à Montréal, entre 1900 et 1914, ont dû, pour faire face aux exigences de la vie urbaine, « développer des formes de solidarité entre parents et entre voisins susceptibles de les aider à compenser la faiblesse des salaires, l'incertitude de l'emploi et les limites de la charité publique et privée[27] ». En d'autres mots, ils ont adapté des stratégies de reproduction de famille élargie et/ou de « ménage » domestique étendu (location de chambres à des étrangers, par exemple) dans un contexte urbain et industriel. Dans la mesure où les mêmes phénomènes ont été observés en Europe et aux États-Unis, la persistance d'éléments propres aux sociétés « rurales » préindustrielles dans un contexte urbain et industriel n'est donc pas un trait de société exclusif au Canada français, mais bel et bien une caractéristique fondamentale des sociétés occidentales au moment de l'avènement du « monde moderne ».

D'une certaine façon, Miner, Hughes et Guindon ont eux-mêmes, dans leur démonstration, décrit la complémentarité entre la société rurale et la société industrielle. Ils ont, eux-mêmes, fait ressortir la formation d'une main-d'oeuvre, convoitée par les capitalistes, qui provenait des excédents démographiques produits par la société rurale. Et ils ont, eux-mêmes, montré que l'Église, en maintenant une certaine cohésion idéologique, en s'occupant des affaires sociales et de l'éducation à la place de l'État, a joué un rôle parfaitement compatible avec les exigences du monde industriel moderne. Enfin, ce monde capitaliste n'était pas exclusivement anglo-saxon. Des études récentes[28] ont aussi démontré qu'on a énormément négligé la présence d'une bourgeoisie d'affaires francophone très influente avant la Révolution tranquille au Québec. L'engouement pour le progrès, l'industrialisation et la propriété privée n'était pas une réalité extérieure au Canada français. Au sein même de cette société, une bourgeoisie d'affaires libérale, qui ne doit pas être confondue, comme l'a fait Guindon, avec les libéraux radicaux du XIXe siècle, a défendu des valeurs capitalistes qui sont en fait celles du Québec d'aujourd'hui.

Dans l'ensemble donc, le Québec n'a pas été une société rurale passive qui perdit sa cohésion au XXe siècle sous la pression d'un monde industriel « étranger » dont les mécanismes secrets lui échappaient. De la même façon, les Canadiens français hors-Québec ne vont pas disparaître passivement sous l'effet de l'urbanisation. Bien que leur situation soit plus précaire, la migration vers les villes ne signifie pas automatiquement l'anglicisation. Plusieurs stratégies sont possibles, permettant une étonnante résistance qui continue à défier les faramineuses statistiques sur l'assimilation[29]. Par ailleurs, cette défense est très moderne, puisqu'elle est fondée sur le principe du respect des droits fondamentaux. Sans les institutions fédérales, sans la *Charte canadienne des droits et libertés*, il sera très difficile pour les Canadiens français hors-Québec de continuer à résister. Les gains réalisés depuis 1982 dans l'éducation et la fonction publique fédérale seront tout simplement détruits par un fédéralisme asymétrique, conduisant au bilinguisme territorial ou par le projet de souveraineté du Québec.

Conclusion

L'une des conséquences de la Révolution tranquille a très certainement été de briser l'identité canadienne-française à tel point qu'aujourd'hui, les intérêts du Québec apparaissent en contradiction avec ceux des Canadiens français, ce que d'ailleurs Hubert Guindon a très bien fait ressortir dans d'autres articles.

Par contre, si ces Canadiens français continuent à appuyer le fédéralisme et la Charte de 1982, ce n'est pas en raison d'un traditionalisme passéiste, mais en étant au contraire parfaitement conscients de leurs intérêts pour l'instant divergents de ceux des élites politiques du Québec. Mais peu importe les différences de situation, que ce soit au moment de l'industrialisation à la fin du siècle dernier ou lors de la Révolution tranquille au Québec, les Québécois et les Canadiens français ne sont pas demeurés passifs face aux différents enjeux de leur époque, ce qui n'a rien à voir avec les interprétations parfois trop déterministes et fatalistes d'Hubert Guindon. Et, dans le contexte du présent débat constitutionnel, une compréhension plus nuancée de la société canadienne-française avant la Révolution tranquille au Québec pourrait peut-être favoriser un rapprochement des stratégies.

Couture

NOTES

1. Hubert Guindon, *Tradition, modernité et aspiration nationale de la société québécoise*, Montréal, Éditions Saint-Martin, 1990.

2. Pages 35-60.

3. Léon Gérin, «L'habitant de Saint-Justin», *Mémoires et comptes rendus de la Société royale du Canada*, 1898, p. 139-216.

4. Horace Miner, *St-Denis : A French-Canadian Parish*, Chicago, 1939.

5. Philippe Garigue, *Études sur le Canada français*, Montréal, 1958.

6. C'est l'expression de Guindon résumant Garigue, p. 41.

7. Ici, quelques nuances s'imposent. Horace Miner, dans une réédition de son livre en 1967, a tenu à nuancer les propos de son directeur de thèse en écrivant : «Although the author was a student of Redfield, the analysis of St.Denis was made along ethnological and structural — functional lines, strongly influenced by the teaching of A.P. Radcliffe-Brown [...]. It is in the widely quoted Introduction to the study, written by Robert Redfield, that the data from St.Denis were put into the context of peasant culture.» (p. vi)

8. Hubert Guindon, *op. cit.*, p. 47-48.

9. *Ibid.*, p. 51.

10. *Ibid.*, p. 51.

11. *Ibid.*, p. 110.

12. Voir la note 7.

13. Talcott Parsons, *The Social System*, New York, Free Press, 1951.

14. Émile Durkheim, *La Division du travail social*, Paris, 1893.

15. Robert Nisbet, *La Tradition sociologique*, Paris, PUF, 1984.

16. Raymond Aron, *Les Étapes de la pensée sociologique*, Paris, Gallimard, 1967.

17. Guy Rocher, *Talcott Parsons et la sociologie américaine*, Paris, PUF, 1972.

18. Talcott Parsons et R. Bales, *Family, Socialization and Interaction Processes*, Chicago, Free Press, 1955.

19. L. Wirth, «Urbanism as a Way of Life», *American Journal of Sociology*, 44, 1938, p. 1-24.

20. Peter Laslett et Richard Wall, *Household and Family in Past Time*, Cambridge, 1972.

21. Martine Segalen, «Sous les feux croisés de l'histoire et de l'anthropologie : la famille en Europe», *RHAF*, 39:2, automne 1985.

22. Michael Anderson, *Family Structure in Nineteenth Century*, Cambridge, 1971.

23. Martine Segalen, *op. cit.*

24. Tamara K. Hareven, «Les grands thèmes de l'histoire de la famille aux États-Unis», *RHAF*, 39:2, automne 1985.

25. Raymond Aron, *op. cit.*

26. Bettina Bradbury, «The Family Economy and Work in an Industrializing City : Montreal in the 1870's», *Société historique du Canada/Communications historiques*, 1979. Lucia Ferretti, «Mariage et cadre de vie familiale dans une paroisse ouvrière montréalaise : Sainte-Brigide, 1900-1914», *RHAF*, 39: 2, automne 1985.

27. Lucia Ferretti, *ibid.*

28. Fernande Roy, *Progrès, harmonie, liberté. Le libéralisme des milieux d'affaires francophones à Montréal au tournant du siècle*, Montréal, Boréal, 1987; Claude Couture, *Le Mythe de la modernisation du Québec*, Montréal, Éditions du Méridien, 1991.

29. Laurence Fedigan et Gratien Allaire, «Le changement linguistique et culturel et les récits de vie», *Actes du CEFCO*, automne 1990, (à paraître).

COUPS DE VENT
D'ANNETTE SAINT-PIERRE

Hubert Larocque
Université d'Ottawa

Annette Saint-Pierre, personnalité bien connue du Manitoba scolaire et culturel, aborde le roman avec *La Fille bègue* (1982), *Sans bon sang* (1987), et enfin *Coups de vent* (1990). Ces romans, publiés aux Éditions des Plaines, témoignent déjà d'une certaine continuité dans le désir d'écrire et d'un solide enracinement dans la réalité du Manitoba français.

Comment résumer l'intrigue de cette fiction qui tient un peu du feuilleton, de la « saga » dit-on au dos de la couverture? Le héros n'est certes pas mythique, mais l'auteur l'a voulu représentatif de la jeunesse franco-manitobaine. Roger Messier, fils d'Étienne, propriétaire d'une vaste ferme, a fait des études au collège de Saint-Boniface. En butte à l'hostilité de son père, il s'enfuit dans le dessein de gagner le Québec et d'y entreprendre des études en histoire. Auto-stoppeur, il est recueilli par un couple de Québécois miraculeusement compréhensifs qui s'offrent à le loger et à guider ses premiers pas montréalais. Inexplicablement, Roger fauche le porte-monnaie de l'un de ses bienfaiteurs, descend à Thunder Bay d'où il gagne Ottawa. Dans la capitale, il s'inscrit à des cours d'histoire à l'Université d'Ottawa mais, second coup de théâtre, le premier professeur d'histoire sur lequel il tombe n'est autre que celui dont il a fauché le porte-monnaie. Absous par l'indulgence de ce professeur qui a un penchant à son endroit, Roger doit fuir les avances de ce dernier, ce qui détermine son retour au Manitoba. Nous avons raconté ce début en détails afin de donner une idée de la façon dont les événements s'enchaînent dans ce roman. Il convient maintenant, puisque les péripéties sont multiples, d'abréger. Roger Messier devient instituteur, mais bien vite il a maille à partir avec le système scolaire anglicisant. En même temps, il a comme collègue une jeune fille, Katia, avec qui il ébauche, sans grande profondeur, une relation amoureuse. Autre coup de tête, il s'enfuit pour échapper à la persécution linguistique chez les Huttérites, secte passéiste où il vit une sorte de retour aux origines. Mais ce jeune homme a décidément le coeur léger et, cette fois, il trahit le chef de la secte en s'enfuyant avec Margarita, la fille de celui-ci. « Et Roger continue à marcher sur des oeufs » (p. 116). Cette fois, il s'engage dans la voie politique et va « tenter la grande aventure du Nouveau Parti démocratique » (p. 160), mais victime de la corruption de ses collègues, il subit une dure défaite électorale. « Plein d'usage et de raison », Roger qui a fait la paix avec sa famille, rentre dans la terre familiale. Il se mariera avec Katie, formera avec ses frères une coopérative agricole et le roman se termine dans la veine patriarcale.

Nous avons négligé nombre d'éléments secondaires pour centrer l'intrigue sur le personnage de Roger qui demeure le héros du roman. Le dessein de madame Saint-Pierre n'est pas clair. A-t-elle voulu raconter l'histoire d'une famille, ou bien le destin d'un individu? Elle n'a pas pris clairement parti de sorte que l'intrigue comporte plusieurs digressions qui l'affaiblissent. Par exemple, ces longs et inutiles chapitres consacrés à l'histoire du père et de la mère, au remariage caricatural du père avec une veuve d'opérette. De même, il faudrait retrancher à peu près toute la deuxième partie (p. 201-244) donnant la parole aux enfants des Messier qui racontent, dans un langage qui veut imiter celui des adolescents, la suite de l'histoire, après que les protagonistes sont sortis de scène. Or la cohérence de l'intrigue est donnée par l'aventure du seul Roger auquel tout aurait dû se subordonner. Et là, il aurait fallu serrer l'intrigue, en retrancher les épisodes adventices pour obtenir la densité événementielle nécessaire à soutenir vraiment l'intérêt. On a trop souvent l'impression d'une accumulation faite sans nécessité et ce, par un dessein trop ambitieux : raconter l'histoire d'un individu et tracer une fresque, une sorte de *Thibault* des plaines, cela met en oeuvre des ressorts bien différents.

On pourrait adresser à la romancière un autre reproche du même ordre à l'endroit de la psychologie des personnages. Ceux-ci n'obéissent pas à des motivations profondes, relevant d'une forte cohérence interne. Il suffit de relire le début du résumé de l'intrigue que nous avons donné ci-dessus pour comprendre ce reproche. Comment un jeune homme plein d'ambition, passionné pour l'histoire, peut-il par un coup de tête stupide, le vol d'un porte-monnaie, gâcher toutes ses chances d'avenir? Il y a bien Lafcadio, mais *Coups de vent* n'a pas l'excuse d'une théorie de l'acte gratuit. Il est vrai que la réalité autorise ces surprises, mais le roman obéit, lui, à une réalité construite, mentale. L'on pourrait relever plusieurs exemples d'improvisations psychologiques où des *dei ex machina* relancent superficiellement l'intrigue par des actes qui empêchent justement le héros de devenir un véritable être de papier.

À vrai dire, notre dessein n'est pas d'accabler la romancière et son ouvrage, car il ne faut pas se méprendre sur le genre et le destinataire. L'ouvrage de madame Saint-Pierre paraît plutôt relever du roman pour adolescents que de la littérature destinée aux adultes et conforme aux qualités que l'on exige de celle-ci. De sorte que les reproches que nous formulons, tout en gardant leur pertinence, doivent être modulés en fonction de ce genre particulier qu'est la littérature destinée à l'adolescence. Madame Saint-Pierre manifeste à ce niveau de réelles qualités de conception et d'écriture. Clarté de la ligne, enchaînement linéaire des péripéties, de la vigueur dans la caractérisation, au delà d'une certaine gratuité. Comme nous l'avons dit, il faudrait mieux établir le plan de l'intrigue, en la limitant et en la concentrant, « motiver » davantage la psychologie, ce qui ne signifie pas lui donner des profondeurs à la Dostoïevski, mais rien de gratuit ou de purement spectaculaire.

Madame Saint-Pierre connaît bien le Manitoba et cela se manifeste presque à chaque page. Son roman possède à coup sûr une valeur documentaire. Nous effleurons à peu près tous les milieux, agricole, scolaire, politique. L'atmosphère des lieux est bien rendue. Mais un peu par accident. Là encore, il faudrait concentrer afin de donner aux thèmes profonds du livre, qui sont presque implicites, leur plénitude d'expression. On aura noté que le héros, après ses aventures, revient à son point de départ. Il y a dans *Coups de vent* un véritable rêve du Manitoba originel qui transparaît dans les multiples rappels des plaines couvertes de blés, toute une hantise de la vie primitive que traduit une visible sympathie pour les Huttérites, et surtout le retour final du héros à ses sources familiales, ainsi qu'au mode de vie rural.

Enfin le roman, sans révéler de transcendantes qualités d'écriture, est rédigé de façon claire, en phrases précises, correctes, avec très peu de régionalismes, ce qui le prive d'un certain pittoresque. Les descriptions sont relativement nombreuses, mais peu fouillées, les portraits aussi qui sont souvent stéréotypés ou voisins de la caricature. Il reste que l'entreprise si nécessaire, visant à doter le Manitoba d'une littérature francophone, passe certainement dans les parages de *Coups de vent*.

MONSEIGNEUR DU GRAND NORD
DE CLAUDE ROCHE

Kenneth J. Munro[1]
Université de l'Alberta (Edmonton)

Cette biographie de Monseigneur Clut, par Claude Roche, s'adresse au grand public. Bien que les spécialistes ne puissent y trouver de nouvelles perspectives sur la portée des activités des missionnaires Oblats, *Monseigneur du Grand Nord : Isidore Clut, évêque missionnaire, coureur des bois, chez les Indiens et les Esquimaux du nord-ouest américain (de 1858 à 1903)* (Éditions Ouest-France, 1989) est, cependant, une histoire fascinante, celle d'un homme courageux affrontant les rigueurs du Grand Nord canadien, tout en devant faire face à l'ennemi le plus terrible de tous : lui-même.

Durant la seconde moitié du XIXe siècle, Isidore Clut a parcouru inlassablement la région Athabasca-MacKenzie en tant qu'auxiliaire de l'habile administrateur qu'était l'évêque Henri Faraud. Se déplaçant en canot ou en bateau à voile, en bateau à vapeur ou sur un radeau, en traîneau tiré par des chiens, en raquettes ou à pied, Monseigneur Clut voyageait sans relâche en quête des âmes que sa foi de catholique romain le poussait à convertir. Roche raconte les nombreuses excursions de l'évêque à travers la nature sauvage canadienne où il entraîne le lecteur grâce à des descriptions détaillées et pittoresques qui témoignent d'un talent exceptionnel. Peignant en toile de fond un paysage enchevêtré où la beauté et les merveilles de la nature, la richesse de la vie animale et la présence des oiseaux occultent le côté hostile de la vie sauvage (la menace des rapides, l'énervement causé par les moustiques), Roche nous fait assister aux combats de Monseigneur Clut contre les éléments contraires, à son triomphe de l'adversité et à sa lutte continuelle contre la solitude. Sans aucun doute, le fait que Roche ait suivi les traces de Monseigneur Clut en 1987 l'a aidé à capter l'atmosphère et le cadre de cette formidable aventure qui est celle du courage même.

En s'attachant à restituer les moindres détails, Roche réussit à rendre vivantes les expériences de la vie de tous les jours : la monotonie de la nourriture pendant ces voyages, la rareté des objets non absolument nécessaires, mais fort appréciés, comme les cierges pour la messe, l'importance de porter la barbe longue afin de garder le cou au chaud en hiver, et la difficulté de maintenir les manières européennes dans un environnement aussi sauvage.

À travers l'usage judicieux que Roche fait du journal et des lettres de Monseigneur Clut, celui-ci prend vie dans toute la complexité de sa condition humaine. Sa force physique et son endurance l'ont aidé à surmonter les épreuves des voyages dans ces contrées sauvages, à se remettre des blessures et de la maladie dans cet environnement éternellement hostile. Son enthousiasme pour le Christ a joué un rôle positif dans sa détermination de répandre l'évangile mais s'est avéré négatif quand il a voulu, au nom du christianisme, lancer son filet au delà du Yukon, jusqu'en Alaska. De même, quand il a tenté, en vain, de couper les liens entre Lac La Biche et sa propre juridiction religieuse du Nord et ce, contre le désir exprès de son évêque qui était alors absent. Roche se demande même si son zèle à évangéliser naît de son amour de Dieu ou de son évidente rivalité avec l'évêque protestant anglican, Bompas. Comme tout Français éduqué du XIXᵉ siècle, Monseigneur Clut partageait les préjugés aveugles de son époque contre les peuples aborigènes de l'Amérique du Nord, un état d'esprit qui l'a conduit à poursuivre sa mission en vue d'apporter la « civilisation » aux Indiens et aux Inuit, mais l'a empêché de déceler la moindre valeur dans leur culture et leurs traditions. Roche s'identifie si étroitement avec Monseigneur Clut qu'il semble partager le point de vue, aujourd'hui dépassé, de ce parent éloigné. Si, prenant du recul par rapport à la narration, l'auteur avait attiré l'attention sur quelques-unes des conceptions erronées de l'époque concernant les peuples aborigènes, cette biographie aurait eu davantage de portée. Néanmoins, Roche est convaincant lorsqu'il conclut que l'évêque français a apporté une contribution importante à l'histoire du Canada et à celle de l'Église en implantant le catholicisme et la civilisation européenne occidentale au fin fond du Nord-Ouest canadien.

On peut regretter l'absence d'un index, de notes et d'une carte montrant les endroits clés où Monseigneur Clut est passé et les routes qu'il a prises. Cependant, les nombreuses photos et gravures, le lexique, le bref résumé de l'histoire des Oblats de Marie Immaculée et la chronologie comparative sont extrêmement utiles pour le lecteur non spécialisé.

Monseigneur Clut a vécu une vie qui valait la peine d'être contée et Roche a magnifiquement dépeint, pour notre divertissement et notre édification, sa lutte contre les événements extérieurs aussi bien que son combat intérieur.

NOTE

1. Traduit par Roberte Salerno.

ANTHOLOGIE DE LA POÉSIE FRANCO-MANITOBAINE DE J. ROGER LÉVEILLÉ

Judith Hamel
Université de Moncton

Celui qui veut tout à la fois porter un regard sympathique sur l'ensemble d'un domaine littéraire et en faire une anthologie doit faire preuve de qualités exceptionnelles de chercheur et d'analyste. J. Roger Léveillé possède assurément ces dons, comme en témoigne le résultat de ses recherches, publié aux Éditions du Blé, sous le titre *Anthologie de la poésie franco-manitobaine* (Saint-Boniface, 1990, 591 pages). C'est un ouvrage d'une grande lucidité, à la fois ambitieux et sans prétention, qui sera apprécié pour sa valeur littéraire, historique et scientifique par quiconque s'intéresse à l'état de la poésie du Manitoba français : « À une époque où, au Québec, on parle de littérature *post-québécoise*, il suffira peut-être, même dans cette première approche de la poésie franco-manitobaine, d'avoir tracé les contours de cette aire de lancement d'où se sera envolé le chant poétique vers les espaces inter-textuels. » (p. 105)

Autant la fondation des Éditions du Blé a marqué un point tournant dans le développement de la littérature franco-manitobaine, autant l'*Anthologie de la poésie franco-manitobaine* apparaît comme un outil de référence essentiel à la compréhension de ce développement.

L'anthologie débute par une introduction de taille considérable et fort bien documentée où Léveillé retrace en détail l'histoire de la poésie au Manitoba français et fournit aux lecteurs une mise en contexte des plus utiles. Léveillé montre comment la production littéraire franco-manitobaine passe peu à peu d'une « poésie teintée de luttes politiques, de revendications culturelles, de ferveur religieuse » (p. 22), où la nature est omniprésente, à une orientation plus existentielle. De plus, des explications éclairées permettent au lecteur de saisir la situation dans laquelle ont oeuvré pendant longtemps les poètes du Manitoba français : absence de maisons d'édition, rôle des journaux et des périodiques, vitalité du théâtre, etc.

L'ouvrage s'inscrit dans une perspective plus historique qu'esthétique, « l'histoire littéraire du Manitoba français n'ayant pas encore été écrite » (p. 13). L'auteur veut avant tout rendre compte de « toute une gamme de la poésie qui s'est écrite au Manitoba français depuis le début du XIXᵉ siècle jusqu'à ce jour » (p. 14). Puisqu'il s'agit d'une première anthologie de ce genre au Manitoba français, c'est avec une âme de défricheur que l'auteur a tenu à ce que « à peu près tous ceux qui ont manifesté une intentionnalité littéraire, qu'il s'agisse de vers de circonstance, ou autres » (p. 14) aient leur place dans l'ouvrage.

Malgré une telle ouverture, la sélection des poètes n'a pas été facile. C'est généralement le cas pour toute anthologie, à différents degrés, mais dans celle-ci le choix a aussi pour effet de déterminer le concept même de poésie franco-manitobaine. Léveillé a choisi de retenir les poèmes qui ont été écrits en français, par des Franco-Manitobains de naissance, même s'ils ont oeuvré ou publié ailleurs. On y retrouve aussi les poèmes publiés en français par des éditeurs franco-manitobains ainsi que des poèmes écrits en français au Manitoba « par des Manitobains non francophones, ou par des émigrés, en majorité des Français, venus s'établir au Manitoba » (p. 16). Ajoutons enfin « la poésie française qui a été composée par ceux qui ont habité le Manitoba pendant un certain nombre d'années » (p. 16). Soucieux de donner des assises historiques à son ouvrage, Léveillé remonte dans le temps jusqu'à Pierre Falcon et accorde une place de choix à un grand nom qui a fait couler beaucoup d'encre, un des premiers poètes du Manitoba français, mais qu'on ne trouve « dans aucune anthologie de poésie de langue française au Canada » (p. 16) : Louis Riel.

Quant au processus de sélection des poèmes, l'objectif de l'auteur est de donner « un choix de toutes [les] productions poétiques [des auteurs choisis] pour en souligner la gamme et l'évolution » (p. 15). Outre des poèmes représentatifs de la production des auteurs sélectionnés, l'ouvrage offre pour chacun d'entre eux une biographie et une bibliographie, parfois sélective. Mais cette anthologie innove aussi en proposant, pour plusieurs des auteurs contemporains ou plus anciens, une présentation analytique de leur oeuvre, rédigée par un écrivain ou un professeur intéressé à la littérature franco-manitobaine.

L'*Anthologie de la poésie franco-manitobaine* est un document sobre, sans ballonnements intellectuels inutiles, clair et accessible. L'ouvrage est agréable à consulter grâce à la variété de renseignements qui accompagnent les textes, dont les biographies, les documents iconographiques et pas moins de huit appendices. Le premier de ces appendices propose un bref historique de la publication de la poésie franco-manitobaine par les revues et les hebdomadaires au tournant du siècle dernier, suivi de chansons dont la valeur est surtout historique, comme « La Chanson des Métis », des partitions de chansons de Pierre Falcon (« Le Bal à Fort William ou La Danse des Bois-Brûlés », « La Chanson de la Grenouillère », « Les Tribulations d'un roi malheureux » et « Le Dieu du Libéral ») et de Louis Riel (« La Métisse »).

L'*Anthologie de la poésie franco-manitobaine* mérite qu'on lui fasse une place de choix dans le grand tableau de l'histoire littéraire canadienne. En sélectionnant trente-cinq auteurs, de Pierre Falcon au plus contemporain Rhéal Cenerini, J.R. Léveillé n'a pas à rougir de ce qu'il appelle le

« modeste corpus » qu'il présente, ni des efforts considérables déployés pour le mettre en valeur tant du point de vue littéraire qu'historique. Cette anthologie — plus qu'une anthologie — s'impose admirablement.

INTERSECTION FRANCE/LOUISIANE AU XIXe SIÈCLE : LA LITTÉRATURE POPULAIRE DANS LES RÉCITS ET NOUVELLES DE MICHEL SÉLIGNY

Frans C. Amelinckx
Université Southwestern (Louisiane)

À l'instar des autres territoires français formant des enclaves franco-phones dans des pays à prédominance anglophone, le champ littéraire louisianais est fortement marqué par la production de la mère-patrie. Cette situation correspond à celle des territoires d'outre-mer qui sont, par défini-tion, périphériques, et qui ont à développer leur propre littérature et à préserver leur héritage linguistique, phénomène que l'on peut appeler l'au-tonomisation littéraire. Comme le note Réginald Hamel, les écrivains louisianais « vivaient à l'heure de Paris. [...] les intellectuels de La Nouvelle-Orléans prenaient connaissance des dernières publications françaises à environ trois semaines près de leurs parutions en France[1] ». La Louisiane n'est cependant pas dans une situation de dépendance intel-lectuelle, mais bien dans un système d'échange. Tout au long du XIXe siè-cle, il y a une immigration française dont les intellectuels, journalistes et enseignants pour la plupart alimentent la production littéraire, sans néces-sairement la renouveler puisqu'ils suivent leur propre position politique et littéraire qui, souvent, était déjà dépassée en France. De même, un assez grand nombre d'écrivains louisianais font leur début littéraire ou publient en France[2]. Dans ce processus d'échange, deux facteurs sont importants pour la défense de la langue et pour la diffusion littéraire : le système édu-catif et celui de la presse francophone.

L'éducation, le premier facteur du maintien des valeurs culturelles, de la langue et des traditions de la mère-patrie, est jusqu'en 1836 composée uniquement d'écoles privées, soit laïques ou religieuses, dont le pro-gramme d'études suit de très près celui de l'école française, avec des en-seignants français ou louisianais qui ont fait leurs études en France. Ces écoles sont elles-mêmes divisées en écoles pour enfants de race blanche et pour enfants libres de couleur, mais les démarcations sont assez floues jusqu'en 1842 (Michel Séligny, homme libre, de couleur, indique qu'il a suivi des cours à l'école du Bayou Saint-Jean du professeur français D'Hébecour[3]). De plus, un assez grand nombre de jeunes de race blanche ou de couleur font leurs études directement en France ou y font, au moins, un séjour plus ou moins long[4].

Le deuxième facteur est celui de la presse. Plus encore qu'en France, la production littéraire en Louisiane est dominée par le rapport étroit de la presse et de la littérature. En fait, jusqu'en 1870, il n'y avait que peu de maisons d'édition à La Nouvelle-Orléans. Le plus souvent, les livres étaient imprimés à compte d'auteur par des ateliers spécialisés, souvent les mêmes que ceux des journaux. Somme toute, on imprime plus souvent des plaquettes ou recueils de poésie que de la prose romanesque[5]. Celle-ci trouve un débouché dans les feuilletons des journaux louisianais qui existent en grand nombre, mais qui n'ont qu'une existence éphémère[6]. Les deux journaux les plus importants de La Nouvelle-Orléans, par leur tirage et aussi par leur durée, sont *L'Abeille de La Nouvelle-Orléans* (1827-1925) et *Le Courrier de la Louisiane* (1810-1860). Tous les journaux offrent aux lecteurs de courts récits ou des anecdotes, dans leurs variétés, et des romans ou des nouvelles, dans leurs colonnes de feuilleton. Les romans-feuilletons, à leur début, sont tirés, on pourrait même dire piratés, des revues et journaux français comme *La Presse*, *Le Constitutionnel*, *Le Journal des Débats*, *La Revue des Deux Mondes*, *La Revue de Paris*. Plus tard, ils alternent avec la production locale. La presse reste le facteur le plus important non seulement dans la diffusion de la production littéraire française, mais aussi dans sa présentation au public louisianais des événements littéraires, du théâtre, des polémiques de toutes sortes et surtout de la situation politique. La diffusion de la production littéraire française est renforcée par les librairies et les cabinets de lecture qui, eux aussi, changent souvent de propriétaire.

La production littéraire française de l'époque n'était pas classifiée, ni codifiée. C'est dire que les écrivains reconnus par l'institution littéraire, tels que Chateaubriand, Balzac, Théophile Gautier, Alexandre Dumas, George Sand y coudoient les oubliés, les feuilletonnistes chevronnés comme Marie Aycard (1794-1859), Frédéric Soulié (1800-1847), Albéric Second (1817-1887), Emmanuel Gonzales (1815-1887). Le goût du public louisianais est ainsi fortement influencé par ce qu'on appelle, en général, la littérature populaire. À l'encontre de la France, la presse louisianaise est presque le seul mode de publication pour la prose romanesque et, par conséquent, elle contribue à définir le genre. Malgré le courant d'échange, la production littéraire louisianaise est dominée par l'hégémonie parisienne qui se fait sentir même à distance et avec le retard normal du courrier transatlantique. Ainsi, la parution des *Mystères de Paris* d'Eugène Sue suscite la publication des *Mystères du bord du Mississippi* de Charles de la Gracerie, publiés dans *Le Courrier de la Louisiane* (1844-1845), et *Les Mystères de La Nouvelle-Orléans* de Charles Testut (1852-1853). En général, les écrivains louisianais suivent la thématique proposée par la production littéraire française et bien que l'on tente de rendre la littérature franco-louisianaise indigène, selon le souhait de Thomas Théard qui, déjà en 1841, désire démarquer la littérature louisianaise de celle de la mère-patrie. Mais son appel s'adresse davantage à la poésie et souligne plutôt le fait que les sujets louisianais sont traités selon un modèle français :

> Mais notre pensée n'est pas qu'il faille suivre servilement la trace des écrivains français. La littérature de Louisiane doit exhaler un parfum indigène; elle doit avoir une couleur toute locale, porter l'empreinte de nos idées, subir l'influence de notre climat. L'aspect de notre pays est triste, mais d'une tristesse vague qui souvent pèse péniblement sur les âmes poétiques. Si les magnificences de nos nuits d'automne sont pleines de magie, la mousse grise qui enveloppe nos forêts comme un immense linceul, jette dans le coeur de celui qui les contemple une sorte d'affaissement douloureux. Ce qui n'est souvent dans d'autres contrées que l'expression d'une pensée fugitive, quelque fois un rêve ou peut-être une erreur, est ici une réalité. [...] Il semble que nos écrivains sont saisis fatalement par la mélancolie de nos grandes plaines couvertes de forêts de pins, par les beautés plaintives de nos lacs solitaires et de notre ciel brumeux[7].

Ironiquement l'appel de Théard est rédigé avec des échos de Chateaubriand et le paysage louisianais acquiert des teintes bretonnes. En prose, le genre du roman-feuilleton domine à partir des années 1844. Situation qu'Auguste Viatte décrit en termes de triomphe du fatras extravagant des romans-feuilletons sur les bords du Mississippi[8]. En opposition à ce fatras, Viatte mentionne à plusieurs reprises les nouvelles de Michel Séligny comme ayant le mérite d'être simples et vraies[9], mais néanmoins une lecture attentive montre qu'elles aussi sont fortement marquées, entre autres, par les éléments du roman populaire, par la fiction courte publiée dans les variétés et dans les feuilletons. Par ailleurs, bien que Viatte ait présenté la meilleure bibliographie de Séligny, elle n'est pas complète, car il n'a pu consulter tous les journaux disponibles[10].

Michel Séligny[11], en fait, est le meilleur exemple de l'écrivain louisianais qui se situe à l'intersection même de la littérature franco-louisianaise et de la production littéraire française. C'est dire que non seulement nous pouvons trouver dans son écriture tous les éléments du roman populaire, mais aussi des influences de Chateaubriand et de Balzac, des sujets louisianais et, à partir d'un séjour en France en 1855-1856, des sujets français. Son écriture est un parfait exemple des rapports entre la Métropole et la Louisiane, car elle fait la synthèse entre les divers éléments de la production littéraire de l'époque.

Le point de départ de la fiction pour Séligny est la réalité de l'expérience, qu'elle soit louisianaise, ou des escales en Martinique, en Guadeloupe et à Saint-Thomas, ou encore, située en France. Nous pouvons ainsi diviser l'oeuvre de Séligny en deux étapes bien précises : la période louisianaise (1839-1855) et la période française (1857-1861). Toutes deux, cependant, gardent des éléments du roman populaire et, plus particulièrement, ceux de la technique narrative. Le roman populaire est basé sur l'oralité, ou plutôt le pastiche de l'oralité. Ainsi, très souvent, on rencontrera le mot « histoire » qui souligne ce pastiche. Ainsi, Séligny donne pour titre à un de ces contes « Simple histoire », titre qu'il n'est d'ailleurs pas le seul à utiliser[12]. De même, le système narratif accorde une importance prépondérante au discours direct, à l'usage des points d'exclamation, d'interrogation ou des points de suspension qui soulignent l'aspect émotif et dramatique du texte et son appel direct au lecteur : « un peu de patience, lecteur, je vous expliquerai cela [...] »; « accueillez-les avec amour [...] », « plaignez cette mère [...] »; « c'est au sortir de cette soirée féerique [...] que je suis venu, aimés lecteurs, vous fatiguer de ma pauvre histoire; je suis gourmand, bavard, conteur : trois péchés de vieillard. Rémission plénière au conteur, comme toujours, s'il vous a par trop ennuyés[13]. »

Ainsi que le signale Jean-Claude Vareille, l'auteur ne se cache jamais derrière son texte, mais rappelle au lecteur que ce qu'il lit est d'abord communication avant d'être témoignage ou reproduction[14]. Tout le système narratif tend à créer ce que Marc Angenot appelle « un métalangage qui vise à authentifier le récit[15] ». La structure narrative employée par Séligny est celle du récit progressif-régressif : au fur et à mesure que le récit avance, il apporte des renseignements sur le passé. Le lecteur devient conscient de la réalité du protagoniste et de la thématique qu'il représente — mystère de la naissance, amour bafoué, secret de famille, détails des persécutions subies. Ainsi, dans le récit « Le moqueur » (*L'Abeille de La Nouvelle-Orléans*, 13 mai 1854), un ami « rêveur sentimental » conte une histoire au narrateur qui la redit au lecteur. Il s'agit d'une toute jeune fille qui cherche son oiseau favori, un moqueur, le dernier cadeau que sa mère lui a donné avant de mourir. Petit à petit, le lecteur apprend la vie de la pauvre orpheline, sa lutte contre la pauvreté, le remariage de sa mère, les cruautés de son beau-père, les souffrances et la mort de sa mère, les persécutions exercées par une belle-mère qui la prive de vêtements et de nourriture. Un vieillard tente d'intervenir, mais il doit se rendre aux Antilles et, quand il revient, il apprend la mort de sa petite protégée.

De même, Séligny suit de près le procédé mis au point par Eugène Sue, celui du système narratif à tiroirs, une série de digressions qui contribuent au développement : le narrateur connaît un personnage X, qui à son tour, connaît le personnage Y qui, à son tour, connaît... Chaque personnage raconte ainsi un épisode qui jette une lumière sur le déroulement du drame. La nouvelle « Un sixième doigt » (*Le Courrier de la Louisiane*, du 5 au 7 février 1858) est un parfait exemple de la narration à tiroirs : au Havre, en attendant le départ du bateau pour La Nouvelle-Orléans après avoir terminé des études au Collège Sainte-Barbe à Paris, le narrateur rencontre un condisciple qui le présente à un jeune couple anglais. Son ami lui dit comment il a fait la connaissance du mari, un jeune lord, qui lui a donné un manuscrit intitulé « Notre histoire » (celle du jeune couple) racontant comment le jeune lord a fait la connaissance de sa femme, une jeune fille pauvre dont l'enfance a été misérable. Le manuscrit contient aussi l'histoire d'un vieux serviteur breton qui avait promis à sa maîtresse, la châtelaine, de retrouver sa fille et avait ainsi passé plusieurs années à la recherche de la fille enlevée par des parents sans scrupule dans le but d'hériter des propriétés. La petite fille avait été vendue à des gitans. Recueillie par un couple de vanniers, elle avait disparu. Le vieux serviteur la retrouve finalement en Écosse. Grâce à une déformation de la main (un sixième doigt), il la reconnaît comme la maîtresse légitime du château de Ploërmel en Bretagne et... elle est aussi la femme du jeune lord. La jeune femme raconte comment elle a été enlevée, et le vieux serviteur narre à son tour ce qui s'est passé à Ploërmel et les péripéties de sa quête. L'héritage est rendu à sa propriétaire légitime et les mauvais parents s'enfuient à Montevideo. L'héritière restaure l'ordre dans son domaine et met à profit sa richesse pour le bien des pauvres : relever les masures, féconder les terres, doter et marier les jeunes filles pauvres de la paroisse, « et voilà l'histoire de lord et de lady Elgin, mes excellents amis ». La conclusion se situe des années plus tard, lors de la réunion annuelle des anciens du Collège Sainte-Barbe, quand l'auteur retrouve son ami et apprend qu'il est marié à une jeune fille recueillie par lady Elgin. Ainsi, dans une nouvelle assez courte, Séligny met en oeuvre cinq narrateurs qui, chacun à leur tour, y vont d'un épisode éclairant le mystère de la disparition, de la rencontre, de l'amour et de la reconnaissance du bien et de la punition du mal.

Une autre caractéristique du roman populaire est la présence de l'épiphonème qui termine le récit, en résumant son message. Séligny en fait un usage constant. Aucune de ses nouvelles ne se termine sans cette figure de rhétorique : « Votre mémoire ne périra pas, vous l'avez confiée à la reconnaissance du pauvre [...], elle est la providence du pauvre, et le plus chétif, le plus déguenillé trouve chez elle du pain et un gîte [...] Dieu ne récompense jamais à moitié la piété filiale et une tendre dévotion à Marie, sa mère »; « Confiez votre souvenir à la reconnaissance du pauvre, du malheureux; ils trouveront toujours, soyez-en sûr, quelques fleurs pour orner la sépulture de leur bienfaiteur, des prières et des larmes pour recommander à Dieu sa poussière, lui qui prit en pitié en ce monde et leurs plaies et leurs haillons[16]. »

L'usage de l'épiphonème souligne un aspect propre à Séligny, celui de la voix didactique fonctionnant en analepse. En révélant la faille entre l'être et le paraître, non seulement de l'individu, mais de la société en général, Séligny participe à l'oeuvre régénératrice de sa religion telle qu'il la comprend à son époque, un catholicisme social basé, non sur Lamennais, mais sur Lacordaire. Les riches ont une obligation morale de faire le bien, de répandre la charité autour d'eux et ceci, dans la mesure de leurs moyens.

Ainsi dans « La dentelle révélatrice », après avoir fait l'expérience de la méchanceté de la société, le protagoniste revient à Dieu : « De pensée et d'âme désormais à son Dieu [...] monsieur D*** lui consacre, jeune encore, le reste de sa vie vouée à l'amour du bien, au culte de la vérité, à la pratique de la bienfaisance [...] » Au contraire du roman populaire français qui propose un dépassement onirique de l'injustice sociale, le récit sélignien est, en premier lieu, une constatation pessimiste de l'inévitable misère et de la souffrance qui frappent plus particulièrement les êtres faibles et innocents : enfants orphelins, jeunes filles séduites et abandonnées, mères de famille miséreuses, dont le seul secours est la providence divine représentée par des personnes charitables. Les classes sociales dans la période louisianaise sont celles que Séligny connaît par expérience : petits planteurs, officiers d'Empire exilés, réfugiés de Saint-Domingue, petits négociants, une classe de rang social intermédiaire, toujours à la merci de la cupidité des chevaliers de l'industrie, de financiers véreux, d'hommes du monde dévergondés, victimes aussi des conditions propres aux tropiques (fièvre jaune, choléra, petite vérole, ouragan). Le récit a pour but de montrer une société motivée uniquement par l'argent, de même que les erreurs, les péchés et la méchanceté de l'individu. Le récit souligne aussi, parfois d'une manière trop sentimentale, que la justice divine agit, même si la justice humaine est corrompue. Après le passage dans cette vallée de larmes, la récompense est accordée aux bons sur terre, par un riche mariage ou un héritage important, ou au ciel. Quant aux méchants, ils sont punis soit par l'opprobre public, l'exil ou la mort solitaire. L'univers décrit est un monde simpliste, manichéen qui ne reçoit de rédemption que de Dieu[17].

Dans la période française, qui se situe après le voyage en France (1855-1856), Séligny présente les choses d'une façon moins pessimiste. Il montre différentes classes sociales : la vieille noblesse (que Séligny qualifie d'aristocratie antique et de bonne souche), la classe paysanne et, une seule fois seulement, la classe ouvrière. Les protagonistes honnêtes réussissent à atteindre la fortune et le bonheur après avoir triomphé des obstacles posés par la société frivole, médisante, hypocrite. La vieille noblesse meurt, mais après avoir laissé son nom dans la mémoire par ses bonnes oeuvres, et s'oppose à la bourgeoisie, la nouvelle noblesse dont le seul motif est l'argent.

Dans le cycle louisianais, l'écriture de Séligny est fortement marquée par l'influence de Chateaubriand, non seulement dans le style, mais aussi dans le rythme ternaire des phrases et par la thématique, les images et le paysage. Dans les premières nouvelles, nous pouvons retrouver l'aliénation propre à la jeunesse, le dégoût de la vie présente, l'inquiétude personnelle, le refuge dans le passé : tout *René* y est. « Souvenir de 1815 », la première nouvelle écrite par Séligny, porte toutes les marques de cette influence dès l'introduction :

> Attristé du présent, inquiet de l'avenir, j'avais inutilement lutté contre un dégoût invincible des choses actuelles, et dans mon découragement profond, je me pris à évoquer les souvenirs du passé et les phases si riantes de ma jeunesse écoulée, douces, douces fleurs qui ne se flétrissent jamais, qui savent si bien raviver l'imagination souffrante, et qui protègent toujours contre de funestes résolutions [...] affaissé sous le poids du jour, j'avais été m'asseoir, rêveur solitaire, aux fraîches rives du fleuve afin de rattacher mon âme aux suaves tableaux du passé [...].

C'est à juste titre que Chateaubriand a déclaré dans ses *Mémoires d'outre-tombe* qu'après *René*, une

> ... famille de Renés-poètes et de Renés-prosateurs a pullulé;[...] il n'y a pas de grimaud sortant de collège, qui n'ait rêvé d'être le plus malheureux des hommes, qui, à seize ans, n'ait épuisé la vie, ne se soit cru tourmenté par son génie, qui, dans l'abîme de ses pensées ne se soit livré aux *vagues des passions*, qui n'ait frappé son front pâle et échevelé [...] stupéfait d'un malheur dont il ne savait pas le nom [...][18]

Nous ne pensons pas qu'il s'agisse dans le cas de Séligny d'une imitation servile, mais plutôt d'une phénoménologie de la mémoire : cette faculté d'emmagasiner les images et les mots les plus frappants et qui affecte l'imaginaire pictural et verbal de l'écrivain. Ainsi, dans « Un drame au lac Pontchartrain », une des meilleures nouvelles du cycle louisianais, la persistance de la mémoire se fait jour dans les images, les scènes et le paysage même sous l'influence des souvenirs de *René*, et d'*Atala*. Le point de départ est un retour au passé :

> J'aime à fouiller dans nos vieilles chroniques, j'aime à remonter par la mémoire et le cœur vers ces jours anciens déjà bien loin de nous [...] charmante époque de la vie que celle-là, et dont les riantes éphémérides réchaufferont toujours ce foyer des souvenirs parfois près de s'éteindre sous les sombres nuages qui voilent si tristement les heures présentes.

Le narrateur raconte les malheurs de Rosalie, fille-mère qui s'est réfugiée avec son père dans un village de l'autre côté du lac afin d'échapper à l'opprobre de sa condition. Hélas, elle devient folle, un topos fréquent du roman populaire, et se suicide au cours d'un ouragan qui a toutes les caractéristiques de la tempête dans *Atala*. Après la tempête, le narrateur et le père retrouvent le cadavre de Rosalie, désespoir du père qui se suicide après l'enterrement. La mise en sépulture est un tableau qui contient un ensemble d'éléments chateaubrianesques :

> Une simple fosse creusée de nos mains reçut Rosalie et son enfant [...] après l'avoir recouverte de terre, poussière qui se mêle si vite avec l'autre poussière [...] et avant de la quitter pour toujours, j'inclinai sur sa couche les rameaux d'un jeune arbre, et j'y plantai une croix grossièrement fabriquée. Monument de l'orgueil et de la puissance, le temps dans sa course rapide vous renverse sans pitié, le souffle des révolutions vous balaie de la face du globe; l'humble croix que mes mains ont placée sur la

sépulture de Rosalie subsiste encore sans nul doute protégée par le platane qui l'ombrage, par la pitié du passant qui s'agenouille et prie devant ce signe vénéré, rencontré fortuitement dans la solitude d'une forêt américaine [...]

L'épiphonème du texte est un message didactique sur la condition humaine :

Oubliez, jouissez, soyez heureux, frivoles adorateurs des plaisirs, des joies de ce monde, mais tremblez au sein de vos jouissances, car le chagrin, le désespoir, la mort, infatigables sentinelles, sont là qui ne sommeillent jamais, car l'inconstante fortune, prodigue pour vous de ses sourires et de ses caresses, a de cruels retours et fait payer bien cher parfois ses passagères faveurs.

C'est seulement après l'expérience du deuxième séjour en France que Séligny se dégage de l'influence de Chateaubriand, de la persistance de ses lectures. En effet, dès son retour en Louisiane, Séligny conte ses expériences tout en situant ses nouvelles dans le passé. Plusieurs des nouvelles ont pour sous-titre « Souvenir », comme « Les deux soeurs de lait » qui sont un « Souvenir de la Martinique »; « Nelly » est un « Souvenir de Saint-Thomas »; « Le petit conducteur d'ânes » est un « Souvenir de Vichy ». Le cadre du cycle français, dans lequel nous pouvons inclure les nouvelles des Antilles, de la Martinique, de la Guadeloupe et de Saint-Thomas, se situe dans les villes et les lieux visités : Le Havre, Lyon, Vichy, Chambéry, Paris et les lieux d'escale. Les descriptions sont toujours très précises, une autre caractéristique de l'écriture sélignienne. Comme Balzac, il prête une grande attention au regard du personnage, à sa voix, à son visage, qui sont tous des éléments révélateurs de la personnalité. Dans la nouvelle située à Vichy, dans un hôtel élégant, Mademoiselle de Bectause et sa mère portent de simples vêtements de deuil, d'un extérieur modeste, et commandent pour dîner un potage maigre, des oeufs et du poisson. Elles sont prises par les épouseurs de dot à Vichy pour des « bigotes, pauvres et provinciales ». En réalité, elles appartiennent à la vieille noblesse de Lyon, très riche, mais bienfaisante et dont le comportement et l'habillement sont en contraste avec ceux de la nouvelle noblesse d'argent. Dans « Simple histoire », les comparses d'une vente forcée aux enchères, agents d'un banquier véreux, sont décrits en termes péjoratifs qui révèlent leurs natures vénales :

Le plus vieux était gratifié d'une de ces figures parcheminées à contours anguleux [...] deux petits yeux glauques s'enfonçaient sournoisement dans leur orbite [...] l'autre, le moins âgé, portait sur de puissantes épaules une sorte de tête de buffle. La bestialité et la jovialité s'alliaient intimement sur cette face-là et lui imprimaient un caractère de rare vulgarité [...] face papier mâché et tête de buffle.

Séligny excelle dans la description des paysages qu'il élabore avec une précision lyrique et incorpore dans la trame de ses nouvelles. Son but n'est pas uniquement de créer un décor, mais aussi de suggérer un contraste entre la nature et la société, entre la création divine et le comportement humain. Dans « Un duel à la métairie », nouvelle condamnant le duel (participant ainsi à la campagne instaurée en 1834 par l'Association contre les duels), Séligny oppose la beauté et la sérénité du paysage à la mort et au meurtre légal :

> Cependant le jour s'était fait. La nature du joli mois d'avril, notre délicieux printemps à nous, s'éveillait douce et parfumée, pleine de ces langueurs, de ces molles sensations du matin [...] Semée avec cette prodigalité d'une nature opulente, baignée par ces limpides eaux [...] là s'élançaient le copalme aux âcres et aromatiques senteurs, le frêne au port élégant, le pin au sombre feuillage, le catalpa couvert de ses blanches fleurs comme d'éblouissants flocons de neige, puis le magnolier superbe, roi orgueilleux, dominant de son trône immobile, de sa lisse et riche parure, étoilée de larges roses virginales, la végétation inférieure étendue à ses pieds [...] et pour animer cette riante scène, pour lui communiquer le mouvement de la vie, à chaque pas, des cardinaux, couleur de feu, sortant bruyamment des buissons, et portant çà et là leur vol craintif, des papes, vêtus de pourpre, d'émeraude et d'azur, se promenant d'arbrisseau en arbrisseau comme des fleurs multicolores détachées de leurs tiges, et plus haut dans l'épaisseur d'un vieux chêne, sur la branche pyramidale d'un cyprès, l'oiseau moqueur, simulant, contrefaisant, musicien invisible, multiple, infatigable, orchestre tous les ramages, toutes les notes, toutes les inflexions et toutes les mélodies. En ce moment, six heures tintèrent avec lenteur, c'était l'angélus, première élévation de l'âme chrétienne vers son sublime bienfaiteur. [...] Les deux adversaires, assis sur le tronc renversé d'un vieil arbre, étaient face à face.

Tout en utilisant les éléments structuraux du roman populaire, Séligny a un éventail de thèmes et de sujets : récit personnel, souvenirs historiques, récit sentimental, vie d'étudiant pauvre, anecdote humoristique, vie militaire, nouvelle du genre du roman maritime et du roman noir, épisodes de rencontres fortuites. Cependant, toutes les nouvelles de Séligny sont structurées par le passé : dans le cycle louisianais, le narrateur est généralement un vieillard et raconte un épisode dramatique ou pathétique dont il a été le témoin; dans le cycle français, le narrateur est le « je » de l'écrivain qui est le témoin de l'épisode ou qui entend le raconter. Cette structure permet de rappeler à la vie le passé, d'être de nouveau le témoin des souffrances et de la misère des innocents et de leur récompense finale. Le désir de faire revivre le passé et d'y faire participer le lecteur est ce que l'on pourrait appeler une anamnèse (au sens sacré), une participation à une vie passée, aux souffrances de cette vie, et se veut un témoignage qui doit mener « à l'amour du bien, au culte de la vérité, à la pratique de la bienfaisance ».

Les écrits de Séligny correspondent bien au goût du public de l'époque. Dès 1850, il est reconnu comme un écrivain louisianais de renom et ses nouvelles sont presque toujours accompagnées d'un discours d'escorte : en 1855, l'éditeur de *L'Abeille de La Nouvelle-Orléans* interrompt la publication des *Mohicans de Paris* d'Alexandre Dumas pour publier « Le petit fugitif » avec ce commentaire : « Nous interrompons aujourd'hui la publication des *Mohicans* pour donner place à une nouvelle locale signée d'un nom très répandu dans la littérature louisianaise. C'est pour nous un devoir et un plaisir d'ouvrir de temps en temps nos colonnes aux oeuvres de nos propres écrivains. » Lors de la parution de « Les deux soeurs de lait », l'éditeur remarque : « Nous publions aujourd'hui sous ce titre quelques pages pleines de fraîcheur et d'un touchant intérêt que nous a obligeamment confiées M. Séligny. Nous n'avons pas besoin de faire l'éloge de cette nouvelle bluette d'un de nos littérateurs louisianais les plus distingués : le nom dont elle est signée la recommande suffisamment aux lecteurs de *L'Abeille*. » (15 juin 1857) Dans *Le Courrier de la Louisiane*, l'éditeur écrit : « Nous commençons demain [...] la publication d'un feuilleton dû à la plume d'un écrivain connu et aimé du public louisianais, M. Sel...Y. 'La tache de vin' est une histoire vraie, touchante où le sentiment se dispute au style. » (30 avril 1857) Ou encore :

> Nous commençons aujourd'hui une intéressante nouvelle due à la plume d'un auteur que les lecteurs du *Courrier* ont appris à apprécier. C'est un récit simple, élégant, émouvant, d'un souvenir de voyage. L'auteur M. S...Y y conquiert bravement ses titres littéraires, et nous espérons avoir bientôt de sa plume un ouvrage de plus longue haleine. Nous sommes toujours heureux de pouvoir accueillir les productions des auteurs louisianais. C'est un devoir pour nous que d'encourager les tentatives littéraires qui se produisent ici; mais dans les circonstances actuelles, nous n'avons qu'à ouvrir nos colonnes à un talent réel et dans toute sa maturité. (5 avril 1858)

De même, à propos de « Nelly », l'éditeur fait le commentaire suivant : « On trouvera sur notre première page une intéressante nouvelle de M. Séligny — elle est écrite avec sentiment — on sent que le coeur était de la partie, quand l'auteur a produit cette oeuvre. Nous en recommandons la lecture. » (12 mai 1858)

Négligé par *L'Athénée louisianais*[19], oublié par Desdunes, mentionné par Edward Larocque Tinker dans sa magistrale étude sur les écrivains de langue française, mais davantage pour sa valeur anecdotique que pour ses écrits, apprécié par Auguste Viatte, Michel Séligny est représentatif de la rencontre, de l'intersection du monde créole francophone et de la production littéraire française au XIXe siècle. Ses écrits sont produits d'après les conventions et les goûts d'une communauté de lecteurs et d'auteurs et forment ainsi « un ensemble structuré d'instructions de lectures[20] ». Ils sont aussi un témoignage de la culture et de la lecture de la communauté franco-louisianaise au XIXe siècle et nous permettent de mieux comprendre le champ littéraire et culturel dans sa totalité et de saisir les multiples facettes de l'écriture de la Francophonie.

Récits et nouvelles de Michel Séligny

« Souvenir de 1815 », récit, dans *L'Abeille de La Nouvelle-Orléans*, 9 décembre 1839.

« Épisode du 8 janvier 1815 », récit, dans *Le Courrier de la Louisiane*, 11 janvier 1842, reproduit dans *La Gazette des Opelousas*, 15 janvier 1842.

« Mademoiselle Duchesnois », récit, dans *L'Abeille de La Nouvelle-Orléans*, 25 mai 1847.

« Marie », récit, dans *L'Abeille de La Nouvelle-Orléans*, 1er avril 1853.

« Un pirate », nouvelle, dans *L'Abeille de La Nouvelle-Orléans*, 13 et 14 mai 1853.

« Un duel à la Métairie », récit, dans *L'Abeille de La Nouvelle-Orléans*, 16 juin 1853.

« Un drame au lac Pontchartrain », nouvelle, dans *Le Courrier de la Louisiane*, du 17 au 21 février 1854.

« Simple histoire », récit, dans *L'Abeille de La Nouvelle-Orléans*, 20 mars 1854.

« Le moqueur », récit, dans *L'Abeille de La Nouvelle-Orléans*, 13 mai 1854.

« Une exécution militaire au fort Saint-Charles », récit, dans *Le Courrier de la Louisiane*, 4 juin 1854.

« Le petit fugitif », récit, dans *L'Abeille de La Nouvelle-Orléans*, 26 février 1855.

« Catarina », nouvelle, dans *Le Courrier de la Louisiane*, du 13 au 15 mars 1855.

« Une fiancée », récit, dans *L'Abeille de La Nouvelle-Orléans*, 16 avril 1855.

« Une orpheline », nouvelle, dans *Le Courrier de la Louisiane*, 19 et 20 avril 1855.

« Un bouquet trouvé dans un omnibus », anecdote, dans *Le Courrier de la Louisiane*, 20 mai 1855.

« Le petit conducteur d'ânes », récit, dans *L'Abeille de La Nouvelle-Orléans*, 15 juin 1857.

« La tache de vin », nouvelle, dans *Le Courrier de la Louisiane*, 1er et 2 mai 1857.

« Les deux soeurs de lait », récit, dans *L'Abeille de La Nouvelle-Orléans*, 15 juin 1857.

« La petite fille d'Aurillac », récit, dans *L'Abeille de La Nouvelle-Orléans*, 4 décembre 1857.

« Un sixième doigt », nouvelle, dans *Le Courrier de la Louisiane*, du 5 au 7 février 1858.

« Le pêcheur de la Guadeloupe », récit, dans *L'Abeille de La Nouvelle-Orléans*, 17 avril 1858.

« Nelly », nouvelle, dans *Le Courrier de la Louisiane*, du 12 au 14 mai 1858.

« La dentelle révélatrice », récit, dans *La Renaissance Louisianaise*, 12 mai 1861.

« La petite mendiante de Chambéry », nouvelle, dans *La Renaissance Louisianaise*, 30 juin et 7 juillet 1861.

« Mademoiselle de Bectause », nouvelle, dans *La Renaissance Louisianaise*, 3 et 10 novembre 1861.

NOTES

1. Réginald Hamel, *La Louisiane créole, littéraire, politique et sociale (1762-1900)*, Montréal, Leméac, 1984, vol. 2, p. 409.

2. Dominique Rouquette publie *Les Meschacébéennes* à Paris chez Sauvaignat (1838); son frère Adrien lance son recueil des poèmes *Les Savanes* chez Labitte (1841); le docteur Alfred Mercier fait de même avec *La Rose de Smyrne et l'Ermite du Niagara* (Paris, Labitte, 1842); les *Essais poétiques* (1843) et les *Esquisses poétiques* (1846) d'Émilie Evershed sont publiés chez Bossange (1843).

3. Les écoles privées, laïques ou religieuses, offrent un programme proche de celui des écoles françaises. Certaines écoles pour enfants de couleur offrent de préparer les élèves au baccalauréat et de le faire passer à Paris, quatre mois après l'arrivée en France. Michel Séligny fonde aussi l'Académie Sainte-Barbe en souvenir du collège du même nom où il a fait ses études. Son académie existera de 1833 à 1846.

4. Beaucoup d'écrivains louisianais seront éduqués en France, entre autres, les frères Rouquette à Nantes, Charles Deléry à Paris, Georges Desommes et Michel Séligny au Collège Sainte-Barbe à Paris, Édouard Desommes au Lycée Louis-le-Grand ainsi que le docteur Mercier qui fera toutes ses études secondaires et supérieures en France.

5. Ce n'est qu'à partir des années 1870 que les romanciers publient leurs écrits directement chez un imprimeur, exception faite de Charles Testut (1819-1892) qui publie *Les Veillées louisianaises* (Méridien, 1849), *Les Mystères de La Nouvelle-Orléans* (Gaux, 1853) et Louis-Armand Garreau (1817-1865) qui publie *Louisiana* (Méridien, 1849).

6. Edward Larocque Tinker, dans la première étude de la presse française, *Bibliography of the French Newspapers and Periodicals of Louisiana* (Worcester, Massachusetts, American Antiquarian Society, 1933), fait cette remarque amusante, mais vraie : «The French newspapers and periodicals [...] sprang up in Louisiana like mushrooms and died like flies during the nineteenth-century.» (p. 6)

7. Cité par Auguste Viatte dans *Histoire littéraire de l'Amérique française*, Québec/Paris, PUL/PUF, 1953, p. 267-268.

8. *Ibid.*, p. 513.

9. Auguste Viatte a véritablement découvert Séligny, bien qu'il n'ait connu qu'une partie de ses écrits. Dans sa contribution «Littérature d'expression française», (*Histoire des littératures*, Paris, Gallimard, 1958), il fait l'éloge du «charme discret des nouvelles du mulâtre Séligny» (p. 1391). Dans son *Histoire littéraire de l'Amérique française*, il note : «seules les nouvelles de Séligny ont quelque mérite [...] il emprunte à sa propre vie et aux anecdotes locales des récits à la sensibilité pénétrante, joliment écrit, peut-être un peu trop marqués par les cadences de Chateaubriand» (p. 272); «seuls en Louisiane dans un fatras extravagant, certains contes de Séligny [...] ont quelque chose de leur accent [les récits trop didactiques, mais simples et vrais du Québec et d'Haïti]» (p. 513). Dans son *Anthologie littéraire de l'Amérique francophone* (Sherbrooke, Université de Sherbrooke, 1971), il reproduit un extrait de «Un drame au lac Pontchartrain». Dans son *Histoire comparée des littératures francophones* (Paris, Nathan, 1980), il mentionne que les nouvelles et contes de Séligny ne manquent pas de talent (p. 38).

10. En dépouillant *L'Abeille de La Nouvelle-Orléans* de 1827 à 1868 et *Le Courrier de la Louisiane* de 1810 à 1860, j'ai trouvé un total de vingt-cinq nouvelles et récits au lieu des huit mentionnés par Viatte. Pour les autres écrits, articles et essais, j'en ai retrouvé douze au lieu des quatre mentionnés dans le «Complément à la bibliographie de Tinker», *Revue de Louisiane/Louisiana Review*, 3, hiver 1974, p. 42-43. Une édition des écrits de Séligny est en préparation.

11. Je n'ai pu retrouver que quelques documents sur la vie de Michel Séligny, comme son testament et sa succession testamentaire. Il est né probablement entre 1806 et 1808, à Saint-Domingue ou à Cuba (peut-être à Santa Catalina del Saltadero, près de la baie de Guantanamo, où une colonie de réfugiés de Saint-Domingue s'était établie et d'où elle avait été expulsée en 1809 par les autorités espagnoles). Beaucoup de ces réfugiés blancs et de

couleur ont émigré en Louisiane en 1809. La mère de Séligny, qui a eu d'autres enfants, et de Camille Thierry, son demi-frère, était une femme libre de couleur, mentionnée pour la première fois dans le recensement fédéral de 1810. Son nom, Philise Lahogue, indique qu'elle est née sur la plantation de Lahogue, en Haïti, en 1790. Elle a vécu avec un certain Thierry, originaire de Bordeaux qui a reconnu ses deux fils, Camille, le poète louisianais, et son frère Gustave-Julien. Michel Séligny a fait des études en France au Collège Sainte-Barbe à Paris. Un des membres du comité de l'Association amicale du collège était un avocat, Ernest de Séligny. Sans indication de nom dans le *Livret de la fête annuelle des anciens élèves de Sainte-Barbe*, il est mentionné qu'un Barbiste, avocat, était revenu d'Amérique en 1818. À son retour en Louisiane, Michel Séligny fonde une école pour enfants libres de couleur, l'Académie Sainte-Barbe. De 1847 à 1856, il n'y a aucun document précis, mais nous savons qu'il a fait un séjour en France, qu'il est revenu par le vapeur l'*Alma* en novembre 1856 et qu'il était accompagné de sa femme, Madeleine Fernand Liotaud, fille d'un poète louisianais, homme libre de couleur, et de son fils. Séligny reste en Louisiane jusqu'en avril 1867 et meurt à Bordeaux en septembre de la même année. Edward Larocque Tinker mentionne que Séligny est mort à Paris en 1868, erreur qui a été répétée ensuite par tous les chercheurs. Michel Séligny appartenait à cette élite de gens de couleur francophones, originaires de Saint-Domingue, très bien éduqués et engagés dans la vie littéraire louisianaise et dans l'éducation. Bien qu'ils n'aient eu aucun pouvoir

politique jusqu'à la guerre de Sécession, ils formaient une classe intermédiaire d'artisans, d'enseignants, de marchands, de propriétaires assez riches. Michel Séligny était, pour sa part, propriétaire de trois maisons situées dans le quartier français de la ville, ayant une valeur de seize mille dollars, somme considérable pour l'époque.

12. Au sens étymologique de narration, ce mot est employé dans les variétés de la presse louisianaise. Hains B (Heinz ou Henri Boussuge), le feuilletoniste attitré de *L'Abeille*, publie une nouvelle intitulée «Simple histoire» (1837) et une «Histoire de tout le monde» (1838).

13. Les citations proviennent de «Simple histoire» (1854), «Le petit fugitif» (1855) et «Une orpheline» (1855).

14. Jean-Claude Vareille, *L'Homme masqué, le justicier et le détective*, Lyon, Presses Universitaires de Lyon, 1989, p. 64.

15. Marc Angenot, *Le Roman populaire*, Montréal, Presses de l'Université du Québec, 1975, p. 64.

16. Les épiphonèmes sont une constante dans l'écriture sélignienne depuis 1847 jusqu'à sa dernière nouvelle retrouvée, publiée en 1861.

17. Les essais de Séligny sont tous marqués de l'expression d'une foi vive et sincère. Ses articles traitent de la vie religieuse catholique à La Nouvelle-Orléans, la fête de la Toussaint, célébrée de manière solennelle, les sermons du Carême, la communion solennelle à la Cathédrale, la dédicace d'une nouvelle église, un appel à la charité pour le soutien de l'Asile des orphelins catholiques.

18. Chateaubriand, *Mémoires d'outre-tombe*, Paris, Flammarion, 1964, vol. 2, p. 43-44.

19. *L'Athénée louisianais*, fondée en 1876 par l'élite des Créoles blancs francophones pour la défense de la langue et de la culture française, était une organisation conservatrice qui avait, par ailleurs, oublié la contribution des gens libres de couleur à la littérature louisianaise et à la vie intellectuelle de la communauté francophone. Rodolphe Lucien Desdunes, un écrivain noir, rappelle cette contribution dans son livre *Nos hommes et notre histoire* (Montréal, Arbour et Dupont, 1911), traduit par soeur Dorothea Olga McCants (*Our People and our History*, Bâton-Rouge, Louisiana State University Press, 1973). Desdunes ne fait aucune mention de Séligny. Edward Larocque Tinker dans *Les Écrits de langue française en Louisiane au XIXe siècle* (Paris, Honoré Champion, 1932) mentionne que Séligny s'était épris d'une femme mariée, mère de dix enfants, que Réginald Hamel transforme en femme blanche, qu'il avait été renié par sa mère (morte en 1853) et par ses demi-frères et qu'il s'était rendu à Paris avec cette femme, où il est mort en 1868. Or Séligny vit à La Nouvelle-Orléans avec sa femme et son enfant, de 1856 à 1867, où il enseigne bien sagement le français et gère ses propriétés.

20. François Rutten, «Sur les notions de texte et de lecture dans une théorie de la réception», *Revue des sciences humaines*, 177, 1980-1, p. 73.

ETHNICITÉ ET HUMOUR : LES CADIENS LOUISIANAIS

A. David Barry
Université Southwestern (Louisiane)

L'humour ethnique comprend normalement une dichotomie socio-culturelle entre l'humour intériorisé, qui s'adresse aux membres du groupe ethnique dont il reflète certaines réalités collectives, et l'humour extériorisé qui crée des images stéréotypées du groupe perçues par des personnes en dehors du groupe ethnique. Selon les théories traditionnelles, l'humour naît d'un sentiment de supériorité, d'une incongruité ou d'un souci d'adoucir une situation. L'humour extérieur reposant sur des stéréotypes est commenté par Platon qui en souligne le caractère malicieux et méprisant :

> N'en est-il pas de même à l'égard du ridicule? Et quand tu écoutes dans une représentation théâtrale ou dans une conversation privée une bouffon-nerie que tu aurais honte de faire toi-même, et que tu y prends un vif plaisir au lieu d'en réprouver la perversité [...] tu te laisses souvent en-traîner sans y penser à faire dans les conversations le métier de farceur[1].

Aristote reprend la même idée dans sa *Poétique* quand il dit : « La comédie est, comme nous l'avons dit, la représentation d'hommes bas [...][2] » Une blague juive, polonaise ou cadienne renvoie toute une collectivité ethnique au bas de l'échelle socioculturelle dans le but de valoriser un individu ou un groupe d'individus aux dépens d'un autre groupe. Les caractéristiques stéréotypées qui sont à la base de cet humour visent, à la fois, le collectif et l'individu qui est identifié ou qui s'identifie au groupe ethnique. Même si l'identité ethnique se base, au départ, sur des réalités culturelles et psychologiques positives, l'humour extérieur renverse les valeurs propres au groupe cible en le rendant méprisable et ridicule.

Comme l'a si bien dit William Hazlitt, en 1885, l'humour ethnique in-térieur se situe dans les deux autres théories traditionnelles, soit l'incon-gruité[3] ou l'allégement : « The essence of the laughable then is the incongruous, the disconnecting one idea from another, or the jostling of one feeling against another[4]. » Il distingue les niveaux d'humour : l'acci-dent ou l'inattendu dans une série d'actions, le désaccord entre l'objet et ce qu'on attend de l'objet, le contraire de l'habituel ou du désiré.

Selon Freud, l'allégement vient d'un désir de défoulement d'énergie nerveuse ou émotive. Herbert Spencer, qui s'inspire des sciences naturelles, en particulier de la théorie hydraulique d'énergie nerveuse selon laquelle cette énergie s'accumule dans le corps et doit se ménager une issue par des muscles [le rire], prétend que cette énergie nerveuse n'est autre que le désir de refouler ou de supprimer des sentiments agressifs ou sexuels tabous. On se prépare à confronter un sentiment négatif [peur, pitié, colère, etc.], puis en se rendant compte que ce n'est pas nécessaire, cette énergie superflue se dépense dans le rire. « Dans mon livre : *Le Mot d'esprit et ses rapports avec l'inconscient*, [...] je cherchais à découvrir la source du plaisir que nous procure l'humour, et je pense avoir montré que le bénéfice de plaisir dû à l'humour dérive de l'épargne d'une dépense affective[5]. »

Pour le groupe ou l'individu, ces deux théories dans le contexte de l'humour ethnique intérieur leur permettent de confronter et de s'entendre avec la réalité socioculturelle qui est la leur. Il ne s'agit pas d'une prise de position supérieure, donc extérieure, mais d'une identité ou complicité collective.

Dans le sud de la Louisiane, cette dichotomie s'illustre habituellement par les étiquettes : humour cadien et humour *coonass* [terme anglophone péjoratif qui veut dire « cul de raton laveur »], qui reflètent ou qui prétendent refléter une réalité socioculturelle spécifique, celle de la minorité d'origine francophone de la région. Néanmoins, ces deux étiquettes ne sont pas catégoriquement exclusives, car il y a des Cadiens francophones qui se considèrent des *Coonass*, comme en font mention les autocollants qui proclament « I am a proud Coonass! » D'autre part, il y a des Américains d'origine anglophone qui s'identifient à des traits socioculturels du groupe cadien, tels que la cuisine, la musique, la langue, le comportement collectif ou familial.

Malgré ces glissements interculturels, on peut proposer que ce phénomène dualiste est encore plus évident dans la culture francophone des Cadiens, car il existe non seulement une dichotomie externe/interne de l'humour, mais aussi la dichotomie linguistique de l'anglais et du français cadien. Même si sa connaissance du français est plutôt passive ou marginale, ce qui est le cas pour la majorité des jeunes, le Cadien se définit à l'intérieur de son groupe ethnique par la langue maternelle du collectif, le français. Parfois, on a affaire à un emploi de l'anglais qui recoupe, de façon sociolinguistique, le français cadien, sans que le locuteur unilingue en soit conscient. Par contre, les groupes externes [anglophones] ne peuvent se faire une idée des Cadiens en français, et ils n'ont pas accès à ce fonds linguistique et culturel interne. Alors, ils ont forcément recours à l'anglais américain qui les dissocie de cette réalité ethnique intériorisée. Ce phénomène linguistique a deux conséquences : il isole le groupe par la différence, mais en même temps le protège culturellement contre l'assimilation anglo-américaine.

Il vaudrait mieux, peut-être, redéfinir cette dichotomie d'une façon plus précise. Premièrement, il y a l'humour ethnique [dit *cadien*] qui s'installe au sein du groupe ethnique et qui se définit dans le contexte particulier du collectif. Il exprime une certaine réalité culturelle à travers des caractéristiques spécifiques du groupe : les faiblesses et les forces physiques et morales, les institutions culturelles, religieuses et politiques, le maniérisme collectif et individuel, ainsi que les préoccupations particulières. Deuxièmement, il y a l'humour basé sur l'ethnicité [dit *coonass*] qui vise les membres du groupe. Soit en créant, soit en perpétuant des stéréotypes exagérés du collectif ethnique, l'humour *coonass* déforme la réalité ethnique au lieu de la souligner, nivelle les différences par des stéréotypes et, de fait, dévalorise l'idée d'ethnicité. Il faut noter que l'auditoire, donc le destinataire de ces blagues et plaisanteries, est différent dans les deux cas. Le premier se forme et s'exprime au sein du collectif. Le français cadien assure l'identité de l'auditoire et renforce cette identité ethnique. Le deuxième s'adresse à un public externe ou aux membres du groupe qui veulent, par leur participation, se dissocier de cette identité. Ils voient le groupe comme *Autre* et, par extension, inférieur. C'est donc l'optique ou le *Regard* qui différencie les deux parties de la dichotomie d'humour ethnique.

Dans le cas de l'humour ethnique des Cadiens, on peut illustrer cette hypothèse en nous servant de deux humoristes qui s'inspirent de la réalité socioculturelle du sud de la Louisiane : Marion Marcotte et Justin Wilson. Marcotte, né à Moreauville dans la zone cadienne, est d'origine campagnarde francophone. Il a ainsi été élevé dans le milieu ethnique, et s'identifie à lui. Son humour s'exprime toujours en français cadien et traite de la réalité intériorisée du groupe. Qu'elles soient sur disques ou en direct, ses présentations (contes, blagues, chansons humoristiques) restent toujours dans la tradition orale de la région. Wilson, né au Mississippi et résident de Denham Springs en Louisiane, vit hors de la zone francophone et n'a fréquenté que sporadiquement des Cadiens dans un contexte limité ou hors du milieu collectif. Il ne parle ni le français cadien ni le français de France; donc, il représente bien le regard extérieur qui se porte sur le groupe ethnique. Ces deux humoristes incarnent ainsi la dichotomie externe/interne, aussi bien que la dualité sociolinguistique implicite chez les Cadiens vis-à-vis l'*Autre* dans le contexte de cette dichotomie.

Afin de faciliter la comparaison de ces deux personnes, on peut se servir de trois éléments fondamentaux qui caractérisent leur humour individuel : la forme de la présentation humoristique, le langage employé et les motifs ou les types humoristiques qui forment le contenu de la présentation. Dans les deux cas, la forme s'insère dans la tradition orale de la région ethnique. Cette tradition servait, depuis l'établissement des Acadiens en Louisiane, à transmettre toutes les caractéristiques culturelles du collectif : chansons, contes, légendes, moeurs, métiers et coutumes. La tradition orale, quel que soit le trait culturel en considération, est essentielle à la promulgation et à la préservation de l'identité du groupe dans sa réalité spécifique.

Étant donné l'importance fondamentale de la tradition orale, le deuxième élément — le langage — s'impose comme capital dans l'expression humoristique, car le choix de langue ou de variété linguistique définit, à la fois, le regard individuel de l'humoriste, le rapport entre l'humour exprimé et le groupe ethnique qui en est le sujet, et la perception de la réalité socioculturelle du collectif. La variété linguistique dont on se sert définit, d'une façon ou d'une autre, cette réalité collective et la valorise ou la dévalorise selon les perceptions sociolinguistiques extérieures ou intérieures.

Les motifs ou le contenu qui s'expriment dans cet humour décrivent les fondements affectifs et psychologiques de la culture ethnique. L'inventaire de ces motifs chez Marcotte et Wilson dévoile non seulement le regard personnel de l'humoriste, mais aussi la psyché collective du groupe ethnique tel qu'il est défini et projeté par l'humour. Ce contenu révèle l'impact souhaité par le conteur et son public à qui la présentation est destinée. L'ensemble situe donc le présentateur dans le cadre de la dichotomie externe/interne et souligne la raison d'être de l'humour ethnique.

Justin Wilson, dans la forme même de sa présentation, crée un stéréotype du Cadien en sa propre personne, qui prépare l'auditoire à un cycle répétitif de stéréotypes. Devenu célèbre en dehors du milieu ethnique par son programme de cuisine cadienne, trait culturel à la mode actuellement, Wilson ponctue ses recettes par des blagues courtes, par des plaisanteries. Il y ajoute des effets sonores produits vocalement et des interjections personnelles, comme « I gar-on-tee! » et « Lady and gentlemens ». Cette présentation ne reflète aucune réalité ethnique des Cadiens, mais crée plutôt une image péjorative du Cadien en la personne de l'humoriste. Ce stéréotype est renforcé par sa façon de s'habiller, toujours en chemise blanche, bretelles rouges, chapeau de paille et cravate western, tenue qui ne correspond pas du tout aux habitudes vestimentaires du groupe. Cette fausseté se fait sentir dès le début de chaque présentation quand Wilson lance au public, « How y'all are ? I'm glad fo' you to see me, I gar-on-tee! » L'image est claire. Le Cadien est ignorant, illettré, rustaud.

L'élément langagier, toujours dans la tradition orale des Cadiens, renforce cette image visuelle par la création d'un *patois* cadien en anglais. Comme le dit son coauteur, Howard Jacobs, le *patois* inventé par Justin Wilson est essentiel à la création d'une atmosphère et d'un ton voulu par l'humoriste. Dans son premier livre, Wilson donne la *recette* pour devenir instantanément cadien. Il s'agit de parler comme un Cadien, ce qui, selon l'auteur, est très facile. Il faut déformer autant de mots que possible, surtout ceux qui sont multisyllabiques, tout en gardant une similitude phonétique. Par exemple, « police petroleum » pour « patrolman » et « police syringe » pour « police siren »; ou « granulate » pour « graduate »; ou « lay awake plan » pour « lay away ». Il faut ajouter « ing » à tous les adjectifs dans les mots composés comme « roughing neck » ou « drafting board ». Parfois, on peut simplement déformer le mot, et par conséquent le sens, comme « real serial » pour « serious », ou « ah-romatic shoot gun » pour « automatic shot gun ». Grammaticalement, on met les verbes au passé comme « I'm gonna tole you » ou on fait d'un verbe un substantif au pluriel comme « Das where de imagines come in ». La phonétique de ce patois est simple aussi, car on n'a qu'à laisser tomber un certain nombre de lettres à la fin d'un mot, comme « you » pour « your », « wit » pour « with » ou « instructs » pour « instructions », et éliminer certaines consonnes ou faire des substitutions dans certains mots comme « t'ing », « dey », « dem ». Ainsi, parle-t-on le patois cadien anglophone. Bien sûr, pas un Cadien ne parle anglais de cette façon et l'auditoire se trouve devant un parler stéréotypé et imaginaire qui caricature le Cadien en le présentant comme ignorant, sans éducation et ne parlant ni anglais ni français. Toute communication avec lui est mal comprise, et n'aboutit qu'au malentendu ou à l'incompréhension. Le dénigrement de la langue dans la tradition orale est la meilleure façon de rabaisser le groupe ethnique. Un bon exemple d'une blague wilsonienne où le malentendu langagier ridiculise l'identité ethnique est celle des Cadiens embauchés à Cape Kennedy. Wilson raconte : « Dey work dem 'bout t'ree week, an' SHOOM, dey run 'em all off at once time, because avery time dey holler LAUNCH dey go got somt'ing to eat ». Tous les éléments mentionnés ci-dessus se trouvent dans cette courte anecdote. Le jeu de mots résulte du malentendu linguistique entre « launch » (le lancement d'une fusée) et « lunch » (le déjeuner), c'est-à-dire une confusion de l'anglais par le Cadien.

Le dernier élément d'analyse, le contenu et les motifs, est probablement le plus important quant à la définition d'une réalité ethnique et de sa psychologie collective, car les motifs humoristiques dévoilent les traits du groupe et créent l'image de cette spécificité cadienne. En se servant de l'*Index des motifs humoristiques* de Stith-Thompson, on a fait l'inventaire de plus de cent blagues de Justin Wilson afin de relever la fréquence des types psychologiques et le contexte dans lequel l'humoriste les situe. Les trois quarts des plaisanteries inventoriées se classent dans trois motifs similaires : l'action bête ou absurde, le malentendu linguistique dénigrant, la réplique absurde. Le ton généralisé de l'humour wilsonien présente donc le groupe cadien comme ignorant, rustre et incapable de communiquer avec ceux qui se trouvent hors de son milieu ethnique. Dans presque toutes les blagues, c'est le Cadien qui se trompe ou dévoile son ignorance, comme l'exemple suivant le montre :

> Il y avait un Cadien de Church Point qui avait entendu parler d'un bateau nucléaire à La Nouvelle-Orléans, alors, « he put his whole fambly in de auromobile an' come down to took a look at de nuclear ship tie isse'f up at Poydras Street. W'en he got to New Or-lee-anh he brought hisse'f to a dead still by a policeman cop an' he say, 'Ma' frien', you can tole me where is dat nutria power ship? Me, I got to see how dem li'l animule can run a big boat all by deyse'f'[6].

Ce malentendu linguistique lié à la technologie moderne déroute tout à fait le Cadien. D'autres éléments linguistiques renforcent ce stéréotype ignorant, comme le bateau qui s'amarre à quai tout seul ou la déformation idiomatique de « dead stop » à « dead still ». Bien sûr, tous les autres éléments linguistiques du patois wilsonien s'y trouvent aussi pour souligner l'effet humoristique. La caricature ethnique est complète.

Un dernier phénomène chez Wilson est le grand nombre de blagues qui se retrouvent dans l'humour visant d'autres groupes ethniques comme les Juifs, les Polonais ou les Aggies (les habitants du Texas, plus particulièrement des diplômés de l'Université de Texas A & M). Une de ces plaisanteries universelles qui présente la stupidité du groupe ethnique est celle où l'on s'approche d'un groupe d'ouvriers [dans ce cas, des Cadiens] qui installent des poteaux téléphoniques. Un Cadien est perché sur le poteau [position ridicule] et essaie de mesurer le poteau : « I say, 'W'at y'all doin' dair, hanh?' An' dat li'l bitty Cajun cass an eye on me an' say, 'Any fool can see w'at we're doin'. We're tryin' to measure how high dis pole is'. I say, 'Lay it down on de groun'. You can measure how long it is easy like dat'. He say, 'We KNOW how long it is, We want to fine out how HIGH it is'. » Cette blague n'a rien de spécifiquement cadien et s'applique à n'importe quel groupe ethnique qu'on veut ridiculiser. Cette perception erronée de la réalité socioculturelle des Cadiens dans l'humour de Wilson établit le regard extérieur de l'humoriste et crée une image artificielle et fausse de l'ethnicité. L'authenticité culturelle n'y est pour rien. La supériorité de l'*Autre* est établie aux dépens du Cadien.

La présentation humoristique de Marion Marcotte, par contre, prend une tout autre forme que celle de Justin Wilson. Au lieu d'une série de blagues courtes et qui se répètent, Marcotte adopte des formes orales plus traditionnelles de la culture cadienne. Il s'agit de contes et d'histoires amusantes qui enchaînent une suite d'événements et qui durent souvent de 5 à 10 minutes. La musique, trait important dans la culture, joue aussi un rôle majeur dans la forme humoristique. Marcotte s'accompagne à la guitare pour souligner les éléments de son histoire ou pour lier les événements les uns aux autres. Parfois, l'histoire adopte une forme musicale, telle la ballade des *Noces à Rosilia* où l'humoriste décrit les noces, puis continue avec une chanson qu'il avait écrite en rentrant après la fête. Marcotte se situe au beau milieu du groupe ethnique qu'il présente dans ses contes. Les situations sont typiques et authentiques : mariage, fais-dodo, concours de tir à fusil, salle de danse, commis-voyageur. L'humoriste se met au même niveau que le collectif et décrit leur réalité de l'intérieur. À la différence de Wilson, Marcotte se lance dès son entrée sur scène dans ses histoires drôles avec, « Mes amis, ça me donne un gros plaisir d'être icitte parmi toute cette vaillante bande de Cadiens! ». L'intimité et l'intériorité se remarquent aisément; on est bien chez soi, entre nous.

Le deuxième élément de cet humour est la langue : le français cadien tel qu'il est parlé par tout le monde. Le Cadien s'identifie naturellement au conteur, car il se sert de la langue qui est la leur, surtout en plaisantant entre eux. L'aspect humoristique du langage marcottien ne provient pas de la déformation linguistique ou de la création artificielle d'un patois, mais des jeux de mots, des tournures de phrases inattendues, des répétitions phonétiques dans les mots, des exagérations et des calembours. Tous les éléments linguistiques viennent de la langue des Cadiens et exigent la compréhension pour être appréciés par l'auditoire. Cette langue dépend donc de l'incongruité et de l'allégement des tournures afin de faire rire, et non pas d'une dégradation linguistique qui relève d'un sentiment de supériorité de la part de l'humoriste.

Quelques exemples de l'emploi du français cadien chez Marcotte pourraient illustrer en quoi consiste cet humour et comment il respecte l'intégrité de la langue tout en créant des situations amusantes. Les répétitions prennent deux formes : d'abord les listes avec des sons identiques comme ces prénoms de jeunes filles appartenant à la même famille : « Nita, Ida, Lisa, Alicia, Lina, Alida, Alma, c'est tout là! ». Puis, Marcotte crée aussi des listes humoristiques à partir d'un seul mot comme le festin de mariage où l'on servait « la viande de cochon, les pattes de cochon, les oreilles de cochon, la tête de cochon, la daube de cochon; j'avais jamais vu tant de cochonneries ». Ici, la répétition se termine sur un jeu de mots à partir des réalités alimentaires anodines et un calembour inattendu. Seul, un francophone y voit l'humour. Le calembour est une technique valorisante qui donne plus d'éclat et rehausse la valeur du groupe ethnique par la finesse de sa langue.

Marcotte crée aussi des expressions exagérées ou incongrues qui amusent comme la femme qui avait « la galle de sept ans si mauvais qu'elle l'a gardée huit ans » ou le Cadien qui avait « un mulet de 50 mains haut » ou le chasseur qui avait un fusil avec un « canon de 63 pouces pour capoter les oies chez le Bon Dieu » ou le soleil qui « m'avait grillé les paupières » ou, encore, les trois femmes qui avaient « la tête dans le même bonnet ». Un autre procédé de son art est la métaphore qui transforme en caricature, comme « le bougre qui était si maigre que, quand il boit du 'pop rouge', il ressemble à un thermomètre », la vieille femme qui avait « plus d'esprit qu'une talle d'éronces » ou « le café qui était si faible que la grègue a tombé dans les braises des cendres ». On constate que la connaissance du français cadien est essentielle pour saisir la verve et l'humour de Marcotte. L'*Autre*, l'Américain, en est exclu par son manque de connaissance linguistique. De temps en temps, l'humoriste sème quelques mots d'anglais dans sa présentation, ce qui renforce la réalité bilingue des Cadiens; il parle, par exemple, du tonique « Has-it-all » qui guérit tout ou de son « Morning Dew Pierre Part syrol de toux cough syrup », traduction inutile qui fait rire ou qui crée un calembour inattendu. On y trouve aussi des marques de produits américains reconnues, comme le tabac « Bull Durham » ou le « Pet Milk » pour le café.

Tout comme Justin Wilson, les motifs et le contenu des plaisanteries de Marcotte définissent le groupe ethnique. S'adressant aux Cadiens, de l'intérieur de leur réalité socioculturelle, Marcotte fait passer tous les motifs humoristiques universels, mais dans le contexte de la réalité spécifique du collectif. Il n'a pas besoin, lui, de créer de stéréotypes faux comme les idiots illettrés de Justin Wilson, car il parle aux Cadiens d'eux-mêmes. Ainsi, l'identité du groupe est déjà établie et il leur parle de leur personne dans toute la richesse et la complexité de leur réalité socioculturelle : la religion, le mariage, les affaires, les métiers, les divertissements comme la pêche, la chasse, le concours de tir, les bals, les fêtes, et les métiers de fermier, chasseur, pêcheur, etc. Personne n'échappe à son humour : le menteur, l'épouse infidèle, le beau-père, le sage et le fou, le petit malin, le gourmand, le charlatan, le commis-voyageur, mais ils sont tous Cadiens. Ces récits coulent d'un type au suivant, entrelacés par la musique et des interjections spontanées comme « Tonnerre mes chiens! » ou « Pense donc! ». Le tout offre de savoureux tableaux du milieu cadien, une riche mosaïque des Cadiens où chacun se retrouve ou y retrouve des voisins. L'identité ethnique se rétablit à chaque présentation et le rire crée une intimité et une fraternité au sein du groupe. Le Cadien se perpétue par son propre humour.

Où est le véritable humour ethnique, celui qui saisit, décrit et renforce les valeurs socioculturelles et linguistiques du collectif? L'ethnicité se maintient par les traits positifs du groupe, en reconnaissant toutefois ses caractéristiques négatives. Cette petite blague sur l'éducation des enfants cadiens à l'époque où le français était interdit résume assez bien l'humour ethnique des Cadiens :

> Les petits enfants ont été à l'école pour rencontrer la nouvelle maîtresse de classe américaine. Elle avait décidé de leur montrer des numéros premièrement, sachant qu'ils ne parlaient pas anglais. Elle a écrit des numéros de 1 à 10 au tableau et s'a adressé aux élèves, « Say One ». Ils ont répondu, « One ». « Say two ». Et ils sont partis...

BIBLIOGRAPHIE

Marion Marcotte, *Favorite Cajun Tales*, Jin & Swallow Records, Ville Platte, Louisiana, #6004.

Justin Wilson and Howard Jacobs, *Justin Wilson's Cajun Humor*, Gretna, Louisiana, Pelican Publishing Co., 1974.

Justin Wilson and Howard Jacobs, *More Cajun Humor*, Gretna, Louisiana, Pelican Publishing Co., 1984.

NOTES

1. Platon, *Oeuvres complètes : La République*, Paris, Société d'éditions «Les Belles Lettres», 1964, livre X, p. 101.

2. Aristote, *La Poétique*, Paris, Seuil, 1980, p. 49.

3. Notée par Aristote et Cicéron, l'incongruité, comme élément fondamental du rire, s'est développée au XIXe siècle puisqu'il s'agit d'une réaction à la perception d'une incongruité dans la réalité ou le comportement humain.

4. Hazlitt s'est inspiré des écrits de Kant et de Schopenhauer.

5. Sigmund Freud, *Le Mot d'esprit et ses rapports avec l'inconscient*, Paris, Gallimard, coll. Idées, 1930, p. 399.

APOLOGIE DE LOUIS DANTIN

Réjean Robidoux
Université d'Ottawa

Chaque fois qu'Eugène Seers, alias Louis Dantin, est mis à contribution comme utilité de circonstance dans la représentation ou l'approfondissement du cas Nelligan, il paraît de bon ton de le traiter cavalièrement, sans souci de vérité ni d'équité, qu'on se situe au plan biographique ou bien imaginaire, ou qu'on s'en tienne strictement à la littérature. Je parle d'hier et d'aujourd'hui, mais aussi du futur prochain. Ainsi, par exemple, dans le film, *L'Ange noir*, qui se prépare sur le sujet (ou le prétexte) d'Émile Nelligan. Bien sûr, il est trop tôt pour (pré)juger du film, mais déjà on en parle, et ce qu'on en dit a de quoi faire appréhender le pire : « Le poète incompris dévoilera son côté *baveux* à l'écran[1]. » L'oeuvre sera « de fiction », on le précise; mais on affirme néanmoins s'appuyer « sur un énorme travail de recherche » — recherche historique —, dont on nous donne un échantillon à propos justement de la vie d'Eugène Seers, où chaque trait, à force d'être outré et simplificateur, comporte plus de faux que de vrai, dans la lettre comme dans l'esprit; qu'on en juge :

> À dix-neuf ans, Seers a été foudroyé par la foi au cours d'un voyage en France et entre chez les Pères du Très-Saint-Sacrement. À vingt-cinq ans, il était devenu le supérieur de sa communauté pour toute la Belgique; à 27 ans, pour toute la France; à 28 ans, il s'est fait pincer pour avoir engrossé une jeune Belge de 16 ans. Les Pères du Très-Saint-Sacrement le rapatrient à Montréal, le cachent dans le fin fond du presbytère, au coin de Mont-Royal et St-Hubert. Pendant ce temps-là, Seers s'occupe de Nelligan, publie en 1902 une série d'articles qui révèlent l'oeuvre du poète. Les supérieurs de Seers le somment d'interrompre ça, en conséquence de quoi il défroque, il va marier [sic] une Noire à Boston où il finit ses jours comme typographe à l'Université de Harvard. Imaginez la richesse du personnage![2]

Personnage « riche », en effet! mais que n'atténue aucune nuance; personnage surtout romanesque et bien distant de la réalité. Mais de cela, on n'a cure. Procéder ainsi face à une personne notoirement campée dans la géographie et l'histoire témoigne d'une démarche cavalière qui dénote une indécrottable inconscience ou frise la malhonnêteté la plus éhontée.

Les chercheurs patentés qui ont aligné ces quelques *faits* ne semblent pas s'être donné la peine d'explorer les archives du Fonds Gabriel Nadeau, à la Bibliothèque nationale du Québec, ni de connaître les importants travaux jusqu'ici consacrés à Dantin : 1- Gabriel Nadeau, *Louis Dantin, sa vie et son oeuvre*, Manchester, Éditions Lafayette, 1948, 253 p.[3]; 2- Yves Garon, « Louis Dantin, sa vie et son oeuvre », thèse de doctorat ès lettres, Université Laval, Québec, 1960, xiii, 642 f.[4]; 3- Placide Gaboury, *Louis Dantin et la critique d'identification*, Montréal, Hurtubise-HMH, 1973, 263 p.[5]; 4- *Écrits du Canada français*, n⁰ˢ 44-45, 1982, 322 p., consacrés entièrement à Louis Dantin et à sa correspondance.

De veine semblable, dans des scènes qui devraient être cruciales dans l'opéra *Nelligan*[6] (1990), Michel Tremblay n'a rien trouvé de mieux que d'inventer une situation parodique où le pauvre Seers se voit contraint de jouer les ineptes, entre Françoise, la « soeur d'amitié » larmoyante, et la mère aux abois du mauvais garçon. Cela culmine avec un Nelligan, sacrilège au petit pied, qui profane un autel afin de trouver sa pitance d'extrême nécessité, au grand scandale d'un prêtre zélé qui ne rêve plus que de faire valoir des poèmes édifiants (« ...donner de lui la vision d'un poète catholique![...] Je ferai tout pour faire connaître le vrai Émile Nelligan![7] »). Fiction, sans nul doute! et très mauvaise, car elle frise le ridicule, pour Nelligan-le-pathétique autant que pour Dantin, le prêtre en porte-à-faux, alors qu'il y avait bien d'autres moyens, tout ensemble plus vrais et plus dramatiques, de montrer le poète aux portes de l'enfer[8].

Au dire de Bernard Courteau, il n'y aurait là aucun problème, « la chose est *vraisemblable* mais demeure affabulation[9] ». Encore faudrait-il à propos distinguer des degrés dans la vraisemblance. Au delà d'un certain seuil, la fantaisie peut être diffamatoire. C'est aussi en tablant à l'excès sur la vraisemblance que M. Courteau « a signé en 1986 [...] une biographie intitulée *Nelligan n'était pas fou!*[10] où il développe librement des thèses personnelles sur le *cas* du poète maudit[11] ». Dans ce livre, le rôle de Dantin auprès de Nelligan est effrontément réduit à celui de la supposée « tentative d'émasculation émanant de la critique officielle[12] ». Et voilà le coupable promu d'office au rang le plus élevé de l'institution littéraire, lui qui n'avait, toutes ces années, qu'une vague identité clandestine. Mais M. Courteau n'en est pas à une invention près; il déballe ainsi à la ronde ses fantasmes subjectifs, sans égard pour la vérité historique. Son inflexible récrimination est fondée tout entière sur des postulats et des déductions qu'il n'est point besoin de prouver, comme par exemple qu'« une vingtaine [de poèmes] ont été présumément détruits par le père Seers, du Très-Saint-Sacrement, pour cause de Déraison et de Libido déchaînée » (p. 72). Mais si c'était lui, Dantin, qui avait refilé à Louvigny de Montigny l'inoffensive « Sieste ecclésiastique », parue dans *Les Débats*, le 14 janvier 1900? Cela, M. Courteau n'a pas dû le juger vraisemblable. Or c'est au nom de la vraisemblance, justement, qu'il faut mettre en doute la gratuite pudibonderie qu'on impute en 1900 au futur auteur des « Chanson[s] javanaise », « citadine » et « funéraire », ou de ces autres réservés « Poèmes pour Aphrodite[13] ». Il n'était, à l'époque, rien moins que bégueule. Après tout, l'expérience de Belgique était, de manière irréfragable, du vécu pour l'infortuné Père Seers, même s'il n'est pas vrai qu'il avait engendré une petite fille, dans son aventure[14]. Par ailleurs, il était assez peu dans la nature de Louis Dantin de jeter au feu des papiers qui, au surplus, ne lui appartenaient pas. Quant au reste, s'il avait voulu anéantir à tout jamais un texte comme « Déraison », Dantin se serait bien gardé d'en citer les vers les plus frappants dans ce qui serait le plus important de ses propres écrits.

L'idée seule que Dantin ait pu sciemment *détruire* des textes de Nelligan est une mesquinerie de l'esprit, en soi infamante. M. Courteau la fait sienne aveuglément, comme il le fait de bien d'autres fables, mais celle-ci n'est peut-être pas de son invention, car on la trouve déjà bien accréditée dans *Le Mythe de Nelligan* de Jean Larose[15] en 1982. Dans cet ouvrage dogmatique, qui prétend, ni plus ni moins, dégonfler les mystifications à coups d'*a priori* plus tranchants, Dantin est carrément un fabulateur, le premier en date, situé à l'origine de l'affaire en 1902, et le plus lamentable, parce que le suppôt de toute une lignée de mythographes impénitents, jusqu'à nos jours. Il est d'autorité jugé coupable d'avoir imposé un mythe national, dans une version aussi suspecte que celle d'un hypothétique Paterne Berrichon censurant la correspondance de Rimbaud. Pour ce faire, il a dû effectuer le « nettoyage » systématique aussi bien de l'homme Nelligan que de son conjectural grand oeuvre. « Émile Nelligan est mort », décrète Dantin : « premier travestissement de la réalité, [...] premier refoulement », rétorque le redresseur de torts, « la *folie* est scotomisée, ou déniée comme réalité » (p. 116-117). L'oeuvre doit alors se réduire par arrêt du sort à « une pure ciselure sans signification » (p. 121), une fois accompli un tri des plus arbitraires, où Dantin rate grossièrement l'essentiel quand il écarte « Déraison ». Il va de soi que ce qu'il ne retient pas, quel qu'en soit le motif, il le détruit. Il ne se fait pas faute non plus de cuisiner[16] ce qu'il conserve, de telle sorte qu'il « organise les morceaux d'une oeuvre à jamais interrompue et donne au Canada français [... à la fois] son premier *génie* et [par un tour ingénieux de passe-passe où l'on trouve compensation pour ses peines] son premier *grand critique* » (p. 119). « Et Dantin jaillit *par la porte royale*[17] »... (p. 119)

Mais, comble pourtant de l'échec, le destin de Dantin est plus affreux encore que celui de Nelligan :

> Juste après son coup de force, alors qu'il avait lui-même répondu à l'appel lancé dans le dernier de ses articles des *Débats* (« il serait digne d'un ami des lettres de sauver [l'oeuvre de Nelligan] de l'oubli définitif »), il dut abandonner la composition du recueil sous la pression de ses compères du Saint-Sacrement et s'exiler aux États-Unis. Eugène Seers, alias Serge Usène, alias Louis Dantin, le mauvais prêtre, quitte finalement sa congrégation et commence aux U.S.A. une vie misérable de critique et d'écrivain. (*Le Mythe de Nelligan*, p. 119)

Point besoin donc d'y mettre trop de manières ni de se priver de (facile) ironie avec le « texte dantinesque » (p. 114), la « critique dantinante » (p. 122), « dantineuse » (p. 126)! À chacun selon ses mérites!

Au bout du compte, vis-à-vis du malheureux Dantin, on n'est pas tellement loin ici des insultes de Valdombre (1938) : « vieillard cacochyme[18] », [...] « un certain typographe, bohème, ivrogne à ses heures, poète aux heures des autres [...] *compositeur* de génie, c'est le cas de le dire, refaisa[n]t les vers de Nelligan, qui était fou, les signait et croyait qu'ils étaient de lui[19] ». La seule différence entre les deux soi-disant démystificateurs, c'est que du côté de M. Larose ne se décèle aucune palinodie, tandis que, aussi bien pour Dantin que pour Nelligan, Claude-Henri Grignon-Valdombre brûle sottement ce que Grignon-Claude Bâcle avait naguère plus sagement adoré[20].

Pour ma part, au terme d'une longue cohabitation critique avec le tandem Nelligan-Dantin, je veux rendre justice à l'un et à l'autre, et les maintenir associés dans une unité littéralement indémaillable. Sans le singulier Père Eugène Seers, que resterait-il aujourd'hui de l'oeuvre de Nelligan? Si les 107 poèmes de l'édition princeps n'avaient pas été imprimés en 1903, les manuscrits, aujourd'hui perdus, auraient-ils été sauvés? Rien ne nous l'assure. Étant donné l'état, à la fois, d'ébauche d'un plus ou moins grand nombre de pièces, et de véritable vrac de l'ensemble, il s'agit en l'occurrence d'un sauvetage fondamental. Or le tri de Dantin a dû se soumettre à toutes sortes de nécessités qui ne relevaient qu'en partie de lui, et il ne pouvait de toute manière empêcher, du fait des circonstances générales, que le produit de son effort personnel n'intègre par la force des choses son propre message[21]. Ainsi, tout en respectant la mentalité collective d'un milieu à une époque précise, l'éditeur devait constituer un recueil cohérent qui « ménage[ât] aussi dans son entourage des susceptibilités aiguës[22] », du côté de la famille Nelligan comme de la communauté dont le Père Seers faisait toujours partie et dont il utilisait officieusement les presses, sans non plus pouvoir s'abstraire de ses lubies personnelles (peur panique de la folie et du désordre...) ou simplement de son goût subjectif. Certains vers, par exemple, qui avaient été cités dans l'article des *Débats* et donc, dans la préface, ne reparaissent pas dans le corps du recueil, parce qu'ils pouvaient être précédés ou suivis d'autres vers jugés sans valeur : « je m'étais fait une règle, explique Dantin, de n'imprimer que des morceaux présentables *dans leur ensemble* », quitte à laisser « un nouvel éditeur [...] reprendre l'oeuvre de l'ancien et [...] chercher de nouvelles perles dans cet amas qui n'a été remué qu'une fois[23] ». Est-il quelque chose de plus honnête que cette assertion?

Je suis convaincu que, avant de disparaître, Dantin a rapporté à Mme Nelligan tout le fonds dont il avait disposé, soit :

1o Ce qui était déjà typographiquement composé, c'est-à-dire la page de titre, suivie de la préface (pages numérotées en chiffres romains) et des poèmes jusqu'à la page 70 (au milieu de « Jardin sentimental »);

2º Les matériaux (transcriptions ou originaux mis en ordre et répartis en sections) préparés pour la suite et l'achèvement du volume; Charles Gill et ceux qui durent assurer la réalisation finale de l'entreprise se sont sans doute estimés très heureux d'avoir un projet aussi net à exécuter;

3º Tout le laissé pour compte, au grand complet (manuscrits utilisés ou non utilisés, poèmes ou ébauches de poèmes compris ou non dans l'édition princeps).

Quant à la mise au point (ce qu'on appelle une certaine « toilette ») du texte, je sais, pour avoir été moi-même éditeur critique de Nelligan, qu'on ne peut faire autrement que d'intervenir d'office dans l'établissement dernier de la lettre. Ce qu'on souhaiterait — mais cela était à cent lieues des préoccupations de tout éditeur de l'époque 1900 — c'est que Dantin eût indiqué chaque fois : « J'ai moi-même mis la dernière touche à ce vers, à ce poème, à ce recueil... ». Il ne l'a pas fait, est-ce une raison de le clouer au pilori? En scrutant de près les textes, on peut dans bien des cas identifier sa trace (ce que nous avons d'ailleurs fait dans notre édition, en louant la plupart du temps le larron de son acte). Cela dit, il ne faut pas négliger cet avantage — et cette liberté — unique, qui n'est échu en partage à aucun de ses successeurs et qui venait à Dantin de sa participation privilégiée aux actes de création de son compère, mais qui tenait plus profondément encore au don de s'identifier à l'autre pour arriver à faire du Nelligan plus nelliganien que Nelligan.

Je voudrais seulement suggérer en finissant que rien ne serait plus opportun aujourd'hui qu'une biographie nouvelle et moderne (mais aussi sans la fausse science de certains critiques non plus que la créativité à bon marché des artistes qui se complaisent dans la bienheureuse médiocrité de leurs inventions), biographie fidèle et complète, c'est-à-dire sans cachotterie ni fausse pudeur, de l'homme Eugène Seers, consacré Louis Dantin.

NOTES

1. «Le poète incompris dévoilera son côté *baveux* à l'écran», titre de l'article de Serge Dussault à propos du film de Robert Favreau dont on termine le montage. Voir *La Presse*, 30 mars 1991, p. C1.

2. *Ibid.*

3. On sait que le docteur Nadeau (1900-1979) a voué une bonne part de sa vie à faire connaître Dantin et son oeuvre. Outre cette biographie (fondée sur le document et sur le témoignage de première main, mais réalisée à l'ancienne, sans notes ni références strictes) dont j'indique les coordonnées, c'est lui qui a fait paraître des «Cahiers Louis Dantin» aux Éditions du Bien public, à Trois-Rivières, parmi lesquels prennent place : Louis Dantin, *Poèmes d'outre-tombe*, 1962; *Les Sentiments d'un père affectueux / Lettres de Louis Dantin à son fils*, 1963; Jean-Pierre Lefebvre, *Généalogie des Seers et familles alliées*; Joseph-Déodat Seers, *Recollections of My Father*.

4. La thèse du Père Garon (pas plus que le mémoire de D.E.S. sur le même sujet, 157 p., en 1957) n'a pas été publiée *in extenso*, mais elle est accessible, et bien des chercheurs ont pu la consulter. Dans la suite de cet ouvrage de base, il importe d'énumérer les articles suivants du Père Garon : «Louis Dantin et la critique intime», dans *La Revue de l'Université Laval*, vol. 16, nᵒˢ 5-6, janvier-février 1962, p. 521-535; «Louis Dantin aux premiers temps de l'École littéraire de Montréal», dans *L'École littéraire de Montréal*,

Montréal, Fides, 1963, p. 257-270 («Archives des lettres canadiennes», t. 2); «Louis Dantin, précurseur et frère d'Émile Nelligan», dans *Nelligan : poésie rêvée et poésie vécue*, Montréal, Cercle du Livre de France, 1969, p. 59-78.

5. L'ouvrage de Placide Gaboury comporte entre autres (p. 216-220) une chronologie qui pourrait éclairer les fabulateurs.

6. Michel Tremblay, *Nelligan/ livret d'opéra*, Montréal, Leméac, 1990, 90 p.

7. *Ibid.*, p. 69.

8. On pense, par exemple, à un possible épisode confrontant le prêtre mal dans sa peau et le pêcheur désespéré, d'après la lettre du poème «Confession nocturne».

9. Pierre Leroux, «Première de Nelligan ce soir à Montréal : Bernard Courteau lance une polémique. 'Les scènes majeures sont de moi et non de Michel Tremblay'», dans *Le Journal de Montréal*, vol. 26, nᵒ 256, 1ᵉʳ mars 1990, p. 55.

10. Bernard Courteau, *Nelligan n'était pas fou!*, Montréal, Louise Courteau éditrice, 1986, 154 p.

11. P. Leroux, *art. cit.*

12. B. Courteau, *op. cit.*, p. 42.

13. «Chanson javanaise», «Chanson citadine», «Chanson funéraire» sont des titres de longs poèmes de Louis Dantin; les «Poèmes pour Aphrodite» comprennent «À une belle masseuse», «Stance païenne», «Litanie-symbole». Voir : *Poèmes d'outre-tombe*.

14. Ce doit être de *Nelligan n'était pas fou!* (p. 83) que provient l'information citée au début du présent article à propos de la jeune Belge enceinte.

15. Jean Larose, *Le Mythe de Nelligan*, Montréal, Quinze, «Prose exacte», 1981, 141 p.

16. Au chapitre des corrections apportées au texte nelliganien, le zèle d'authenticité de M. Larose est tel qu'il va jusqu'à implicitement reprocher à Dantin de vouloir amender les erreurs typographiques de l'édition princeps. *Op. cit.*, p. 114-115.

17. La formule est empruntée à Claude Bâcle (Claude-Henri Grignon) «Louis Dantin et son dernier livre», dans *L'Avenir du Nord*, vendredi 6 mars 1931, p. 1.

18. Valdombre, «Louis Dantin dit le vieillard cacochyme», dans *Les Pamphlets de Valdombre*, 2ᵉ année, nᵒ 6, mai 1938, p. 273

19. Valdombre, «Marques d'amitié», dans *Les Pamphlets de Valdombre*, 2ᵉ année, nᵒ 4, mars 1938, p. 174.

20. Claude Bâcle, *art. cit.* : «Nelligan, cet enfant de génie, venait de sombrer pour toujours dans la mer de ses propres images et de ses rythmes de névrose. Par un matin glorieux de printemps, le «Vaisseau d'or» coulait en plein soleil, laissant après lui dans sa chute, un bruit lamentable de tombeau dont la plainte poursuivra sans cesse les méditatifs et les vrais poètes. [...] Et franchement, oui franchement, Émile Nelligan n'existerait pas aujourd'hui, ou à peu près pas, si Louis Dantin n'avait eu le courage, pour ne pas écrire

l'audace quasi scandaleuse de ramasser les perles d'un pareil écrin pour en composer la plus belle oeuvre (en tout cas, la plus originale) qui honore la littérature canadienne. D'avoir révélé au public les poèmes de ce Meurtri du Destin; d'en avoir écrit surtout une préface magistrale qui tomba, tel un coup de tonnerre sur le monde effrayé de nos lettres, voilà le plus beau titre de gloire de Louis Dantin. Car il faut bien l'avouer : par la voix autorisée, maîtresse et artiste d'un critique, Nelligan prenait possession de son rang, c'est-à-dire le premier. Depuis, il ne fut guère dépassé. Je doute fort qu'il le soit jamais. [...] Il entrait donc, en 1903, dans le domaine de la critique par la porte royale d'une introduction fameuse et définitive à l'oeuvre de Nelligan. Ainsi, il posait les assises de sa renommée comme écrivain de race et comme révélateur de l'art poétique en terre canadienne.»

21. Dans cet ordre d'idées, je suis bien conscient que la volonté forcenée d'objectivité qui a présidé à la préparation de la nouvelle édition critique des écrits de Nelligan n'a pu éliminer du produit fini la marque reconnaissable de ceux qui l'ont réalisé. Et j'ose souhaiter que ce soit tant mieux.

22. Lettre de Louis Dantin à Olivar Asselin, 30 avril 1920, citée par Paul Beaulieu, «Trois correspondants contemporains de Louis Dantin», dans *Écrits du Canada français*, nᵒˢ 44-45, p. 111.

23. *Ibid.*, p. 112. Comment Dantin pourrait-il parler de la sorte, s'il avait lui-même détruit le reliquat du recueil?

24. Voir, par exemple, le cas typique du poème «Rêve d'artiste» où c'est Dantin qui fait la trouvaille (très nelliganienne) d'«immaculés conseils» (v. 10) et qui met la touche définitive, harmonieuse et bien équilibrée, sur le vers final : «Dans l'azur d'un poème offert à sa mémoire» (v. 14).

LE DIFFICILE ACCOMMODEMENT :
CULTURE PAYSANNE ET CHANGEMENT
SOCIOCULTUREL DANS *PAPA MARTEL*

Mary Elizabeth Aubé et Yves Frenette
Université York (Toronto)

Lorsque Gérard Robichaud publia *Papa Martel* en 1961[1], la tradition romanesque franco-américaine était presque centenaire et elle avait acquis une thématique d'une grande unité, la majorité des auteurs s'acharnant à décrire les vertus de la culture canadienne-française et le combat incessant pour en assurer la survie. Pour certains écrivains, en particulier ceux qui appartenaient eux-mêmes à la génération immigrante, la survivance culturelle résidait dans un retour à la mère-patrie, idéalisée et quasi mythique. Par contre, pour d'autres romanciers nés aux États-Unis et enracinés au sud de la frontière, seules une vigilance et une lutte de tous les instants, abreuvées à la tradition de leurs pères, pouvaient sauver les Franco-Américains du péril de l'assimilation, un péril qui n'était pas seulement culturel mais moral. Dans les deux cas, la langue française s'imposait naturellement comme le véhicule approprié pour transmettre le message idéologique. Le roman de moeurs de langue française s'éteignit, en 1936, avec la parution de *Canuck* de Camille Lessard et de *L'Innocente Victime* d'Adélard Lambert[2].

À partir de ce moment, des auteurs plus jeunes choisirent l'anglais pour exprimer leur vision du monde et leur angoisse identitaire[3]. D'un côté, il y a ceux qui décrivent un monde de misère, où les individus souffrent et où l'acculturation est un processus traumatique. Aux noms de Jack Kerouac et de Grace Metallious, il faudrait ajouter celui d'un auteur moins connu, Albéric Archambault, qui publie *Mill Village* en 1943. Par contre, Jacques Ducharme, dans *The Delusson Family* (1939), reprend à son compte la description de l'immigration canadienne-française dans un centre textile de la Nouvelle-Angleterre et, comme ses devanciers francophones, souligne l'importance de préserver les valeurs traditionnelles, à une différence près toutefois qu'il peint des personnages qui, tout en restant fidèles à l'héritage de leurs ancêtres, s'intègrent sans trop de mal à la société américaine[4]. C'est aussi ce thème de l'accommodement entre la culture paysanne canadienne-française et le monde moderne américain qu'on retrouve dans *Papa Martel*. Robichaud aborde la question avec beaucoup de profondeur et de finesse d'analyse. Bien que le roman soit écrit en anglais, tant ses dialogues que sa narration évoquent le langage des Franco-Américains.

Robichaud connaît bien le phénomène de l'accommodement socioculturel. D'origine acadienne, il a grandi au Québec et à Lewiston, centre textile du Maine, et a vécu la mobilité sociale qu'il décrit dans son roman, ayant fait carrière dans les affaires à New York. Il avoue d'ailleurs, dans l'avant-propos de *Papa Martel*, s'être inspiré de Canadiens français qu'il a connus et aimés, en particulier son père, qui semble lui avoir servi de modèle pour Louis, le héros du roman. Et dans le Groveton de *Papa Martel*, il est facile de reconnaître le Lewiston de l'auteur, « l'Athènes de l'Amérique française », comme l'appelaient les élites franco-américaines de la ville[5]. Le cadre chronologique du récit est bien délimité, 1919-1937, avec des retours à la fin du XIXe siècle et même au Régime français. C'est donc l'entre-deux-guerres franco-américain, celui du peuple et non celui des élites traditionnelles, que raconte Robichaud[6]. On danse le charleston et le fox-trot, on va au cinéma, on boit des manhattans. Les femmes se pâment devant l'idole Rudolph Valentino et les hommes se passionnent de boxe et de baseball. Mais Robichaud commet des anachronismes quand il pousse trop loin les références à la vie moderne. C'est alors son époque à lui, celle des années 1950, qu'il projette dans son roman : la migration vers les banlieues, l'entichement pour les grosses voitures et pour les appareils électroménagers, la consommation à outrance, la construction de chalets, en sont les exemples les plus criants.

La relation entre l'auteur et ses personnages est complexe et, même si la narration à la troisième personne privilégie le point de vue de Louis, le personnage principal, l'auteur ne se confond pas avec lui. Il laisse s'exprimer les voix dissidentes de l'épouse, Cécile, et des enfants. C'est que Robichaud croit qu'un accommodement est possible entre la tradition et le changement. Il ne peut se résoudre à prôner l'assimilation de ses personnages. Par contre, il veut les libérer des contraintes socioculturelles propres au Canada français : une pauvreté débilitante et une absence d'individualité et d'estime de soi. Deux pôles se font donc face dans *Papa Martel* : l'héritage canadien-français, synonyme de vie familiale chaleureuse et de la belle langue française, mais aussi de hiérarchie sociale rigide et de pauvreté; l'intégration au monde américain, où l'anglais, langue du conquérant, domine, mais où l'éducation et l'idéologie égalitaire donnent accès au bien-être économique et à la mobilité sociale. Ces deux pôles sont plus ou moins symbolisés par Louis et Cécile. Il est pauvre et illettré, elle vient d'un milieu aisé et est instruite. Il est exilé acadien, sa famille à elle est bien enracinée au Québec. Cécile est une fenêtre ouverte sur un monde auquel Louis aspire, mais avec beaucoup d'ambivalence. Elle le guide dans cette quête et, bien qu'il demeure illettré toute sa vie, elle lui donne des enfants dans lesquels il réalise ses rêves d'éducation. Migrant perpétuel, Louis vit entre deux mondes : celui d'une Acadie devenue mythique et le monde américain, réel et imaginé, où se meuvent ses enfants. En fait, la quête de Louis, pour reprendre l'idée de Burton Ledoux, serait celle du peuple franco-américain, un peuple à la recherche d'une vie libérée, mais emprisonné dans son héritage culturel et religieux, une situation qui aboutit à l'ambivalence identitaire et à la frustration psychologique[7].

Entre les deux pôles, la communauté franco-américaine agit comme instance médiatrice et facilite l'adaptation de Louis au milieu américain, en lui permettant de parler français dans la vie quotidienne, de pratiquer sa religion et de reproduire sa culture canadienne-française à Groveton. En même temps, il retrouve dans cette ville des institutions et une structure sociale qui l'oppriment, comme au Canada. Cela renforce encore son ambivalence[8].

Louis Martel est né dans une famille pauvre, dans une ferme près de Saint-John, au Nouveau-Brunswick. Obligé de quitter l'école très jeune pour gagner sa vie, il se retrouve bientôt au Québec où les perspectives d'emploi sont meilleures que dans sa province natale. À trente-sept ans, il considère sa vie réussie, puisqu'il travaille comme menuisier à son compte à Groveton et qu'il réside dans le « bloc Pelletier ». Sa rencontre avec Cécile a été le point tournant de sa vie. Religieuse à Saint-Michel, celle-ci regarde avec consternation cet adulte ignorant, venu effectuer des réparations dans sa classe. Louis a peur qu'elle rie de lui, mais il entrevoit dans cette faible femme l'occasion de devenir, comme elle, une personne instruite, sentant que les mots sont porteurs d'un pouvoir silencieux, prémisse au pouvoir social. À partir de ce moment, Louis divise le monde en deux : il y a ceux et celles qui lisent et écrivent, il y a les analphabètes, dont il fait partie. Il ne s'instruira jamais, mais il a subi une transformation qui le laissera pour toujours dans une position ambivalente. Les lettrés se moqueront, et de son ignorance, et de son désir naïf d'acquérir des connaissances. Quant aux non-instruits, ils ne comprendront rien à cet étrange non-conformiste.

Louis apprendra de Cécile, mais celle-ci apprendra tout autant de son mari, riche d'une grande sagesse paysanne. Sur son lit de mort, Cécile avoue à leur fils Émile qu'elle a parfois eu honte de Louis, mais qu'elle a appris à l'apprécier car, lui dit-elle, un homme peut devenir complètement instruit dans beaucoup de domaines sans jamais aller à l'école. « Some educated people, continue-t-elle, have read many strange and esoteric books but cannot read the everyday people they love... » (p. 129) Louis est lui-même très conscient de la valeur que lui confère sa culture paysanne. Je suis riche en arbres, rumine-t-il, en songeant aux longs mois qu'il a autrefois passés dans les camps de bûcherons et à toutes les connaissances qu'il y a acquises. Après tout, n'est-ce pas son sens pratique qui a convaincu le père de Cécile de lui accorder sa main? N'est-ce pas son savoir acquis sur le tas qui lui a permis de travailler toute sa vie et de subvenir aux besoins d'une famille nombreuse? Ce sens de sa propre valeur donne confiance à Louis et lui permet de résister aux élites franco-américaines qui, elles, sont instruites. Toutefois, l'ambivalence demeure. Toute son existence, Louis se posera une question vitale : aurait-il mieux réussi sa vie s'il avait appris à lire et à écrire?

Le problème de l'éducation ponctue la vie quotidienne de la famille Martel. Tous les soirs, l'éducation des six enfants comporte des histoires que leur racontent leurs parents. Analphabète, Louis raconte des histoires de sa vie et de sa douce Acadie. Cécile, ancienne institutrice, lit des pages de *Don Quichotte*, de la biographie de Dollard des Ormeaux et d'Arsène Lupin. Pendant que Louis inculque aux enfants des notions de leur héritage culturel, Cécile veille à leur ouvrir des horizons sur le grand monde qui entoure leur petit monde ethnique. Elle veut donner à ses enfants une bonne éducation pour qu'ils puissent bien gagner leur vie. Elle en a à redire sur la trop grande importance des offices et exercices religieux dans les écoles paroissiales, ce qui laisse peu de temps pour l'instruction proprement dite. Elle trouve aussi qu'on n'accorde pas assez d'importance à l'apprentissage de l'anglais, clef de voûte de la réussite socio-économique aux États-Unis. Cécile entreprend une lutte avec le curé pour modifier la situation, allant même jusqu'à retirer ses enfants des écoles paroissiales et à les envoyer chez un instituteur privé, qui enseigne aussi à des protestants, à des juifs et à des catholiques expulsés des écoles paroissiales. Elle prend donc le risque d'exposer sa progéniture à des influences douteuses pour lui assurer une éducation de qualité et elle se mérite la réprobation de la communauté.

Louis n'intervient pas dans le conflit avec le curé. Il trouve la qualité de l'instruction dans les écoles paroissiales suffisamment bonne et il craint que l'anglais, la langue des « Henglish Haristocrats » protestants, prenne trop de place dans le programme scolaire. Cécile rétorque en lui rappelant que l'anglais est aussi la langue de Shakespeare, de Milton et de ceux qui font de l'argent dans les affaires. Elle lui promet cependant qu'à la maison, la famille continuera de parler et de prier en français. Ce n'est pas que Louis accepte l'idéologie cléricale, loin de là. À plusieurs reprises au cours de sa vie, Louis manifeste une attitude de révolte contre l'autorité de l'Église. Ainsi, il triomphe du clergé en confrontant sa sensualité à l'ascétisme naissant de son fils Émile, qui étudie pour être prêtre. Il refuse aussi de prêter serment public de ne plus consommer d'alcool et affronte le curé à ce sujet, lui rappelant qu'en bon Italien, le pape aime bien le vin rouge : « Then, Father, we shouldn't be more Catholic than the Pope. His Holiness is infallible, Father, but you and I are not. » (p. 51) Après le départ du prêtre, Louis savoure sa victoire : « In two strides Louis reached into the armoire where the whisky was kept, and served himself two shots in one glass, tilted his head back and swallowed all of it at once. He looked blankly into space, then slowly chased it down with a cold glass of beer. » (p. 51) Il fera éventuellement serment d'abstinence pour 60 jours, mais ce sera un contrat passé en privé entre lui et Dieu.

Donc, Louis et Cécile résistent à l'autorité cléricale, mais pour des raisons différentes. Louis défend sa culture paysanne, une culture qui se fonde sur le sens commun, contre les enseignements de l'Église, que ce soit en matière d'alcool ou de sexualité. Cécile, elle, se bat pour que sa progéniture reçoive une éducation de qualité qui la fera accéder à l'aisance. Louis est la force centripète de la maisonnée, ramenant toujours ses enfants vers le centre, vers leurs origines ethniques, comme en témoignent ses histoires de la famille Martel et de la douce et glorieuse Acadie. Cécile, par contre, est une force centrifuge qui ouvre les horizons des enfants en leur exposant le monde. Elle ne se contente pas de lire le journal franco-américain *Le Messager*, mais aussi le *Groveton Herald*. Cependant, comme toute force centrifuge, elle ne perd pas de vue le centre, en l'occurrence sa famille. Si elle fait tout pour améliorer le sort de ses enfants, c'est dans l'espoir qu'eux aussi se reproduisent et fondent à leur tour des familles.

Sur son lit de mort, Cécile encourage Louis à se remarier avec une femme qui n'essayera pas de le transformer en un autre homme. Louis choisit une « womanly woman » (p. 156), qu'il compare à un cheval prêt à se cabrer à tout moment, une description qui contraste avec celle de la jeune religieuse, Cécile, qui était toute patience et tranquillité. Louis recherche le confort et il lui faut une nouvelle épouse qui ne parle pas trop et qui soit malléable : « I need a wife, I need you. True, for that, you have no training, and I train you myself... » (p. 165) Monique, précise Louis, est « innocente » (p. 183), en d'autres termes, ignorante des réalités du monde, un monde vers lequel aspirait tellement Cécile. Désormais, la force centripète prend presque toute la place. Louis rappelle sans cesse à ses enfants les valeurs et les pratiques traditionnelles. Un à un, ils se marient et, à un rythme effréné, mettent au monde des enfants. Une des filles, Thérèse, est apparemment infertile, mais est guérie par un remède traditionnel de son père, qui, chaque année, fait une excursion dans les bois pour y cueillir des racines et des plantes médicinales. Le remède agit aussi sur Monique, qui met au monde un enfant prénommé symboliquement Louis.

Mais la culture paysanne a du mal à résister au monde moderne. Monique, toute silencieusement féminine qu'elle soit, initie Louis aux danses populaires et l'emmène souvent au cinéma. Plus important encore, elle lui fait promettre que leur fils ira à l'université. Louis fils réalisera donc ce que son père a seulement rêvé. Cécile aussi continuera de s'affirmer à travers ses enfants. Sa fille cadette porte son nom. Le livre commence au moment de sa naissance et se termine par son mariage. Comme sa mère, elle partira de sa ville natale pour suivre son mari, de souche irlandaise mais francophone, à New York. La voix téméraire de la mère semble être réincarnée en Marie, l'avant-dernière fille, qui n'est pas intéressée aux garçons de Groveton, bien aimables mais satisfaits de leur sort dans les manufactures de coton. Elle sera infirmière et elle aura un meilleur salaire qu'eux. Marie n'hésite pas à exposer à son frère Émile ses critiques féministes avant la lettre sur la politique de l'Église catholique envers les femmes et envers la contraception. Celle-là sera la digne fille de sa mère.

Tous les enfants Martel gravissent l'échelle sociale. L'un épousera la fille d'un industriel et deviendra gérant d'une grande laiterie, un autre occupera un poste de direction dans une banque. Thérèse trouve de l'emploi au Groveton Trust. Cécile déménage à New York avec son époux. Marie sera infirmière. La jeune génération acquiert de belles voitures et vit dans des *bungalows* de banlieue.

Louis, le paysan, se moque du progrès et de la vie moderne. Son discours continue d'être empreint de traditionalisme. Pourtant, en travaillant à son compte, il a donné la chance à ses enfants de monter sensiblement dans l'échelle sociale et de réaliser le rêve de l'immigrant. Il y a donc décalage entre ses paroles et ses actions. C'est par les mots de ses histoires que Louis préserve la tradition. Cet écart entre le passé évoqué verbalement et le présent vécu, reflète la dualité de l'expérience de cet Acadien transplanté aux États-Unis. Comme son héros, Gérard Robichaud vit son appartenance culturelle à travers les mots. La complexité du rapport qu'il entretient avec son héritage canadien-français est d'autant plus évidente que Robichaud, par l'intermédiaire de son personnage principal, plaide en faveur de la survivance culturelle dans la langue de l'assimilateur, l'anglais.

Papa Martel reçut un accueil favorable de la critique, ce qui encouragea son auteur à réitérer avec *The Apple of His Eye* en 1965, roman dont l'action se déroule aussi à Groveton[9]. Le jeune protagoniste, devenu orphelin, cherche à mettre de l'ordre dans un monde chaotique. Sa quête se termine lorsque sa famille est reconstituée par un oncle qui se marie et qui l'adopte. Les tensions créées par la rencontre de la culture traditionnelle canadienne-française avec le monde moderne américain, centrales dans *Papa Martel*, ont fait place à une quête d'identité personnelle, un cheminement qui est celui de beaucoup de Franco-Américains. Cela explique, sans doute, la popularité continue de l'oeuvre de Robichaud[10].

NOTES

---

1. Gérard Robichaud, *Papa Martel : A Novel in Ten Parts*, Garden City, N.Y., Doubleday & Company, 1961. Toutes les citations sont tirées de cette oeuvre.

2. Camille Lessard, *Canuck*, Lewiston, Maine, Le Messager, 1936 (réimpression, Bedford, N.H., National Materials Development Center for French and Creole, 1980); Adélard Lambert, *L'Innocente Victime*, en feuilleton dans *Le Droit* d'Ottawa, septembre 1936 (réimpression, Bedford, N.H., National Materials Development Center for French and Creole, 1980). Pour une analyse fouillée du roman franco-américain de langue française, consulter Richard R. Santerre, *Le Roman franco-américain en Nouvelle-Angleterre, 1878-1943*, thèse de doctorat, Boston College, 1943. À compléter par Gérard J. Brault, *The French-Canadian Heritage in New England*, Hanover, N.H., et Montréal-Kingston, University Press of New England et McGill-Queen's University Press, 1986, p. 101-103, 161-164; Armand Chartier, *Histoire des Franco-Américains de la Nouvelle-Angleterre, 1775-1990*, Québec, Éditions du Septentrion, 1991, p. 61-71, 128-139, 308-322, 373-382. Voir aussi de ce dernier auteur, «La littérature franco-américaine de la Nouvelle-Angleterre : origines et évolution», *Revue d'histoire littéraire du Québec et du Canada français*, 12 (été-automne 1986), p. 59-81.

3. Après *Sanatorium* de Paul Dufault (Montréal, Imprimerie Modèle Limitée, 1938 (réimpression, Manchester, N.H., National Materials Development Center for French and Creole, 1982) et *Les Enfances de Fanny* de Louis Dantin (terminé en 1943 et publié après la mort de l'auteur en 1951 à Montréal chez Chantecler), romans qu'on peut qualifier de psychologiques, il faut attendre la publication de *L'Héritage* de Robert Perreault (Durham, N.H., National Materials Development Center for French and Creole, 1983), pour voir réapparaître un roman franco-américain de langue française à thème traditionnel.

4. Jack Kerouac, *The Town and the City*, New York, Harcourt, Brace and Co., 1950; *Doctor Sax : Faust Part Three*, New York, Grove Press, 1959; *Maggie Cassidy*, New York, Avon, 1959; *Visions of Gerard*, New York, Farrar, Straus, 1963; Grace Metallious, *The Tight White Collar*, New York, Julian Messner, 1960; *No Adam in Eden*, New York, Trident Press, 1963; Albéric A. Archambault, *Mill Village : A Novel*, Boston, Bruce Humphries, 1943. Jacques Ducharme, *The Delusson Family*, New York, Funk & Wagnalls, 1939. Sur le roman franco-américain de langue anglaise, voir Richard S. Sorrell, «L'histoire en tant que roman, le roman en tant qu'histoire : le roman ethnique franco-américain de langue anglaise», dans Claire Quintal, *Situation de la recherche sur la Franco-Américanie*, Québec, Le Conseil de la vie française en Amérique, 1980, p. 64-80.

5. Robert Rumilly, *Histoire des Franco-Américains*, Montréal, éditée par l'auteur sous les auspices de l'Union Saint-Jean-Baptiste d'Amérique, 1958, p. 166.

6. Cette distinction est importante, puisque les élites ont souvent donné l'impression que tous les Franco-Américains, qu'elle que fût leur classe sociale, partageaient des valeurs et une expérience communes. Pour des éléments d'information et d'interprétation sur cette question fondamentale mais à peine étudiée, consulter pour la scène locale : Yves Frenette, «Lewiston's Ethnic Majority : the Francos», *Bates : the Alumni Magazine*, 86th Series, 4 (may 1988), p. 6-9; pour la scène régionale, Yves Roby, *Les Franco-Américains de la Nouvelle-Angleterre (1776-1930)*, Québec, Éditions du Septentrion, 1990, p. 201-216 et 242-253; pour la scène continentale, Gérard Bouchard et Serge Courville, dir., *Construction d'une culture : l'exemple des cultures du Québec et de l'Amérique française*, Québec, PUL, à paraître.

7. Burton Ledoux cité dans Sorrell, *loc. cit.*, p. 68.

8. Dans les années 1930, Lewiston (Groveton) comptait 19 000 Franco-Américains qui représentaient 54 % de la population de la ville. Au fil des ans, les *Français*, comme on les appelait, avaient fondé quatre paroisses, plusieurs écoles paroissiales, un hôpital, deux orphelinats, un hospice de vieillards et de nombreuses sociétés à caractère religieux, social et

culturel. Ils étaient à établir une mainmise sur la politique municipale et, plus souvent qu'autrement, élisaient un des leurs à la mairie. Ils envoyaient aussi leurs représentants à la Législature de l'État du Maine. Les hommes d'affaires canadiens-français étaient présents dans tous les domaines du commerce et de l'industrie. Dans les rues de Lewiston, on entendait le français autant, sinon plus, que l'anglais et plusieurs non-francophones sentaient le besoin de connaître au moins quelques mots de français. Les magasins les plus américains arboraient des affiches «Ici on parle français» : Frenette, *loc. cit.*, p. 6-7; Santerre, *loc. cit.*, p. 164-165.

9. Gérard Robichaud, *The Apple of his Eye*, Garden City, N.Y., Doubleday & Company, 1965.

10. *Papa Martel* a été adapté au théâtre, il y a huit ou neuf ans et les deux romans de Robichaud sont toujours très en demande dans les bibliothèques de la Nouvelle-Angleterre, en particulier, on s'en doute bien, à Lewiston. L'auteur a terminé récemment la suite de *Papa Martel*, qui aurait pour titre *A Pearl of Great Price*.

DE *CANADIENS FRANCAIS AUX ÉTATS-UNIS* À *FRANCO-AMÉRICAINS* : WHAT'S IN A NAME?

Joseph-André Senécal
Université du Vermont (Burlington)

Au tournant du siècle, à l'époque euphorique où l'élite canadienne-française envisageait un avenir grandiose qui préconisait la conquête de la Nouvelle-Angleterre par l'ancienne Nouvelle-France, les apologistes nationalistes se mirent à désigner les leurs en terre promise sous le vocable de *Franco-Américains*. Ce baptême se fit des plus subitement. En 1892, Monseigneur Racine, évêque de Sherbrooke, rédige un mémoire sur la situation des « Canadiens français aux États-Unis[1] »; en 1913, en parlant des mêmes ouailles, le Père Denis-Michel-Aristide Magnan évoque les « Franco-Américains » en Nouvelle-Angleterre et la « race française aux États-Unis[2] ». En 1888, Benjamin Lanthier fonde le journal *Le Canado-Américain* d'Holyoke (Massachusetts); en 1908, Jean-Léon-Kemmer Laflamme lance *La Revue Franco-Américaine*, la première publication sériée, publiée par un immigré canadien, à porter ce nom composé. En moins de dix ans, on assista à la métamorphose des *Canadiens aux États-Unis*, vocable presque universel pour désigner les expatriés québécois et acadiens, en *Franco-Américains*. Comment faire état de cette modification et quelle fut sa fortune?

L'émigration des Canadiens français aux États-Unis remonte à la naissance même du partage politique qui divisa le vaste continent en États américains et en provinces canadiennes. On pourra documenter une migration permanente considérable le long du corridor fluvial Champlain-Hudson dès 1780. Ce flux démographique s'évanouira sans laisser de traces. Au Vermont, en 1830, avant l'arrivée des émigrés de 1837-1838, la population de Burlington, métropole de l'État, est déjà à un tiers d'origine ethnique canadienne-française. Pourtant, l'état civil (recensement fédéral de 1830) ne rend pas compte de cette réalité, car la grande majorité des noms canadiens sont ensevelis sous des vocables aussi yankee que Cushman (Courchesne), Gates (Barrière), Miller (Lafleur) et Young (Dion). Ce n'est qu'en comparant plusieurs registres civils et religieux qu'on découvre l'origine québécoise de ces *furiners*[3]. Si on en vient à perdre son patronyme unique, inutile de se demander pourquoi on ne retrouve pas, avant 1860, d'appellation collective pour identifier ces sans-noms qui s'agglutinent autour des *sheds* de West Rutland, des *factories* de Fall-River et des fourneaux de Cohoes.

À partir de 1850, la diaspora prendra une ampleur imprévue. Dorénavant et jusqu'à la Grande Crise, elle fera partie du quotidien des Canadiens français, de ceux qui sont restés au pays aussi bien que des centaines de milliers déménagés aux États. Cette hémorragie suscitera des débats épiques qui rempliront les journaux, qui gonfleront les réquisitoires du clergé et les sermons des politiciens. Qu'on flétrisse l'immigrant ou qu'on le défende, l'élite nationaliste, de Monseigneur Laflèche à Honoré Beaugrand, n'acceptera pas et ce, pendant longtemps, l'irrémédiable. On voit dans l'exode un phénomène aberrant. Chaque immigré était un rapatrié virtuel. Les commissions royales d'enquête vouées à l'enrayement du fléau et à la récupération des « frères séparés » apparaissent dès 1848; elles se multiplieront tout le long du siècle. L'élite nationaliste, le seul porte-parole à pouvoir énoncer l'identité collective des immigrants, les nommera les Canadiens français aux États-Unis. On notera dans ce *aux* locatif toute la réticence à admettre un état de fait irrémédiable, alors que le *de* d'appartenance, lui, équivaudrait à un constat. Au grand rassemblement de la Société Saint-Jean-Baptiste de Québec en 1880, Ferdinand Gagnon, émissaire des immigrés, rassure les évêques et les tribuns : « À la voix des chefs, à la voix de la presse, avec le concours du clergé, nos compatriotes des États-Unis se groupent, se comptent et font un acte patriotique, et deviennent plus attachés à leur nationalité[4] ». Gagnon, bien sûr, parle de la nationalité canadienne-française.

Lors du baptême des associations mutuelles et des gazettes de combat, la voix des chefs et de la presse soulignera l'appartenance canadienne des « compatriotes des États-Unis ». Les journaux s'afficheront du pays. La première feuille québéco-américaine, publiée dans l'État de New York, se nommera *Le Public Canadien* (1867); celle du Vermont, *Le Protecteur Canadien* (1868)[5]; celle du Maine, *L'Émigré Canadien* (1870). Les associations se réclameront d'origines nationales. Plusieurs se mettront sous le patronage de saint Jean-Baptiste; beaucoup d'autres se nommeront canadiens-français, comme l'institut de Biddeford, Maine (1868). L'abbé Thomas-Aimé Chandonnet ira jusqu'à baptiser sa paroisse nationale Notre-Dame-des-Canadiens. Cette nomination, symptôme de l'expatrié, s'imposera universellement jusqu'à la fin du siècle.

Entre 1895 et 1915, le vocable national, *Canadien aux États-Unis* et ses variantes s'évanouiront, supplantés par le nominatif *Franco-Américain*. On observe, dans la dernière décennie du siècle, la recherche souvent hésitante d'une nouvelle identité, une identité par laquelle on voulait d'abord souligner son enracinement aux États-Unis. Entre 1890 et 1900, les forces nationalistes constatèrent l'irréparable et la faillite des projets de rapatriement. On commença à parler d'une présence canadienne-française permanente aux États-Unis. En même temps, les grands chefs politiques se mirent à mesurer tout le tort que des liens trop étroits avec l'ancienne mère-patrie ménageaient aux Américains de souche canadienne-française.

En 1880, les Canadiens s'étaient insurgés contre les accusations d'un agent-rapporteur de la Commission Wright du Massachusetts qui caractérisait « les Chinois de l'Est » comme formant un État dans l'État :

> À quelques exceptions près, les Canadiens-français sont les Chinois de l'Est. Ils n'ont aucune considération pour nos institutions civiles, politiques ou éducationnelles. Ils ne viennent pas pour s'établir parmi nous et pour devenir nos concitoyens [...]. Ils se font rarement naturaliser[6].

Fouettés à l'âme, les chefs protestèrent avec véhémence, mais ils durent admettre le bien-fondé de certaines observations du rapport. Conscients aussi du succès des Irlandais et des nouveaux venus, des chefs de file comme Aram Pothier, le major Mallet et Hugo Dubuque prônèrent la naturalisation et une identification plus profonde à la vie politique et aux rituels civiques des États-Unis. À partir de 1890, on mit l'accent sur l'épithète *américain*, une étiquette qu'on retrouvait rarement avant cette date. Les diverses sociétés nationales qui cherchaient à s'unir pour faire le poids politique ethnique considérèrent des vocables comme « L'Association des Canadiens-Français Américains ». À vrai dire, ces titres un peu lourds ne gagnèrent point la faveur de l'orthodoxie. La désignation *Canado-Américain* connut un certain succès. Des journaux et des associations, dont l'Association canado-américaine fondée en 1896, l'empruntèrent. Adolphe Robert explique ainsi l'appellation de l'aînée des sociétés fédératives :

> À l'époque de la fondation de la société, nos compatriotes étaient généralement désignés sous la rubrique : les Canadiens-Français des États-Unis. En réalité, ils étaient des Canadiens-Français d'origine, mais ethnographiquement, ils étaient devenus des Américains, citoyens pour la plupart des États-Unis d'Amérique. Leurs enfants nés aux États-Unis, pour les fins du recensement officiel étaient classifiés comme *native born*. Il s'agissait donc de donner à la société un nom qui rappela l'origine ethnologique de ses membres, en même temps que le territoire où ces derniers étaient appelés à vivre[7].

L'élément de composition *canado-* sera vite éclipsé par un autre, *franco-*, qui rallie toutes les voix dès 1910. Cet élément invariable et l'adjectif *français*, que lui prête son radical, seront d'abord réservés aux Français des États-Unis. Aux rares occasions où on emploie *français* ou *franco* dans un contexte canado-américain, les mots se rapportent à la langue et non à une identité raciale ou culturelle. C'est le cas, notamment, des *Guides français des États-Unis* (1887-1891) d'Avila Bourbonnière qui documentent surtout la vie des Québéco-Américains[8], et des « populations franco-canadiennes des États-Unis » dont fait mention Honoré Beaugrand dans son introduction à *Jeanne la fileuse* (1878). Le vocable, sous ses allures de francité, ne fera son apparition qu'en 1880. Cette année-là, au rassemblement de la Société Saint-Jean-Baptiste de Québec, Joseph-Xavier Perrault lança un projet de fédération qui regrouperait tous les francophones du Canada et des États-Unis en sept grandes divisions régionales. Le drapeau de « L'Union

Nationale Française de l'Amérique du Nord » aurait été le tricolore; son hymne, *La Marseillaise*[9]. Cette première tentative de récupération fut très mal reçue. L'abbé Bédard, délégué du Flint Village de Fall-River, Massachusetts, prôna un vocable qui affirmerait « l'existence de notre race en Amérique » : « L'Union Canadienne-Française ». Au drapeau de *La Capricieuse*, on substitua une bannière « du pays » et « au sang impur des Communards », on préféra le joli coeur doux de *La Canadienne*. Comme un seul homme, on se rallia à cette profession de foi du vicaire de Fall-River.

Elle n'eut aucun lendemain, ni, d'ailleurs, le projet de Perrault qui revêtait les oripeaux de la France républicaine. L'étiquette avait été proposée et elle allait faire son chemin. Moins de vingt ans plus tard, en 1899, les fils spirituels de l'abbé Bédard allaient fonder la Société historique franco-américaine et consacrer ainsi les nouveaux titres des Canadiens aux États-Unis, du moins de leurs élites. Le manifeste de la Société proclamait la résolution des francophiles québéco-américains de fonder une société :

> ...dont le but sera l'étude approfondie de l'histoire des États-Unis, et tout particulièrement la mise en lumière, en dehors de tout parti pris et de tout préjugé, de la part exacte qui revient à la race française dans l'évolution et la formation du peuple américain[10].

Pour la première fois, une institution canadienne des États-Unis à envergure nationale incorporait l'appellation *franco-américaine* à son nom et faisait référence à la race française dans son manifeste. L'identité franco-américaine allait se fixer profondément dans les esprits et les coeurs nationalistes. L'enracinement du terme et la conquête fulgurante du discours de la survivance tenaient surtout au triomphe québécois de l'idéologie ultramontaine et, après 1880, à sa récupération de l'exode[11]. On peut reconnaître dans l'articulation de l'ultramontanisme québécois une première définition de la francophonie, une définition sous laquelle se dissimule une francité qui aura longue vie.

Le nouveau titre, *Franco-Américain*, identifiait à la fois une origine raciale (française), une appartenance nationale (canadienne-française) et une citoyenneté (américaine). On note que l'identification canadienne ne figure plus au titre, qu'elle est dorénavant sous-entendue et incorporée à l'élément *franco*. Que faut-il entendre par cette trinité d'attributions où race, nationalité et citoyenneté coexistent sans contradiction? Nous ne retrouvons pas d'explication satisfaisante sur ces assignations. Dans les documents de l'époque, discours, conférences, traités, les significations ne coïncident pas forcément d'un texte à l'autre ou même, au sein du même texte. Gérard Bouchard et Jacques-Pierre Mathieu[12] ont d'ailleurs noté le même flou ontologique dans le discours ultramontain québécois sur l'idée de nation. Malgré les imprécisions et les contradictions que les termes *nation*, *peuple*, *patrie*, *race* et *pays* revêtent dans la bouche des chefs franco-américains, l'insistance sur des définitions majeures ne laisse aucun doute quant à leur signification fondamentale.

Les textes de Ferdinand Gagnon, premier idéologue canado-américain, offrent l'essentiel de l'ontologie franco-américaine. Le sermon laïc « Restons français » (1882) apporte de précieuses précisions. Invité à prononcer un discours de circonstance à la Convention des Canadiens français des États-Unis tenue à Cohoes, Gagnon croit l'occasion favorable de protester contre le programme d'assimilation prôné par le fameux rapport Wright. Il définit d'abord ce qu'il entend par la nationalité canadienne-française :

> Or, toute l'histoire de la nation canadienne est une page immaculée de loyauté envers la France et l'Angleterre; envers la France qui, malgré son abandon et son oubli, pendant plus d'un siècle, n'a pas d'enfants plus dévoués, plus aimants et plus désintéressés que les Canadiens-français; envers l'Angleterre, qui, si elle n'a pas notre coeur, a notre foi civique qui ne s'est pas démentie depuis la conquête[13].

Gagnon attribue la nationalité aux desseins de la Providence et il la distingue de sa définition de la race :

> La Providence qui régit toutes choses a décrété l'existence de nationalités différentes. Elle l'a voulu [*sic*] à ce point que les peuples ont non seulement des idiomes particuliers, mais aussi des caractères tout à fait distinctifs. Et ce n'est pas par une cohabitation de générations successives que deux races [Gagnon parle de la race française et de la race anglo-saxonne] parviennent à ne former qu'une seule nationalité [américaine ou canadienne], et encore faut-il que leur croyance religieuse soit la même (p. 132).

Protestant de son respect des sentiments patriotiques et de la fierté « nationale » des Anglais [on lira, des Canadiens anglais] et des Américains, Gagnon revendique les mêmes « droits » :

> Histoire pour histoire, traditions pour traditions, je préfère celles de mon pays natal; et [...], je suis heureux d'être citoyen loyal de ce pays [les États-Unis], mais également je suis fier et orgueilleux d'être Canadien-français (p. 135).

Faisant allusion à sa citoyenneté américaine, Gagnon précise : « L'allégeance à un pouvoir ne change pas l'origine du sujet ou du citoyen; elle ne change que sa condition politique. » (p. 136)

On parle donc de citoyenneté américaine, de nationalité canadienne et de race française. Il ressort des précisions de Gagnon que la nationalité se confond au pays natal et à son synonyme, la patrie. Par ailleurs, la notion de race, d'identité originelle, se confond avec la France, le catholicisme et la langue qui définissent son élection. Car que faut-il entendre ici par race? Les allusions multiples de Gagnon à « la race française » renvoient à l'idée d'une origine commune où on retrouve une langue et une religion catholique, une civilisation et un génie que la diaspora (la multiplication des nationalités) n'efface pas. Dans son discours à l'occasion de la bénédiction d'une statue de Notre-Dame-des-Canadiens (1880), Gagnon résume l'essentiel de cette interprétation vieillotte de l'univers, une interprétation qui représente, à l'époque d'Onésime Reclus (qui correspondait avec le curé Labelle), une première articulation de la francité :

> La France, qui compte aux États-Unis 400 000 de ses enfants, émigrés de ses provinces, n'est pas par eux représentés [sic] en ce pays, parce qu'ils ne forment pas un tout identique, parce qu'ils sont en grande partie noyés dans la grande masse des indifférents. La France a pour représentant notre peuple, notre nationalité. Ce sont ses petits-fils qui font le plus d'honneur à son génie chrétien, à cet esprit catholique qui a fait sa grandeur passée et dont la perte fait sa honte actuelle[14].

Au sein de la francophonie ultramontaine animée par des penseurs comme le Père Joseph Grenier[15], la francité (le mot n'a pas encore été inventé) correspond à une essence française forgée de l'alliage inaltérable entre la langue française et l'éthos de la chrétienté. L'essence de l'identité est donc raciale, c'est-à-dire française, tandis que l'accident est national, c'est-à-dire canadien (français, bien sûr). Une race française, mais distincte de quelles autres? La race anglo-saxonne sans aucun doute. Mais pouvons-nous invoquer une race espagnole, italienne, chinoise, russe? Ces distinctions ne sont jamais apportées, ce qui ne nous empêche pas de distinguer clairement l'élection divine de la race française, semblable au peuple juif et à l'*Ecclesia* qui l'achève, que les Pères de l'Église distinguaient du monde des nations, des Gentils. L'élection, si elle est génétique, n'en est pas moins sélective, ce qui explique, chez Gagnon, l'exclusion des Français d'Amérique, les Esaü endormis dans l'indifférence.

Les Québéco-Américains qui se prévalurent de l'ascendance française ultramontaine appartenaient à deux confessions : ceux qui préféraient le signe de l'immuable (franco) à la marque de la contingence (canado); ceux qui voulaient effacer de leur apanage la pauvreté spirituelle de la nation et son abandon des siens aux États-Unis. Nous ne possédons, hélas!, que peu de témoignages pour mettre en lumière l'ampleur et la logique de ces repliements et de ces reniements, un fait qui rend irremplaçable l'attestation d'une autorité comme le chanoine Groulx :

> Il nous était revenu parfois que les Franco-Américains désespéraient du Québec et que, dans la recherche d'un appui qui leur fût vraiment secourable, leurs voeux commençaient à s'orienter ailleurs. Je me rappelle qu'à l'un de mes premiers voyages parmi vous, j'avais posé à quelques-uns cette question : « Où, Franco-Américains, prenez-vous les attaches de vos sentiments français? En France d'abord ou au Canada? » —« En France d'abord », m'avait-on répondu. Et ceux qui parlaient ainsi voulurent même ajouter que le passage des ancêtres franco-américains au Canada leur paraissait comme un temps d'épreuves où, loin de s'enrichir, le type français s'était appauvri[16].

Il semble certain qu'à l'époque où les Canadiens aux États-Unis se firent Franco-Américains, peu d'entre eux rejetèrent leur passé québécois. Pourtant, le siècle allait encourager cette apostasie. Oublié par le Québec de l'entre-deux-guerres, illuminant une chapelle ardente, la mince élite franco-américaine postsentinelliste se réfugia dans le sein de la francité valéryenne. Une quinzaine de communautés franco-américaines suivirent l'exemple de Lowell et se joignirent à des âmes-soeurs pour animer et supporter des Alliances françaises. D'autres se replièrent sur des associations professionnelles comme *The American Association of Teachers of French*. La France fut sensible à ces encensements et, au niveau officiel (patronage des consuls et de l'ambassadeur, parrainage de conférenciers, décorations, palmes et médailles), elle encouragea cette survivance. Ces manifestations de francité ne touchèrent point les millions de Franco-Américains qui s'anglicisaient. Le mariage de deux grands déclins n'eut de traces que dans le discours et l'iconographie d'un âge (photos de banquets à nonces apostoliques rehaussés de prélats irlandais; médailles de Lucien Gosselin; « Franco-Américains, vous avez deux patries, deux espoirs »).

L'hérésie ultramontaine et sa francité raciale n'alimentent plus la conscience collective des Québécois ou de leurs cousins des États. Il est grand temps, après un siècle de méprise, de restituer aux millions d'Américains de souche québécoise les deux cents ans de civilisation qui font d'eux des Québéco-Américains. Déjà en 1952, Gabriel Nadeau reconnaissait l'imprécision du terme *franco-américain*[17]. En fait, il récupère une multiplicité d'expériences historiques, souvent pour les réduire à une origine linguistique ou raciale unique. Dans son sens le plus restreint, un sens récent et rarement évoqué, le terme désigne les descendants d'immigrés canadiens-français installés en Nouvelle-Angleterre et dans l'État de New York[18]. Dans son sens le plus large, le plus fréquemment employé, *Franco-Américains* désigne les immigrants venus directement de France aux États-Unis (des Huguenots aux derniers venus), les descendants des immigrations historiques qui donnèrent à la Louisiane sa survivance française (les créoles, les Cajuns d'Acadie, les mulâtres de Saint-Domingue et d'Haïti), les Acadiens hors de Louisiane (en Nouvelle-Angleterre et ailleurs), et les immigrants du Québec ancrés en Nouvelle-Angleterre, mais dispersés aux quatre vents du territoire américain. De plus, souvent le terme s'applique aux ressortissants d'autres régions francophones de l'Europe : les Américains de souche wallonne, romande, etc. Tantôt faisant référence à une étiquette linguistique commune (la francophonie), tantôt basé sur la source originelle de l'immigration (le sujet qui vient directement de France ou par le biais de la Nouvelle-France, de l'Acadie, de la Louisiane et des Antilles), tantôt inspiré par un parti pris culturel qui consacre une supériorité intellectuelle douteuse (francité), le terme *Franco-Américain* entraîne une grossière méprise qui dépouille ses victimes de leur légitimité historique. D'ailleurs, il est à noter que les deux éléments de l'amalgame, *franco* et *américain*, sont des impostures inspirées par un cosmopolitisme eurocentrique qui confère à la France, à l'Angleterre, à l'Espagne et aux États-Unis (les dieux fondateurs et leur seul rejeton légitimé par Mars et Crésus) le pouvoir de nommer et d'inscrire à l'histoire.

Comme l'Hispano-Américain, le Franco-Américain se trouve dépossédé deux fois : par la France ou l'Espagne qui nient leur évolution civilisatrice à l'extérieur de l'Europe; par les États-Unis qui se sont approprié l'américanité.

Sans nier l'ascendance hexagonale, il est temps de souligner l'essentiel du fait francophone en Amérique et de restituer aux descendants des immigrés du XIXe siècle leur ascendance québécoise (l'Autramérique); il est temps de les nommer Québéco-Américains. Il est temps de souligner que la mentalité des Américains qui s'appellent toujours Couture, Metivier, Charlebois, L'Anglais, Chretien, Kerouac..., est née dans la vallée du Saint-Laurent et non dans les bas-fonds du pays de Caux ou aux confins de la Charente graveleuse. Entre Jean Villeneuve de Nanterre et Jude Newcity de Woonsocket, il y a deux cents hivers, la vie du rang, les bleuets (qui ne sont pas des myrtilles!), le *reel* irlandais, les *raftmen*, le tabac du pays, l'attente des Indiens, la chaise berçante, les cantons anglais, les cretons (qui ne sont pas des rillettes!), le catéchisme de Québec, le Bonhomme Sept-Heures...

NOTES

1. Mgr Antoine Racine, *Mémoire de la situation des Canadiens français aux États-Unis de l'Amérique du Nord*, Paris, Librairie de l'Oeuvre de Saint-Paul, 1892.

2. Denis-Michel-Aristide Magnan, *Histoire de la race française aux États-Unis*, Paris, Charles Amat, 1913.

3. Nous devons tous ces précieux renseignements à notre collègue, le professeur Susan Whitebook, qui parachève un inventaire onomastique fascinant de la population québéco-canadienne de Burlington, de 1830 à 1870.

4. Honoré-Julien-Jean-Baptiste Chouinard, *Fête nationale des Canadiens français célébrée à Québec en 1880*, Québec, A. Côté, 1881.

5. Le premier journal canadien-français des États-Unis fut *Le Patriote*, publié à Burlington par Ludger Duvernay en 1838. Ce journal d'émigrés ne rendait pas compte des réalités franco-américaines du temps.

6. Cité dans Alexandre Belisle, *Histoire de la presse franco-américaine*, Worcester, Massachusetts, L'Opinion Publique, 1911, p. 325.

7. Adolphe Robert, *Mémorial des actes de l'Association canado-américaine*, Manchester, New Hampshire, L'Avenir National, 1946, p. 14.

8. Avila Bourbonnière, réd., *Le Guide français des États-Unis*, Lowell, Massachusetts, La Société de Publications françaises des États-Unis, 1887. La deuxième édition paraîtra en 1889; la troisième, en 1891.

9. L'emprunt du tricolore et de *La Marseillaise* pour identifier la nationalité canadienne-française était commune dans la deuxième moitié du XIXe siècle. En 1844, l'Institut canadien et la Société Saint-Jean-Baptiste de Montréal adoptent le drapeau et l'hymne national français comme insigne et chant officiels. La Société Saint-Jean-Baptiste de Québec traîna le pas puisqu'elle fut une des dernières à suivre

leur exemple en 1880. Il semble que les Franco Américains se regroupèrent sous le tricolore pour la première fois à la cinquième convention des Canadiens français des États-Unis à Cohoes, en 1882. (Mgr Laflèche, Honoré Mercier et le consul de France à New York étaient présents). Voir *Le Travailleur* de Worcester, 30 juin 1882.

10. Voir *Les Quarante Ans de la Société historique franco-américaine, 1899-1939*, Boston, Société Historique Franco-Américaine, 1940, p. 17. Parmi les quarante-neuf fondateurs, on retrouve J.-Arthur Favreau, Alphonse Gaulin (plus tard, consul des États-Unis en France), Hugo Dubuque, Joseph-H. Guillet (ancien zouave pontifical qui fit la campagne d'Italie), le major Edmond Mallet, Félix Gatineau et Alexandre Belisle. Le seul Français : le docteur S.A. Daudelin, ancien commissaire représentant les États-Unis à l'Exposition de Paris (1889). Il est intéressant de noter que, pendant la première décennie, les conférenciers québéco-américains élurent des sujets français (Michelet; la presse française du XIXᵉ siècle; Washington et Coulon de Villiers; La Fayette à Boston) tandis que les conférenciers invités, canadiens ou français, s'attachèrent surtout à l'his-

toire de la Nouvelle-France (Champlain; la découverte du lac Georges) ou à la francitude (Edmond de Nevers évoqua « les deux Frances »; Adjutor Rivard, l'action française des Canadiens). L'unique sujet national si l'on peut dire, la bibliographie canadienne-française, fut traitée par l'Américain James Geddes. Pendant la deuxième décennie, le champ de sujets des conférences se canadianise. À partir de 1920, il sera dominé par des thèmes québéco-américains et canadiens.

11. Voir, à ce sujet, l'excellent article de Gérard Bouchard, « Apogée et déclin de l'idéologie ultramontaine à travers le journal *Le Nouveau Monde*, 1867-1900 », *Idéologies au Canada français, 1850-1900*, Fernand Dumont, Jean-Paul Montminy et Jean Hamelin, dir., Québec, Presses de l'Université Laval, 1971, p. 116 à 147.

12. Gérard Bouchard, *op. cit.*; Jacques-Pierre Mathieu, « L'Idéologie des *Annales de la Société Saint-Jean-Baptiste de Québec*, 1880-1902 », *Idéologies au Canada français, 1850-1900*, Fernand Dumont, Jean-Paul Montminy et Jean Hamelin, dir., Québec, PUL, 1971, p. 299-301.

13. Ferdinand Gagnon, « Restons français », *Ferdinand Gagnon, sa vie, ses oeuvres*,

Worcester, Massachusetts, C.-F. Lawrence & Cie, 1886, p. 130. Dorénavant, la pagination sera indiquée dans le texte.

14. Ferdinand Gagnon, « Bénédiction d'une statue », *Ferdinand Gagnon, sa vie, ses oeuvres*, Worcester, Massachusetts, C.F. Lawrence & Cie, 1886, p. 218-219.

15. Sur les liens entre ultramontains québécois et français, voir l'excellent ouvrage de Pierre Savard, *Jules-Paul Tardivel, la France et les États-Unis, 1851-1905*, Québec, Presses de l'Université Laval, 1967; et celui de Sylvain Simard, *Mythe et reflet de la France : l'image du Canada en France, 1850-1914*, Ottawa, Presses de l'Université d'Ottawa, 1987.

16. Lionel Groulx, *L'Amitié française d'Amérique : conférence prononcée à Lowell, É.-U., le 17 septembre 1922, au congrès de la Fédération catholique des Sociétés franco-américaines*, Montréal, Bibliothèque de l'Action Française, 1922, p. 11.

17. Gabriel Nadeau, « Notes pour servir à une bibliographie franco-américaine », *Bulletin de la Société historique franco-américaine*, 1952, p. 64-65.

18. Voir, par exemple, Xavier Deniau, *La Francophonie*, Paris, PUF, 1983, p. 37.

UN GRAND PAS VERS LE BON DIEU
DE JEAN VAUTRIN

David J. Cheramie
Université Southwestern (Louisiane)

Longtemps après avoir oublié le scandale occasionné par l'attribution du Prix Goncourt 1989 à *Un grand pas vers le Bon Dieu*[1], longtemps après avoir effacé de son esprit le nom de l'universitaire pillé, longtemps après avoir désappris le sens d'un mot cadien, tel que Jean Vautrin l'utilisait, on retiendra encore cette impression d'avoir réellement fait, à travers la lecture, la connaissance d'un peuple ribaud, superstitieux, vulgaire, paysan et, pour tout dire, bête. Certains ont tenté d'expliquer la façon flagrante dont Vautrin a « emprunté » des passages entiers aux livres de Patrick Griolet, *Mots de Louisiane*[2] et *Cadjins et Créoles de Louisiane*[3]. Pensait-il que Griolet, vivant à l'étranger, n'entendrait pas parler d'un livre qui était destiné à faire beaucoup de bruit? Pensait-il que personne ne ferait le rapprochement entre son livre et ceux de Griolet? On ne saura certainement jamais ce qu'il a pensé et, de toute manière, la question de plagiat est toujours devant les assises françaises. La polémique juridique mise à part, la grande critique littéraire parisienne s'est déclarée conquise par les merveilleux personnages, le langage savoureux et rabelaisien, la description des moeurs des Cadiens.

Avant de porter jugement sur le tableau que Vautrin brosse de la vie cadienne, il faut dire qu'il existe une longue tradition dans la littérature française de parler de la Louisiane sans y être allé. L'abbé Prévost dans *Manon Lescaut* décrit comme une « campagne couverte de sable[4] » avec « quelques montagnes [...] hautes et [...] escarpées[5] » un pays ennuyeusement plat à la végétation luxuriante. Chateaubriand situe les moeurs des Natchez quelque part entre le noble sauvage de Rousseau et les adeptes des valeurs chrétiennes qui lui étaient si chères, alors que les recherches anthropologiques révèlent un peuple d'une culture plus riche et variée que cette simple bipolarité. Pas plus qu'eux, Vautrin n'avait jamais mis les pieds en Louisiane, ni avant ni pendant la rédaction de son livre. Une fois le prix attribué, Vautrin a fait le voyage, confiant que son livre passerait inaperçu chez les Cadiens, un peuple que le journaliste qui l'accompagnait qualifiait de « quelques centaines de pequenots et d'abrutis[6] », ne sachant ni lire ni écrire le français.

« Mais, comme l'a écrit Bernard Pivot, il y a toujours quelqu'un, dans ce genre d'histoires, à qui la vérité saute aux yeux[7]. » La vérité de ce soi-disant

« western » à la louisianaise a sauté aux yeux d'un lecteur avisé car, contrairement à ce que l'on peut dire, il y a tout de même des Cadiens qui lisent et écrivent le français, par exemple, l'auteur de ce compte rendu. Il était plus que temps qu'on demande l'opinion des Cadiens. *Asteur*, les Cadiens parlent et écrivent, car si l'on doit entrer dans cette grande famille de la francophonie à part entière, il faut que nous autres aussi, on ait droit à la parole. Mais la nôtre.

On ne demande pas le calque exact de notre parler et de notre vie aux autres, car l'on sait que même les historiens les plus pointilleux n'arrivent pas à reconstituer complètement la réalité. Mais, dans l'art du roman, il y a une façon de recréer l'ambiance et le ton qui sont indéniablement la marque d'un peuple à une époque donnée. C'est ce qui manque dans *Un grand pas vers le Bon Dieu*. Certes, le substantif « grègue » et le verbe « stand » sont des mots cadiens; certes, les « traiteuses » ne peuvent accepter de l'argent après avoir usé de leur don divin; et tout quidam cadien sait que le vocable « la Ville » désigne La Nouvelle-Orléans. Mais Vautrin utilise ces termes à contresens. Par exemple, à la page 402 : « -La grègue? Qu'est-ce que ça peut bien vouloir dire? -C'est un café très fort, servi, très chaud. C'est le café à la manière cadjin. »

Jeune, même si je n'étais pas encore capable de construire une phrase complète en français, j'ai appris « grègue » avant « coffee pot » ou « cafetière ». Vautrin a commis une faute barthésienne impardonnable en confondant le contenu avec le contenant, si je puis dire.

Ou encore, à la page 21 : « ... il était [...] tellement tanné derrière son attelage qu'il ne pouvait plus stand à force de rabourer la terre. » Ici, on trouve deux bons exemples du parler cadien : « tanné » pour « fatigué » et « rabourer » pour « labourer ». Mais « stand » qui, en anglais, peut vouloir dire « se tenir debout », est utilisé par les Cadiens dans le sens de supporter quelqu'un de pénible — exemple : « Je peux pas stand cet homme-là » (Suivez mon regard).

Quand Edius Raquin se fait soigner par la « traiteuse » Mom'zelle Grand-Doigt, il se fait gronder par cette dernière, parce qu'il lui avait offert une piastre pour ses services. Un vrai Cadien n'aurait jamais eu le soupçon de l'ombre de l'idée de lui offrir un sou. Ou bien quand Olkie Dodds dit à Bazelle Raquin que sa marchandise vient de « la Ville », elle demande s'il parle de Lafayette. Encore aujourd'hui, quand une vraie Cadienne, même des alentours de Lafayette, parle d'aller en Ville, c'est probablement pour assister au match des *New Orleans Saints*. On pourrait citer des centaines d'exemples où des mots cadiens mis dans des bouches cadiennes n'ont aucun rapport avec la réalité. Mais la question lexicale n'est vraiment pas l'objet de ce compte rendu. Le pire, c'est qu'il y a pire.

Le narrateur du livre s'appelle Jimmy Trompette. C'est le petit-fils d'Edius Raquin qui a été retrouvé dans une poubelle des rues de La Nouvelle-Orléans. C'est donc un personnage qui n'a jamais eu de contact avec le milieu cadien, étant donné qu'au début du siècle il n'y avait pratiquement pas de monde cadien en Ville, du moins, pas de monde cadien qui se fasse reconnaître comme tel. Jimmy se fait raconter son histoire par le « vieux nindien », Jody McBrown? En Louisiane, les relations entre Blancs et Indiens sont si compliquées que cela rendrait la transmission d'une si grande quantité d'information impossible. La même situation existe entre les Cadiens et les Noirs. Ils se fréquentent assez pour qu'Edius Raquin se fasse soigner par Mom'zelle Grand-Doigt, mais l'inviter à la noce de sa fille? Jamais de la vie.

La plus grande erreur que Vautrin ait commise, c'est dans l'existence même du narrateur. Fils d'Azeline Raquin et de Farouche Ferraille Crowley, Jimmy Trompette aurait été le fruit des manigances du père Raquin qui, en somme, avait *barguigné* la virginité de sa fille. Cette idée est inconcevable sur la terre du Bon Dieu. Au premier reniflement d'un étranger autour de sa fille, un vrai Cadien l'aurait purement et simplement tué. S'il avait été trop capon pour le faire, il y aurait eu un autre membre de la famille élargie pour le faire à sa place. En tout cas, loin d'encourager sa *mise en famille*, la parenté aurait protégé l'honneur de la fille jusqu'à la mort. Si la fille s'était montrée pour le moins consentante dans l'affaire, il est très possible qu'elle y serait passée aussi.

Bien entendu, on a évolué depuis, tout comme le langage des Cadiens est en évolution constante. Griolet a fait sa cueillette de mots de la Louisiane dans les années 1970, parmi des interlocuteurs qui, pour la plupart, avaient déjà un certain âge. Cela implique un vocabulaire qui était surtout usité durant la période juste après la Deuxième Guerre mondiale. Or l'action du livre de Vautrin se déroule au tournant du XIXᵉ siècle. Étant donné la rapidité avec laquelle la langue évolue, il est plus que probable que les Cadiens de l'époque n'auraient même pas tenu ce discours si vanté dans la presse parisienne.

Il faut aussi dire un mot sur le ridicule des noms des personnages. Edius Naquin était un chanteur cadien qui a enregistré, entre autres, une chanson qui s'appelle « Bazelle ». Le Shérif (Blanc), Ben Guinée, porte le nom d'un véritable griot (Noir) louisianais dont les contes et les chants remontaient très loin dans la mémoire collective des Créoles noirs surtout, mais aussi des Cadiens. On distingue un des véritables pères du jazz à peine dissimulé derrière Chocolate Roll Mulligan : Jelly Roll Morton dont le vrai nom fut Ferdinand Mouton, un patronyme cadien aussi répandu chez les Blancs que chez les Noirs. Le choix du nom Jimmy Trompette pour un joueur de trompette montre un manque d'imagination incroyable et Farouche Ferraille Crowley n'est rien d'autre que l'enchaînement de trois mots qui n'ont rien à voir les uns avec les autres. L'adjectif « farouche » veut simplement dire « sauvage » en Louisiane, comme dans l'expression « canard farouche ». Un Cadien appelle une « ferraille » ce qu'un Français appellerait un « coup de poing américain ». Crowley est une ville de moyenne importance dans le sud-ouest de la Louisiane.

Enfin, Mom'zelle Grand-Doigt tire son nom de Madame Grands-Doigts, un personnage légendaire qui habite le grenier de la maison et qui en descend la nuit pour tirer les orteils des enfants pas sages. On dit aussi qu'elle donne des oranges le Jour de l'An aux enfants qui sont demeurés sages depuis Noël, mais reprend les *bébelles* de ceux qui ne l'ont pas été.

Dommage qu'elle ne soit pas réelle pour tirer les orteils de Jean Vautrin, lui reprendre son prix Goncourt et nous laisser, à nous les Cadiens, un gros tas d'oranges. On l'a bien mérité après la lecture de ce travestissement de la culture cadienne.

NOTES

1. Jean Vautrin, *Un grand pas vers le Bon Dieu*, Paris, Grasset, 1989.

2. Patrick Griolet, *Mots de Louisiane : étude lexicale d'une francophonie*, Göteborg, Acta Universitatis Gothoburgensis, 1986.

3. Patrick Griolet, *Cadjins et Créoles en Louisiane*, Paris, Payot, 1986.

4. Antoine-François Prévost, *Histoire du Chevalier des Grieux et de Manon Lescaut*, 1731, Paris, Grands Écrivains, 1985, p. 214.

5. *Ibid.*, p. 211.

6. *Nice-Matin*, le 1er décembre 1989.

7. *Lire*, n° 173, février 1990.

LES FRANCO-AMÉRICAINS (1860-1980) DE FRANÇOIS WEIL

et

LES FRANCO-AMÉRICAINS DE LA NOUVELLE-ANGLETERRE (1776-1930) D'YVES ROBY

Sylvie Beaudreau
Université York (Toronto)

Ces deux ouvrages viennent combler une lacune majeure de notre historiographie. En effet, avant la Révolution tranquille, les travaux sur les Franco-Américains étaient fortement colorés par le nationalisme et l'idéologie de la survivance. Pour le chroniqueur Robert Rumilly, par exemple, l'histoire des Francos ne représentait qu'un chapitre dans l'épopée de la survivance du Canada français et était largement définie en termes de langue, de foi et de culture. Avec la Révolution tranquille et la montée du nationalisme libéral qui privilégiait l'État québécois comme le seul défenseur légitime de la survivance francophone en Amérique du Nord, l'intérêt de l'histoire des Canadiens français hors-frontières a diminué.

Par contre, depuis trente ans, les adeptes de la Nouvelle Histoire Sociale américaine ont traité les Franco-Américains comme immigrés, comme membres d'une famille nucléaire et élargie, ou comme ouvriers. Pour ces historiens, les Canadiens français des États-Unis n'étaient qu'un groupe ethnique parmi d'autres. Mais c'est vraiment pendant la dernière décennie que s'est manifesté, des deux côtés de la frontière, un renouveau face à la diaspora canadienne-française, comme en témoigne le nombre croissant de thèses, de monographies et d'articles de périodiques portant sur le sujet. Toutefois, il nous manquait une synthèse solide, fondée sur une recherche d'envergure, soucieuse d'incorporer les perspectives nouvelles ouvertes par toutes ces études récentes.

Cette carence vient soudainement d'être comblée avec la publication, coup sur coup, de deux synthèses. En l'espace de un an, François Weil, un jeune chercheur français, et Yves Roby, un historien québécois bien connu, ont produit des livres qui traitent largement du même sujet et qui partagent une perspective similaire. Les deux oeuvres ont le mérite de combiner les deux approches historiographiques, soit celle qui est fondée sur la survivance et celle qui est influencée par la Nouvelle Histoire Sociale. Weil et Roby s'intéressent aux facteurs qui ont contribué à l'exode, au processus de migration de milliers de ruraux vers la ville industrielle, à l'expérience du travail, aux loisirs dans les villes manufacturières américaines et au rôle de la famille dans cette expérience.

Dans les deux cas, on explore le rapport entre ethnicité et classe, entre survivance ethnique et appartenance au prolétariat industriel américain. On raconte l'histoire de la survivance franco-américaine, de la fondation des premières communautés d'expatriés jusqu'à l'avènement d'une Franco-Américanie au tournant du siècle. On documente la création d'un réseau d'institutions au centre duquel figurent les paroisses et les écoles nationales, les associations patriotiques ou de secours mutuel et la presse. On met en évidence le rôle de leadership des élites pour qui l'idéologie nationaliste était intimement liée à leur catholicisme. Les deux ouvrages rendent compte de façon réaliste des tensions vécues par des émigrants qui étaient à la fois profondément attachés à leur culture, mais qui devaient s'adapter à un nouveau milieu.

Le livre de Roby, intitulé *Les Franco-Américains de la Nouvelle-Angleterre (1776-1930)* (Québec, Éditions du Septentrion, 1990, 434 p.), est le fruit de plusieurs années de recherche. L'auteur s'est servi de matériaux d'archives, de nombreuses sources imprimées et d'études anciennes ou nouvelles pour reconstruire de façon méticuleuse les multiples aspects de la vie quotidienne des Franco-Américains. Le livre de Weil, intitulé simplement *Les Franco-Américains (1860-1980)* (Paris, Éditions Belin, 1989, 251 p.), se fonde principalement sur des sources secondaires. Il s'agit d'un travail plus court, qui traite forcément le sujet de façon plus sommaire. La profondeur empirique qui manque dans l'ouvrage de Weil est grandement compensée par une vigueur théorique qui lui donne un aspect frais et novateur.

Tandis que ce dernier auteur est intéressé avant tout à relier l'expérience franco-américaine aux débats plus larges de l'histoire sociale américaine, Roby consacre la majorité de son livre à la lutte des Francos pour la survivance culturelle. Il limite son analyse des aspects sociaux de l'histoire franco-américaine à son deuxième chapitre, intitulé « Un milieu de vie difficile ». Son livre se termine en 1930, quand la crise économique mit fin à l'émigration et avant que l'assimilation à la société américaine ne soit complétée. Par contre, Weil soulève la question centrale de la survivance ethnique des Franco-Américains à notre époque. Il remarque que si les institutions nationales ont connu une période de grand succès entre les années 1880 et 1940, le groupe n'a pu maintenir sa cohésion dans l'après-guerre. Une diminution marquée de l'émigration et des changements dans la société américaine elle-même, tels que les bouleversements provoqués par la Deuxième Guerre mondiale et l'avènement de la télévision, ont sonné le glas pour les remparts de la survivance française et catholique. Il observe que, pour les Francos, la survivance est désormais une question de choix individuel et se manifeste surtout par des gestes symboliques.

L'aspect le plus novateur du travail de Weil, cependant, est son effort de corriger les perceptions erronées quant à l'expérience des Franco-Américains du milieu industriel. Plutôt que d'attribuer au conservatisme et au catholicisme des Francos leur attitude passive, sinon hostile, envers l'action ouvrière, Weil relève d'autres facteurs jusqu'ici sous-estimés. D'abord, il observe que les premiers Franco-Américains venaient massivement d'un milieu rural et qu'il leur manquait donc une tradition ouvrière. Ensuite, il note la facilité avec laquelle ils pouvaient reprendre le chemin du Canada, ce qui diminuait l'attrait pour la lutte ouvrière. Enfin, il remarque que, pendant la période d'émigration massive (1860-1890), les syndicats américains ont fait très peu pour attirer les Canadiens français. Il souligne que cette situation a changé quand les ouvriers ont eu accès à des emplois plus qualifiés et que le mouvement ouvrier a fait de plus grands efforts pour les attirer. Pendant les années 1920, les Francos ont appris à se définir comme membres à part entière de la classe ouvrière américaine. En cela, Weil démontre qu'il est surtout intéressé par la Nouvelle Histoire Sociale.

Par contre, le livre de Roby montre qu'il est aussi à l'aise avec l'historiographie québécoise qu'avec celle des États-Unis. Cela est évident, par exemple, lorsqu'il discute des causes de l'émigration ou quand il décrit les subtilités des rapports entre le clergé canadien-français et l'épiscopat américain. En exagérant à peine, nous pourrions dire, pour fins de comparaison, que le travail de Roby doit plus à la tradition historiographique, plus ancienne mais non moins importante, qui s'intéresse à l'importance de la foi et de la langue dans la lutte pour la survivance. En rajeunissant ce vieux thème, il en démontre la valeur comme objet d'analyse. Il excelle dans la description de la relation délicate entre la foi et le langage dans la lutte pour la survivance franco-américaine. Alors que Weil s'intéresse à l'assimilation des Francos, Roby privilégie leur lutte historique avec les catholiques irlandais, lutte qui devint guerre, avec l'affaire de *La Sentinelle*, en 1929.

Les livres de Weil et de Roby couvrent donc le même territoire, mais ils se complètent si bien qu'ils constituent tous les deux des lectures essentielles à quiconque s'intéresse au fait franco-américain. Ils rétablissent le rôle central des Francos dans l'histoire sociale des États-Unis et ils soulèvent des questions importantes sur la survivance francophone en Amérique du Nord.

HISTOIRE DES FRANCO-AMÉRICAINS
DE ARMAND CHARTIER

Jules Tessier
Université d'Ottawa

Avec son *Histoire des Franco-Américains* (Sillery, Québec, Éditions du Septentrion, 1991, 436 p.), non seulement Armand Chartier a-t-il apporté une contribution majeure à l'historiographie de ses compatriotes, mais il a encore produit une oeuvre unique en lui conférant un caractère résolument polymorphe. En effet, parallèlement à l'évocation des événements historiques majeurs, il nous fait assister à l'élaboration de la littérature, nous entretient des manifestations artistiques et, surtout, s'attarde à décrire la vie des Franco-Américains au foyer, à l'usine, à l'école ou à l'église avec une approche d'anthropologue, d'ethnologue. Vers la fin de son ouvrage, il se mue en sociologue et consacre un fort chapitre à la période contemporaine (1960-1990), ce qui demandait un certain courage pour s'attaquer aussi à l'actualité, en somme, sans le filet de sécurité du recul, mais le défi est relevé avec brio, car on sent que l'auteur connaît à fond cette problématique complexe et mouvante. On ne peut donc qu'apprécier cet ouvrage à la fois savant et accessible à tous, propre à donner une vue d'ensemble de l'histoire d'une collectivité considérée sous des angles multiples et ce, grâce au travail d'un chercheur compétent doublé d'un observateur polyvalent.

Armand Chartier était en mesure de prendre ce risque, parce que, contrairement aux deux autres auteurs d'ouvrages historiques récents sur la Franco-Américanie, également recensés dans ces pages (François Weil, *Les Franco-Américains (1860-1980)* (1989) et Yves Roby, *Les Franco-Américains de la Nouvelle-Angleterre (1776-1930)* (1990)), il est d'origine « franco » et, par conséquent, a passé toute sa vie parmi ces gens dont il tente de cerner l'existence en tant que collectivité distincte. Ce point de vue, de l'intérieur, donne une tout autre perspective à sa reconstitution des faits. Au fil des chapitres, le lecteur acquiert la conviction que cet ouvrage est l'aboutissement d'une recherche sérieuse, cela va de soi, mais aussi d'une longue réflexion sur le destin des siens, d'une patiente accumulation de documents de toute nature, bref le résultat d'une féconde gestation étalée sur une carrière. L'objectivité n'est pas en cause, mais bien plutôt une sensibilité, tout au moins une non-indifférence, presque toujours contenue, laquelle confère au récit un « tremblement d'existence » exceptionnel dans le genre historique. Et c'est cette spécificité que nous avons choisi de traiter.

Ainsi, l'auteur, conscient de l'image négative qui se dégage de certains jugements reçus, notamment quant aux premières vagues d'immigrants québécois prolétarisés, suggère une réévaluation des faits en invoquant des circonstances atténuantes négligées jusque-là. Par exemple, à propos des enfants qui étaient embauchés en bas âge dans les filatures, il se défend de « vouloir insinuer que les Canadiens n'ont jamais commis d'abus dans ce domaine », mais il souligne que ce « comportement collectif reste mal connu » et que ces parents n'avaient peut-être pas le choix : « ... disons, à leur décharge, que les salaires payés [...] ne permettaient pas à un père de famille de subvenir aux besoins des siens sans l'aide de ses enfants. » (p. 84) Ailleurs, c'est le mode conditionnel atténuatif qui est utilisé pour gommer un stéréotype dévalorisant : « Il serait exagéré d'affirmer que les immigrants canadiens-français du XIXᵉ siècle ont établi une tradition de briseurs de grèves. » (p. 96) On retrouve le même embarras à propos des retombées négatives engendrées par la crise sentinelliste dans la presse américaine (p.142) ou au sujet de certaines prises de position nationalistes jugées trop ethnocentriques (p. 190).

Cette implication de l'auteur se fait sentir jusque dans les légendes qui accompagnent l'iconographie, abondante et toujours à propos. Nous signalons ce détail pour éviter que le lecteur ne parcoure distraitement, comme on le fait hélas! trop souvent, ces textes explicatifs traditionnellement courts et neutres. Rien de tel ici, car les légendes sont souvent étoffées et comportent fréquemment des opinions ou des jugements inédits et éclairants. Par exemple, une photo de procession est l'occasion d'un commentaire sur les impressions que ces manifestations ont dû produire auprès des Yankees : « Ce genre de spectacle, dans les rues de Lowell, Mass., vers 1910, dut être jugé étrange par les Yankees du lieu qui, pourtant, le toléraient au même titre que les reposoirs ici et là dans le quartier. » (p. 213) La page frontispice de l'opuscule du père Alexandre Dugré intitulé *Notre survivance française* (1937) et reproduite à la page 239 est accompagnée de la réflexion suivante : « ... cette brochure est une expression tangible de la solidarité qui existait entre les élites patriotiques du Québec et celles de la Nouvelle-Angleterre. Il serait faux d'affirmer que cette solidarité n'existe plus de nos jours. » Incidemment, on ne peut que féliciter madame Marcelle Guérette-Fréchette pour cette idée qu'elle a eue d'illustrer les couvertures 1 et 4 avec une de ces anciennes photographies de groupe prises sur le perron de l'église. La trouvaille devient authentique quand on se rend compte que la photo se continue à l'intérieur des couvertures 2 et 3, seule façon de reproduire intégralement ce rassemblement impressionnant de 1936, symbole d'une collectivité encore homogène.

Ce sentiment de solidarité n'empêche pas les jugements lucides et courageux lorsqu'est évoquée, par exemple, l'hypothèse de la « disparition » ou de l'« extinction ». (p. 384) À l'occasion, le lecteur aura le loisir de surimposer sa propre interprétation à celle qu'on lui suggère. Ainsi, l'auteur rappelle la rencontre qui eut lieu à Québec en 1980 où on délégua des jeunes Francos qui furent « incapables de communiquer avec ceux de l'Ontario, de l'Ouest ou des Maritimes », ce qui leur valut l'étiquette d'« Anglais » et ce, malgré « les précautions prises par les organisateurs pour n'envoyer à la rencontre que les meilleurs locuteurs francophones ». La morale de cette histoire a de quoi étonner : « Cet accroc, pénible pour les deux parties, montre que, en devenant officiellement un État unilingue francophone, le Québec a érigé une barrière entre lui-même et les arrière-petits-enfants des émigrants de 1880. » (p. 367) Se serait-on trompé de cible? Quoi qu'il en soit, pareille anecdote en dit long sur le niveau d'acculturation atteint par la jeunesse franco-américaine.

Dans cette perspective, certains passages, même rapides, font transparaître des situations actuelles particulièrement douloureuses, pour les gens âgés, par exemple, qui ont vu disparaître les paroisses de langue française édifiées par les leurs à coup de sacrifices énormes :

> ... des aînés quittent une paroisse franco complètement anglicisée et « se donnent » (comme ils disent) à une paroisse encore un peu « canadienne », où il reste une messe en français le dimanche. [...] On peut prévoir que les paroisses dites « nationales » ne survivront pas à la génération des aînés francophones d'aujourd'hui. [...] certaines de ces vieilles paroisses, francos à l'origine, passent directement à des nouveaux venus, surtout d'ascendance hispanique ou portugaise. (p. 391)

Armand Chartier est professeur de littérature et le lecteur en profite, d'abord sur le plan de la forme, car ce fort volume de 436 pages est bien écrit, mais aussi parce que chaque tranche d'histoire est complétée par un bilan littéraire où les auteurs franco-américains et leurs oeuvres sont non seulement répertoriés, mais aussi analysés avec beaucoup de précision et de justesse. On peut regretter, toutefois, le sort fait à Louis Dantin, considéré « comme un poète et un critique québécois en exil plutôt que comme un Franco-Américain » (p. 314), exécution sommaire atténuée, plus loin, par quelques lignes consacrées à son roman autobiographique *Les Enfances de Fanny* (p. 318).

Le professeur d'université qui a fait carrière dans l'enseignement et dans la recherche signale, tout au long de son ouvrage, les domaines restés inexplorés et les multiples pistes à suivre pour quiconque voudrait faire avancer les connaissances sur la Franco-Américanie. Voilà autant de libertés prises avec l'histoire « pure et dure », mais on ne peut que s'en réjouir si les perspectives s'en trouvent élargies et diversifiées.

Plus qu'un livre d'histoire, l'ouvrage d'Armand Chartier est aussi un mémorial. La distinction n'est pas spécieuse. L'historien a pour objectif de reconstituer le passé avec un maximum d'objectivité, sans y attacher de finalité particulière. Le mémorialiste accomplit sensiblement la même tâche, à une différence près : il consigne, dans ses écrits, les événements passés pour qu'on s'en souvienne. Et c'est ainsi qu'il faut apprécier cet ouvrage qui retrace la vie d'un peuple dans toutes ses manifestations, à la façon d'une fresque historique, à la fois monumentale et intimiste, faite de vastes perspectives et de miniatures, le tout savamment traité avec un style personnel et engagé, afin qu'on se rappelle son histoire, son héritage, quoi qu'il advienne.

LES ENFANTS DE JACQUES CARTIER
DE PAUL SÉRANT

Jean-Marc Barrette
Université d'Ottawa

À l'heure où l'étude des minorités gagne en popularité, le journaliste Paul Sérant veut aider ses compatriotes et tous les autres francophones du monde à mieux connaître et comprendre la situation des francophones de l'Amérique du Nord. Avec *Les Enfants de Jacques Cartier : du Grand Nord au Mississippi, l'Amérique de langue française* (Robert Laffont, 1991, 290 p.), l'auteur propose une vulgarisation de l'histoire depuis Jacques Cartier jusqu'à nos jours, en embrassant tout le continent. Tâche ardue, il va sans dire, à laquelle même un Nord-Américain oserait à peine s'atteler. Et le mérite est d'autant plus grand que ce qui peut paraître aller de soi pour nous, peut s'avérer très complexe pour un Européen, surtout pour replacer et comprendre les systèmes politiques.

Mais, ce qui frappe d'abord, c'est le ton des propos qui laissera le lecteur sceptique. Ainsi, lorsque Champlain accompagna le Père Joseph Le Caron pour convertir les Amérindiens, Paul Sérant écrit qu'ils durent parcourir « pas moins de quatre cents lieues dans des régions peuplées de *fauves*, de *serpents* et d'insectes *venimeux*, avant d'arriver au pays des Hurons, entre la baie Géorgienne et le lac Simcoe ». (p. 32, nous soulignons.) Si cette façon d'écrire était monnaie courante à la fin du siècle passé, cette vision romantique n'a plus sa place dans un livre qui se veut sérieux et actuel. D'ailleurs, tout ce qui touche à l'exploration, au peuplement des rives du Saint-Laurent et aux mouvements de colonisation est empreint de ce romantisme qui confine souvent au sensationnalisme digne de journaux à potins.

Outre ce style suranné, le lecteur pourra aussi reprocher à Sérant de faire une interprétation partisane et biaisée des événements passés. Par exemple, il écrit : « Le développement du commerce devint alors aussi fructueux pour les autochtones que pour les Français eux-mêmes. » (p. 37) Personne aujourd'hui en Amérique du Nord n'ose plus prétendre cela. L'économie de la Nouvelle-France a reposé sur les épaules des Amérindiens et cette exploitation éhontée n'a profité qu'aux Européens. Et si, tout à coup, par remords de conscience, Sérant se porte à leur défense, c'est d'une façon fort malhabile, surtout lorsqu'il parle des « incidents survenus pendant l'été 1890 [*sic*, 1990] entre les Indiens Mohawks et l'armée canadienne au nord de Montréal ». (p. 146)

Même si Sérant nous fournit des détails intéressants et des anecdotes, la précision de son information laisse à désirer. Les erreurs s'accumulent de façon délirante. Ainsi, il désigne l'oligarchie coloniale dans les termes de « Family Contact » (p. 133) plutôt que Family Compact, et il fait de Lester B. Pearson le « président du Canada » (p. 174), de René Lévesque, « un excellent président » (p. 186). De plus, la crise d'Octobre aurait eu lieu en 1969 (p. 180) et, mieux encore, la création de TV Ontario remonterait à *1887* (p. 237)!!!

Et les faussetés sont malheureusement répandues ainsi partout sur l'Amérique. En Acadie, aux élections de 1978, une « *formation acadienne*, le Nouveau Parti démocratique (N.P.D.), *double* elle aussi *le nombre de ses sièges* ». (p. 221, nous soulignons, même si tout le monde sait que le NPD n'est pas un parti proprement acadien et qu'il n'a pas fait élire de député en 1978.) En Ontario, « [...] *Le Droit*, est toujours le principal organe des catholiques de la province ». (p. 230) Disons plutôt le journal des Franco-Ontariens, car sa vente au groupe *UniMédia* (une entreprise privée) a eu lieu en 1983-1984.

Bref, on a l'impression qu'un touriste français est venu en Amérique et qu'il a décidé de publier ses notes de voyage. Son incompréhension totale de la situation politique actuelle, autant aux États-Unis qu'au Canada, en est une autre preuve.

Il faut croire aussi que l'éditeur n'a pas fait relire les épreuves avant la publication, se fiant sûrement à la réputation de l'auteur qui a une bonne vingtaine de livres à son actif. Une simple relecture aurait pu faire de ce livre un *best-seller*. La maison d'édition Robert Laffont a manifesté ici un manque flagrant de professionnalisme. Et tout fait défaut, jusqu'aux cartes géographiques qui ne sont pas aux bons endroits : il faut intervertir les cartes des pages 228 et 248, et ramener la carte de la page 212 à la page 262. En outre, si le résumé laissait entrevoir une exploration équitable de tout le continent, on constate que plus des trois quarts du livre traite du Québec.

De plus, comme si on pouvait encore en ajouter, Sérant se fait moralisateur envers ses compatriotes (il y a des exemples éloquents aux pages 84 et 90) et condescendant avec les Nord-Américains. Entre autres, il en profite pour régler ses comptes avec Voltaire, qui était plutôt froid par rapport à la colonisation de l'Amérique (on se rappellera ses « quelques arpents de neige »), et termine en disant : « [...] il faut rappeler à nos amis canadiens qu'en dépit de son exceptionnel talent littéraire, Voltaire ne représente nullement le meilleur de l'esprit français. » (p. 102) Commentaire avec lequel plusieurs Nord-Américains ne seraient pas d'accord.

Certes, l'entreprise de Sérant était louable au départ, mais les résultats restent pitoyables. On peut aussi mettre en doute ses sources et ses références qui proviennent souvent de livres ou d'articles publiés dans les années 1940, 1950 ou 1960. Cela se reflète dans une écriture qui semble empruntée, par bout, à une autre époque. Terminons avec cet échantillon remarquable où Sérant se fait l'apologiste, voire l'hagiographe de Champlain : « Il s'est révélé grand administrateur, tant vis-à-vis de ses compatriotes que vis-à-vis des autochtones. Enfin, il n'impressionna pas moins ses compagnons par sa force d'âme que par ses aptitudes d'homme d'action. Ce pionnier d'une foi religieuse profonde était aussi un homme gai et dynamique, en même temps que toujours dévoué à l'intérêt général. Sans lui, comme sans ses prédécesseurs, et peut-être davantage encore, on ne pourrait parler aujourd'hui de francophonie nord-américaine. » (p. 37) Saint Samuel de Champlain, priez pour nous!

Lorraine Albert
Université d'Ottawa

La section des livres comprend les titres publiés en 1991, ceux de 1990 qui n'avaient pas été répertoriés dans le numéro 1 de *Francophonies d'Amérique*, et quelques ouvrages de 1989 qui nous avaient échappé. Notre liste inclut des thèses de maîtrise et de doctorat soutenues entre 1988 et 1990, car il est très difficile d'avoir accès aux thèses de l'année courante. Cette section est d'ailleurs incomplète et nous serions très reconnaissants aux personnes qui voudraient bien nous faire parvenir les titres des thèses récentes soutenues à leur institution, ou ailleurs, dans les domaines qui intéressent cette revue.

Les titres précédés d'un astérisque font l'objet d'une recension dans les pages qui précèdent.

L'ACADIE

BABINEAU, Maurice, *Kedgwick, c'est chez nous! plus de 75 ans d'histoire*, Kedgwick, N.-B., Chez l'Auteur, 1990, 395 p.

BARRETT, Wayne, *La Cuisine acadienne*, Halifax, Nimbus Publishing, 1991, 64 p.

BASQUE, Jean-Paul, *La Flamme de mes épinettes*, Tracadie, N.-B., Chez l'Auteur, 1991, 157 p.

BASQUE, Maurice, *Entre baie et péninsule : histoire de Néguac*, Néguac, N.-B., Village de Néguac, 1991, 180 p.

BAURIN, Charles, *Silence en corps*, Wolfville, N.-É., Éditions du Grand-Pré; Amay, Belgique, L'Arbre à paroles, coll. Verge d'or, n° 2, 1991, 65 p.

BONENFANT, Sylvie Caron, *Quelque part dans les Alpes : roman*, Saint-Basile, N.-B., Éditions Lavigne, 1991, 143 p.

BOURQUE, Gilles L. et Hector J. CORMIER, *Aurèle D. Léger, homme politique acadien et homme du peuple (1894-1961)*, Grande-Digue, Comité des amis et amies du sénateur Aurèle D. Léger, 1991, 82 p.

BRAUD, Gérard-Marc, *Les Amiraux acadiens de la Révolution française : Pierre Martin et Jean-Amable Lelarge*, Nantes, Chez l'Auteur, 1990, 76 p.

BUTLER, Gary R., *Saying Isn't Believing : Conversational Narrative and the Discourse of Tradition in a French-Newfoundland Community*, St John's, Memorial University, Institute of Social and Economic Research, coll. Social and Economic Studies, No. 42, 1990, 199 p.

CALHOUN, Sue, *A Word to Say : The Story of the Maritime Fishermen's Union*, Halifax, Nimbus Publishing, 1991, 274 p.

Cent Ans de présence des soeurs des Saints-Coeurs de Jésus et de Marie en Acadie (1891-1991), Joliette, Soeurs des Saints-Coeurs de Jésus et de Marie, 1990, 35 p.

CENTRE COMMUNAUTAIRE SAINTE-ANNE, *Les Dix Premières Années, 1978-1988*, Frédéricton, Société d'histoire de la Rivière Saint-Jean, 1990, 60 p.

CHIASSON, Anselme, *Chéticamp : histoire et traditions acadiennes*, 4e éd., avec supplément 1961-1989, Richibouctou, Éditions Babineau, 1990, 333 p.

CHIASSON, Anselme, *Le Diable Frigolet : contes*, Moncton, Éditions d'Acadie, 1991, 240 p.

CHIASSON, Herménégilde, *Vous : poésie*, Moncton, Éditions d'Acadie, 1991, 168 p.

CHIASSON, Rémi-Joseph, *Le Père DeCoste : une appréciation personnelle*, Antigonish, N.-É., Chez l'Auteur, 1990, 44 p.

COGSWELL, Fred et Jo-Ann ELDER, *Rêves inachevés : anthologie de poésie acadienne contemporaine*, Moncton, Éditions d'Acadie, 1991, 214 p.

COMEAU, Frederic Gary, *Stratagèmes de mon impatience : poésie*, Moncton, Éditions Perce-Neige, 1991, 82 p.

COMEAU, Gérard C., *Du Haut d'la Grande Rivière*, Préface de Zoël Saulnier, Tabusintac, N.-B., Éditions Gérard C. Comeau, 1991, 175 p.

La Coopération en Acadie et la relève, actes du Colloque des 2 et 3 mars 1990 tenu lors du lancement officiel de la Chaire d'études coopératives à l'Université de Moncton, 16 p.

CORMIER, Michel et Achille MICHAUD, *Richard Hatfield : un dernier train pour Hartland*, Montréal, Libre Expression; Moncton, Éditions d'Acadie, 1991, 315 p.

CORMIER, Ronald, *Entre bombes et barbelés : témoignages d'aviateurs et de prisonniers de guerre acadiens (1939-1945)*, Moncton, Éditions d'Acadie, 1990, 230 p.

CORMIER-BOUDREAU, Marielle, *La Médecine traditionnelle en Acadie*, Moncton, Éditions d'Acadie, 1991.

CREIGHTON, Helen et Ronald LABELLE, *La Fleur du rosier : chansons folkloriques d'Acadie/Acadian Folk Songs*, Sidney (N.-É.), University College of Cape Breton Press, 1990, 262 p.

*DAIGLE, France, *La Beauté de l'affaire : fiction autobiographique à plusieurs voix sur son rapport tortueux au langage*, Moncton, Éditions d'Acadie, 1991, 54 p.

DECERF, Anne, *Les théories scientifiques ont-elles un sexe?*, Moncton, Éditions d'Acadie, 1991.

Une dialectique du pouvoir en Acadie : Église et autorité, Les actes du Congrès du centenaire de l'Université Sainte-Anne, 1890-1990, Montréal, Fides, 1992.

« Dites-moi pas que ce drapeau est encore là » : identités nationales et politiques culturelles; un demi-siècle d'action (1941-1991); interventions au colloque d'Halifax (septembre 1985), Wolfville, N.-É., Éditions du Grand-Pré; Coalition de Nouvelle-Écosse pour la culture et les arts, 1991, 214 p.

L'effort en vaut le coup : livre souvenir officiel du dixième anniversaire des jeux de l'Acadie, Petit-Rocher, N.-B., Société des Jeux de l'Acadie, 1989, 50 p.

FERRON, Jacques, *Les Roses sauvages : roman*, Montréal, VLB, 1990, 247 p.

FERRON, Jacques, *Le Contentieux de l'Acadie*, édition préparée par Pierre Cantin, Marie Ferron et Paul Lewis, avec la collaboration de Pierre L'Hérault, préface de Pierre Perrault, Montréal, VLB, 1991, 271 p.

FOURNIER, Jean-Émile, *Autobiographie du révérend Père Jean-Émile Fournier*, Bathurst, N.-B., Chez l'Auteur, 1990, 128 p.

FOURNIER, Jean-Émile, *Diary of a Parish Priest*, Bathurst, N.-B., Chez l'Auteur, 1990, 87 p.

GALLANT, Melvin, *Ti-Jean-le-Fort : contes*, Moncton, Éditions d'Acadie, 1991, 175 p.

GAUDET, Mary Mildred (Millie), *Adventures of 'Ti-Georges*, Moncton, The Author, 1990, 79 p.

GILMORE, Rachna, *Tante Frida est une sorcière*, illustrations de Chum McLeod, traduction de Raymonde Longval, Moncton, Éditions d'Acadie, 1991, 24 p.

Guide des sources archivistiques sur l'industrie forestière du Nouveau-Brunswick / A Guide to Archival Sources on the New Brunswick Forest Industry, compilé par / compiled by D. Hickey, L. Charlebois, B. Oliver, Moncton, Éditions d'Acadie, 1990, 211 p.

HACHÉ, Louis, *Le Guetteur : récits*, Moncton, Éditions d'Acadie, 1991, 129 p.

HACHÉ, Odette, *Les Haché-Gallant de la Péninsule acadienne, 1800-1984 : naissances et décès*, Caraquet, N.-B., Chez l'Auteur, 1990, 2 vol.

HARBEC, Hélène, *Le Cahier des absences et de la décision : poésie*, Moncton, Éditions d'Acadie, 1991, 94 p.

HICKEY, Daniel, *Moncton, 1871-1929 : changements socio-économiques dans une ville ferroviaire*, Moncton, Éditions d'Acadie, 1990, 171 p.

JACQUOT, Martine L., *Fleurs de pain : poésie*, Ottawa, Éditions du Vermillon, coll. Parole vivante, n° 19, 1991, 72 p.

LAFLEUR, Ginette, *Les Femmes, à l'heure des comptes : dossier statistique, 1971-1986*, Moncton, AEF (Action, Éducation, Femmes), 1990, 185 p.

LALLEMENT, Bernard, *Petite Suite acadienne : version pour soli, choeur mixte et piano*, Ciney, Centre de documentation musicale à Coeur Joie Belgique a.s.b.l., 1990, 115 p.

LAVOIE, Marc C., *The Archeological Reconnaissance of the Beaubassin Region in Nova Scotia and New Brunswick — 1986*, Halifax, Council of Maritime Premiers, 1990, 130 p.

LEBLANC, René et Micheline LALIBERTÉ, *Sainte-Anne : Collège et Université, 1890-1990*, Pointe-de-l'Église, N.-É., Université Sainte-Anne, 1990.

LE BOUTHILLIER, Claude, *Le Feu du mauvais temps : roman*, préface de Louis Caron, Montréal, Québec/Amérique, 1989, 447 p.

LEBRETON, Clarence, *Le Collège de Caraquet, 1892-1916*, Hull (etc.), Éditions du Fleuve, 1991, 268 p.

LECLERC, André, *Le Développement d'une comptabilité économique infraprovinciale : le cas du produit intérieur brut des régions acadiennes du Nouveau-Brunswick, 1961-1989*, Moncton, Institut canadien de recherche sur le développement régional, 1991, 51 p.

LÉGER, Raymond, *423 Jours sur la ligne de piquetage*, Bertrand, N.-B., Chez l'Auteur, 1991 (?), 23 p.

LÉVESQUE, Thérèse, *Laisse-moi te dire... la guerre de 1939/45*, Saint-Quentin, N.-B., Chez l'Auteur, 1990, 171 p.

LOSIER, Andrée, *Les Familles Losier : les descendants de Prospère Desjardins dit Lausier*, Tracadie, N.-B., [s.éd.], 1991, 328 p.

MALLET, D., *Sur le pré du vent, suivi de la généalogie des pionniers de la Pointe-Sauvage*, Montréal, Édition du Fleuve, 1991, 369 p.

MARIE-DOROTHÉE, Soeur, n.d.s.c., *Quand tourne le vent : Mgr Édouard Alfred LeBlanc, premier évêque acadien, 1912-1935*, Moncton, Religieuses de Notre-Dame-du-Sacré-Coeur, 1991, 359 p.

MICHAUD, Guy R., *L'Identité des gens du comté de Madawaska*, Edmundston, N.-B., Les Éditions GRM, 1991, 38 p.

*MORIN ROSSIGNOL, Rino, *Rumeur publique : essais*, introduction et annotations de Anne-Marie Robichaud, Moncton, Éditions d'Acadie, 1991, 240 p.

OUELLETTE, Roger, Tran QUANG BA et Michel SAINT-LOUIS, *Le Système politique canadien et ses institutions*, Moncton, Éditions d'Acadie, 1990, 75 p.

PAQUETTE, Denise, *Souris Baline part en bateau*, Éditions d'Acadie, 1990, 24 p.

PERONNET, Louise, *Le Parler acadien du sud-est du Nouveau- Brunswick : éléments grammaticaux et lexicaux*, New York, Peter Lang Publishing, coll. American University Studies Series, VI : Foreign Language Instruction, No. 8, 1989, 267 p.

PICHETTE, Robert, *Les Religieuses pionnières en Acadie*, Moncton, Michel Henry, 1990, 143 p.

POIRIER, Donald, *Le Système juridique canadien et ses institutions*, Moncton, Éditions d'Acadie, 1991, 80 p.

POITRAS, Léo et Jean-Guy POITRAS, *Répertoire généalogique des descendants et descendantes de Théophile Cyr et Judith Lizotte*, Edmundston, N.-B., Éditions Marévie, 1990, 181 p.

QUÉMÉNEUR, Mathieu, *L'Acadien : roman*, Sarreguemines, France, Éditions Pierron, 1990, 195 p.

RICHARD, Claudette, *Une chanson, ça dit quelque chose*, paroles et mélodies, Claudette Richard, transcription musicale, Florine Després, accompagné d'une cassette et d'un livret avec paroles seulement, Moncton, Chez l'Auteur, 1991, 13 p.

RICHARD, Louis, ptre, *Les Familles acadiennes de la région de Trois-Rivières*, Trois-Rivières, Société de généalogie de la Mauricie et des Bois-Francs, 1990, 346 p.

ROBICHAUD, Donat, Mgr, *Jean-Baptiste Robichaud et ses descendants Robichaud*, Paquetville, N.-B., Chez l'Auteur, 1991, 316 p.

ROBICHAUD, Norbert, *Guide bibliographique de l'Acadie, supplément et mise à jour, 1988-1989*, Moncton, Centre d'études acadiennes, 1991, 91 p.

ROBICHAUD, Valois, *Les Aînés, la mission nouvelle de l'éducation; apprendre à être : le nouveau projet de vie*, Shippagan, N.-B., Agence acadienne socio-éducative, 1991, 100 p.

ROUSSELLE, Hilaire, *Pour un instant d'amour...*, Lagacéville, N.-B., Chez l'Auteur, 1990, 175 p.

ROY, Albert, *Au mitan du nord : poésie*, Edmundston, N.-B., Éditions Marévie, 1991, 98 p.

ROY, Lise, *Wordperfect par soi-même : version 5.1, tableaux de correspondance 4.2 et 5.0*, Moncton, Éditions d'Acadie, 1991, 431 p.

Sainte-Anne, cent ans d'images du collège à l'université, 1890-1990, Pointe-de-l'Église, N.-É., Université Sainte-Anne, 1990, 200 p.

Saint-Michel de Drummond, 1890-1990, cent ans... ça se fête, Drummond, Comité du Centenaire, 1990, 253 p.

SAINT-PIERRE, Christiane, *Mon coeur a mal aux dents!*, Moncton, Éditions d'Acadie, 1991, 65 p.

SONIER, Livain, *Livain raconte Val-Commeau d'hier et d'aujourd' hui*, Sheila, N.-B., Chez l'Auteur, 1991, 140 p.

STARETS, Moshé, *Les Attitudes des parents acadiens néo-écossais à l'égard du français et de l'anglais au Canada*, Québec, Centre international de recherche en aménagement linguistique, 1991, 414 p.

STEELE, Catherine Mary, *Can Bilingualism Work? : Attitudes towards Language Policy in New Brunswick : The 1985 Public Hearings on the Poirier-Bastarache Report*, Fredericton, New Ireland Press, 1990, 106 p.

Unfinished Dreams : Contemporary Poetry of Acadie, Fredericton, Goose Lane Editions, 1990, 172 p.

UNIVERSITÉ DE MONCTON, ÉCOLE DES SCIENCES INFIRMIÈRES, *Le Premier Quart de siècle*, Moncton, 1990, 39 p.

Vers un aménagement linguistique de l'Acadie du Nouveau- Brunswick, Actes du Symposium de Moncton 3, 4 et 5 mai 1990, publiés par Catherine Philipponeau, Moncton, Université de Moncton, Centre de recherche en linguistique appliquée, 1991, 240 p.

VINCENS, Simone, *Les Indomptés*, Rayne, Louisiane, Hébert Publications, 1990, 260 p.

VIOLETTE, Maurice, *The Violette Family : a History*, Hallowell, ME, Letter Systems, 1990, 27 p.

WILBUR, Richard, *The Rise of French New Brunswick*, Halifax, Formac Publishing Company, 1989, 290 p.

WILSON, Robert S. et Léon THÉRIAULT, *Moncton's Religious Heritage : Historical Sketches of Moncton's Religious Congregations / L'Héritage religieux de Moncton : aperçu historique des communautés religieuses de Moncton*, Moncton, 1990, 64 p.

YOUNG, Aurèle, *Le Canada à la croisée des chemins*, [s.l., s.éd., 199-], imprimé par l'Imprimerie A. Dupuis, Haute-Aboujagane, N.-B., 34 p.

L'ONTARIO

ANDERSEN, Marguerite, *Courts Métrages et instantanés : nouvelles*, Sudbury, Prise de Parole, 1991, 120 p.

BEAUMONT, Johanne, *Répertoire numérique du 25ᵉ au 30ᵉ versement du fonds de l'Association canadienne-française d'Ontario*, Ottawa, Centre de recherche en civilisation canadienne-française, Université d'Ottawa, coll. Documents de travail, nᵒ 34, 1991, 381 p.

BÉLANGER, Georges, éd., *Le Centre franco-ontarien de folklore*, (trousse d'information), Sudbury, Centre franco-ontarien de folklore, [1990], 10 feuillets.

BERNARD, Roger J.P., *Le Travail et l'espoir : migrations, développement économique et mobilité sociale, Québec / Ontario 1900-1985 : étude sociologique*, Hearst, Le Nordir, 1991, 396 p.

BOURAOUI, Hédi et Jacques FLAMAND, éds, *Écriture franco- ontarienne d'aujourd'hui*, Ottawa, Éditions du Vermillon, coll. Cahiers du Vermillon, nᵒ 2, 1989, 440 p.

CAZABON, Benoît, *Pédagogie du français langue maternelle et hétérogénéité linguistique*, Toronto, ministère de l'Éducation, 1991, 284 p.

*CHARTRAND, Lina, *La P'tite Miss Easter Seals*, Sudbury, Prise de Parole, 1988, 90 p.

CLOUTIER, Cécile, *Lampées*, Trois-Rivières, Écrits des Forges, coll. Radar, nᵒ 45, 1990, 68 p.

COMEAU, Gilles et Chantal DION, *Poésie, poésie*, Ottawa, Centre franco-ontarien de ressources pédagogiques, 1991.

COULOMBE, Caroline-Anne, *L'Absence : poésie*, Hearst, Le Nordir, 1991, 54 p.

*DIONNE, René, *Anthologie de la poésie franco-ontarienne, des origines à nos jours*, Sudbury, Prise de Parole, 1991, 223 p.

*DUMITRIU VAN SAANEN, Christine, *Les Fruits de la pensée*, Saint-Boniface, Éditions des Plaines, 1991, 88 p.

ÉTHIER-BLAIS, Jean, *Le Christ de Brioude : nouvelles*, Montréal, Leméac, 1990, 189 p.

FLAMAND, Jacques, *La terre a des frissons de ciel : poèmes, et Partita à ciel ouvert : fragments de nature sur papier*, Ottawa, Éditions du Vermillon, coll. Rameau du ciel, n° 6, 1990, 104 p.

FRENETTE, Normand, Saeed QUAZI et Noemi STOKES, *Accessibilité aux études postsecondaires pour les francophones de l'Ontario, 1979-1989 : rapport final*, Toronto, ministère de l'Éducation, ministère des Collèges et Universités, 1990, 248 p.

*GAY, Paul, c.s.s.p., *Séraphin Marion : la vie et l'oeuvre*, Ottawa, Éditions du Vermillon, coll. Visages, 1991, 256 p.

GERMAIN, Doric, *Le soleil se lève au nord : roman*, Sudbury, Prise de Parole, 1991, 116 p.

GODBOUT, Renée, *La boîte à outils pour écrire*, Ottawa, Centre franco-ontarien de ressources pédagogiques, 1990.

GROUPE DE TRAVAIL POUR UNE POLITIQUE CULTURELLE DES FRANCOPHONES DE L'ONTARIO, *RSVP, clefs en main : rapport final*, Toronto, ministère de la Culture et des Communications, 1991, 66 p.

HAENTJENS, Brigitte, *D'éclats de peines : poésie*, Sudbury, Prise de Parole, 1991, 56 p.

JAKES, Harold E. and Hanne B. MAWHINNEY, *A Historical Overview of Franco-Ontarian Educational Governance*, Ottawa, University of Ottawa, Faculty of Education, coll. Vision Education, 1990, 168 p.

KARCH, Pierre, *Jeux de patience*, Montréal, XYZ, coll. L'Ère nouvelle, 1991, 159 p.

LAFLAMME, André, *La Création d'un criminel : récit autobiographique*, Ottawa, Éditions du Vermillon, coll. Visages, 1991, 248 p.

MARTIN, Jacqueline, *Frontenac : théâtre*, Ottawa, Éditions du Vermillon, coll. Paedagogus, 1991, 291 p.

MUIR, Michel, *Les Fleurs du siècle à venir : poésie*, Hearst, Le Nordir, 1991, 64 p.

PACOM, Diane, *Les Origines socio-culturelles de l'analphabétisme chez les jeunes francophones de 16 à 29 ans dans les milieux urbains de la province de l'Ontario*, Ottawa, Université d'Ottawa, Département de sociologie, 1991, 236 p.

PICHETTE, Jean-Pierre, *L'Observance des conseils du maître*, Québec, PUL, coll. Archives du folklore, n° 25, 1991, 696 p.

POLIQUIN, Daniel, *Visions de Jude : roman*, Montréal, Québec/Amérique, 1990, 301 p.

POULIN, Gabrielle, *Petites Fugues pour une saison sèche : poésie*, Hearst, Le Nordir, 1991, 87 p.

QUATORZE, Raymond, *La Prison rose bonbon : roman*, Sudbury, Prise de Parole, 1991, 255 p.

*SABOURIN, Pascal, *Suite en sol indien : poèmes*, Saint-Boniface, Éditions des Plaines, 1991, 109 p.

SEEMS, Charles et Yen V. LEE, *Minou brun*, Ottawa, Centre franco-ontarien de ressources pédagogiques, 1991.

WAGNER, Serge, *Analphabétisme de minorité et alphabétisation d'affirmation nationale : à propos de l'Ontario français*, vol. 1 : « Synthèse théorique et historique », avec la collaboration de Pierre Grenier, Ottawa, Mutual Press, Alpha communautaire chez les Franco-Ontariens, n° 9, 1990, 506 p.

L'OUEST CANADIEN

BARRAL, Jacqueline, *Jongleries : poèmes pour jeunes adultes*, Saint-Boniface, Éditions du Blé, 1990, 75 p.

BUGNET, Georges, *Albertaines : anthologie d'oeuvres courtes en prose*, présentée et annotée par Gamila Morcos, préface de Guy Lecomte, Saint-Boniface, Éditions des Plaines / Éditions universitaires de Dijon, série Études canadiennes, n° 3, 1990, 406 p.

CHAPUT, Simone, *Un piano dans le noir*, Saint-Boniface, Éditions du Blé, 1991, 208 p.

CHARLEBOIS, Pierre-Alfred, *La Vie de Louis Riel*, Montréal, VLB, 1991, 376 p.

COP, Gilles, *Si Dieu était une pomme / If God Were an Apple*, illustrations de Cathy Collins, Saint-Boniface, Éditions des Plaines, 1990.

CULLETON, Béatrice, *Le Sentier intérieur*, Saint-Boniface, Éditions du Blé, 1990, 261 p.

DAUPHINAIS, Luc, *Histoire de Saint-Boniface*, tome 1 : « À l'ombre des cathédrales, des origines de la colonie jusqu'en 1870 », Saint-Boniface, Éditions du Blé, 1991, 335 p.

EYGUN, François-Xavier, *Jeux de mains, suivi de Mes simples*, Saint-Boniface, Éditions du Blé, 1991, 56 p.

FERLAND, Marcien, *Chansons à répondre du Manitoba*, illustrations de Réal Bérard, 2e éd. revue et corrigée, Saint-Boniface, Éditions du Blé, 1991, 222 p.

FRANCQ, H.G., *Le Maître de conférences*, Saint-Boniface, Éditions des Plaines, 1991, 283 p.

GABORIEAU, Antoine, *Notre-Dame-de-Lourdes (Manitoba) 1881-1990, un siècle d'histoire*, Notre-Dame-de-Lourdes, Comité des fêtes du centenaire, 1990, 633 p.

GENUIST, Paul, *Marie-Anna Roy : une voix solitaire*, Saint-Boniface, Éditions des Plaines, 1991, 200 p.

GÉRARD, Cécile et Renée LAROCHE, *Un jardin sur le toit / A Garden on the Roof*, Whitehorse, Association des Franco-Yukonnais, 1991.

HUEL, Raymond (dir.), *Études oblates de l'Ouest I*, acte du premier colloque sur l'histoire des Oblats dans l'Ouest et le Nord canadiens, Edmonton, Western Canadian Publishers, 1990, 210 p.

Langue et communication, Actes du neuvième Colloque du Centre d'études franco-canadiennes de l'Ouest, Collège universitaire de Saint-Boniface, 12-14 octobre 1989, C.U.S.B., 1990.

*LÉVEILLÉ, J. Roger, *Anthologie de la poésie franco-manitobaine*, Saint-Boniface, Éditions du Blé, 1990, 591 p.

MATHIEU, Pierre, *Les Dinosaures en fête*, Saint-Boniface, Éditions des Plaines, 1989.

MATHIEU, Pierre, *Les Oiseaux en liberté*, Saint-Boniface, Éditions des Plaines, 1989.

MATHIEU, Pierre, *Le Boulier magique*, Saint-Boniface, Éditions des Plaines, 1990.

À la mesure du pays..., actes du dixième Colloque du Centre d'études franco-canadiennes de l'Ouest, 12-14 octobre 1990, Muenster, Saskatchewan, St. Peter's Press, 1991.

MICHAUD, Guy, *Première, six morceaux pour guitare, Six Guitar Pieces*, illustrations de René Avanthay, Saint-Boniface, Éditions du Blé, 1991, 22 p.

MIGNAULT, Alice, s.a.s.v., *Cent Ans d'espérance, (à l'occasion du centième anniversaire de l'arrivée des Soeurs de l'Assomption de la Sainte Vierge dans l'Ouest canadien)*, Nicolet, Soeurs de l'Assomption de la Sainte Vierge, 1991.

MOSER, Marie, *Courtepointe : roman*, traduit de l'anglais, Montréal, Québec/Amérique, 1991.

L'Ouest canadien et l'Amérique française, Actes du huitième Colloque du Centre d'études franco-canadiennes de l'Ouest, Centre d'études bilingues, Université de Régina, 21-22 octobre 1988, Centre d'études bilingues, 1990.

PICOUX, Louisa, *L'Orange de Noël*, Saint-Boniface, Éditions du Blé, 1990, 22 p.

PICOUX, Louisa, *Pauline, détective en tuque : roman pour adolescents*, Saint-Boniface, Éditions du Blé, 1991, 120 p.

*ROCHE, Claude, *Monseigneur du Grand Nord : Isidore Clut, évêque missionnaire, coureur des bois, chez les Indiens et les Esquimaux du Nord-Ouest américain (de 1858 à 1903)*, Rennes, Éditions Ouest-France, coll. Voyage jusqu'au bout, 1989, 378 p.

RODRIGUEZ, Liliane, *Méthode de phonétique corrective*, Saint-Boniface, Éditions des Plaines, 1991 (?), (Livre et cassette).

*SAINT-PIERRE, Annette, *Coups de vent*, Saint-Boniface, Éditions des Plaines, 1990, 257 p.

SOCIÉTÉ HISTORIQUE DE SAINT-BONIFACE, *Histoire de Saint-Boniface*, tome 1 : « À l'ombre des cathédrales, des origines de la colonie jusqu'en 1870 », par Luc Dauphinais, Saint-Boniface, Éditions du Blé, 1991, 335 p.

Souvenirs du Manitoba / Memories of Manitoba, Winnipeg, Bibliothèque publique de Winnipeg / Winnipeg Public Library, 1991.

TRÉMAUDAN, Berthe de, *En vers et malgré tout : poèmes d'une nonagénaire*, Sidney, C.-B., Éditions Laplante-Agnew, 1991, 30 p.

LES ÉTATS-UNIS

ALBERT, Félix, *Immigrant Odyssy : a Bilingual Edition of « Histoire d'un enfant pauvre »*, introduction de Frances H. Early, traduction d'Arthur L. Eno jr., Orono, Maine, University of Maine Press, 1991, 178 p.

ANCELET, Barry Jean, *Cajun Country*, Jackson, University of Mississippi, coll. Folklife in the South Series, 1991, 256 p.

ANGERS, Trent, ed., *Cajun Country Tour Guide and Festival Guide*, illustrations by Scott Bivans, Lafayette, Acadian House Publishing, 1991, 124 p.

ANGERS, Trent, *The Truth about the Cajuns*, illustrations by Pat Soper, Lafayette, Acadian House Publishing, 1989, 120 p.

BÉLAIR, Richard L., *The Fathers*, Boston, Branden Publishing, 1991, 243 p. (roman sur l'affaire de la Sentinelle, 1923-1929).

BLEWETT, Mary H. *The Last Generation : Work and Life in the Textile Mills of Lowell, Massachusetts, 1910-1960*, Amherst, University of Massachusetts Press, 1990, 330 p.

BOURGET, Paul A. (dir.), *Towers of Faith and Family : St.Ann's Church, Woonsocket, Rhode Island, 1890-1990*, Orono, University of Maine Press, 1991, 186 p.

*CHARTIER, Armand, *Histoire des Franco-Américains de la Nouvelle-Angleterre, 1775-1990*, Sillery, Éditions du Septentrion, 1991, 436 p.

DOTY, C. Stewart, *Acadian Hard Times : the Farm Security Administration in Maine's St. John Valley, 1940-1943*, Orono, University of Maine Press, 1991, 186 p.

DOZOIS, Charles H., o.m.i., *Le Bon Père Bolduc : biographie du Père Émile Bolduc, o.m.i.*, Manchester, N.H., Imprimerie Lafayette, 1989, édition bilingue, 78 et 74 pages.

FORTIN, Marcel P. (dir.), *Woonsocket, Rhode Island : a Centennial History, 1888-1988*, Woonsocket, Centennial Committee, 1988, 252 p.

GERSTLE, Gary, *Working-Class Americanism : the Politics of Labor in a Textile City, 1914-1960*, Cambridge, Cambridge University Press, 1989.

Le Grand Guide de la Nouvelle-Angleterre, Paris, Gallimard, coll. Bibliothèque du voyageur, 1991.

JEHN, Janet B. and Clarence J. D'ENTREMONT, *Acadian Descendants*, Vol. 8 : « Genealogy of Gabrielle Forest and Pierre Brasseaux », Covington, KY, Acadian Genealogy Exchange, 1991, 288 p.

LANDRENEAU, Raymond L., Jr., *The Cajun French Language*, Atlanta, The Chicot Press, 1990, 112 p.

LEDOUX, Denis, ed., *Lives in Translation : An Anthology of Contemporary Franco-American Writings*, Lisbon Falls, ME, Soleil Press, 1990, 144 p.

POINTE DE L'ÉGLISE GENEALOGICAL AND HISTORICAL SOCIETY STAFF, *Cemetery Listings of Acadia Parish, Louisiana*, Vol. 1 : « Tombstone Inscriptions from Church Point, LA, and the Surrounding Area », Ed. Irma H. Gremillion, Church Point, LA, Acadian Publishing Company, 1991, 210 p.

QUINTAL, Claire, dir., *Les Franco-Américains et leurs institutions scolaires*, Worcester, Mass., Collège de l'Assomption, Éditions de l'Institut français, 1990, 363 p.

QUINTAL, Claire, *Héraut de l'amour : biographie du Père Marie-Clément Staub, A.A.*, Sainte-Foy, Québec, Éditions Anne Sigier, 1989, 295 p.

*ROBY, Yves, *Les Franco-Américains de la Nouvelle-Angleterre, 1776-1930*, Sillery, Éditions du Septentrion, 1990, 434 p.

TRÉPANIER, Cécyle, *French Louisiana at the Threshold of the Twenty-First Century*, Québec, Université Laval, coll. Projet Louisiane, Monographie, n⁰ 3, 1989, 479 p.

*VAUTRIN, Jean, *Un grand pas vers le Bon Dieu : roman*, Paris, Grasset, 1989, 440 p.

*WEIL, François, *Les Franco-Américains, 1860-1980*, préface de Jean Heffer, Paris, Belin, coll. Modernités XIXᵉ & XXᵉ, 1989, 251 p.

GÉNÉRAL

BEAUMONT, Johanne, et al., *Répertoire numérique du fonds de la Fédération des jeunes Canadiens français*, Ottawa, Centre de recherche en civilisation canadienne-française, Université d'Ottawa, coll. Documents de travail, n⁰ 31, 1989, 168 p.

BEAUMONT, Johanne, Rita BERTRAND et Hélène CADIEUX, *Répertoire numérique du fonds de la Fédération nationale des femmes canadiennes-françaises*, Ottawa, Centre de recherche en civilisation canadienne-française, Université d'Ottawa, coll. Documents de travail, n⁰ 32, 1989, 210 p.

BERNARD, Roger J. P., *Le Choc des nombres : dossier statistique sur la francophonie canadienne, 1951-1986*, Ottawa, Fédération des jeunes Canadiens français, 1990, 311 p.

BERNARD, Roger J. P., *Le Déclin d'une culture : recherche, analyse et bibliographie : francophonie hors Québec, 1980-1989*, Ottawa, Fédération des jeunes Canadiens français, 1990, 198 p.

BERNARD, Roger J. P., *Un avenir incertain : comportement linguistique et conscience culturelle chez les jeunes Canadiens français*, Ottawa, Fédération des jeunes Canadiens français, 1991, 280 p.

BERTHIAUME, Pierre, *L'Aventure américaine au XVIIIᵉ siècle*, Ottawa, Presses de l'Université d'Ottawa, coll. Cahiers du CRCCF, n⁰ 27, 1990, 450 p.

BOUCHER, Andrée, *En toutes lettres et en français : l'analphabétisme et l'alphabétisation des francophones au Canada*, étude réalisée par l'Institut canadien d'éducation des adultes (ICÉA) avec la collaboration de la Fédération des francophones hors Québec (FFHQ), Montréal, Institut canadien d'éducation des adultes, 1989, 171 p.

BROSSEAU, Marc, *Bibliographie annotée des manuels de géographie au Canada français : 1804-1985*, Ottawa, Centre de recherche en civilisation canadienne-française, Université d'Ottawa, coll. Documents de travail, nº 33, 1990, 61 p.

CADIEUX, Hélène, *Répertoire numérique détaillé du fonds de la Fédération culturelle des Canadiens français*, Ottawa, Centre de recherche en civilisation canadienne-française, Université d'Ottawa, coll. Documents de travail, nº 30, 1989, 170 p.

CADIEUX, Hélène, *Répertoire numérique détaillé du fonds de la Fédération des francophones hors Québec*, Ottawa, Centre de recherche en civilisation canadienne-française, Université d'Ottawa, coll. Documents de travail, nº 29, 1989, 298 p.

CARDINAL, Linda et Cécile CODERRE, *La Place des femmes francophones hors Québec dans le domaine de l'éducation au Canada*, rapport nº 1 de la série « Pour les femmes : éducation et autonomie », Ottawa, Réseau national d'action-éducation des femmes, 1990, 125 p.

CARDINAL, Linda et Cécile CODERRE, *La Situation des femmes de langue maternelle française vivant à l'extérieur du Québec : un profil national dans le domaine de l'éducation*, rapport nº 2 de la série « Pour les femmes : éducation et autonomie », Ottawa, Réseau national d'action-éducation des femmes, 1991, 139 p.

CARDINAL, Linda et Cécile CODERRE, *La Situation des femmes de langue maternelle française vivant à l'extérieur du Québec : des profils provinciaux et territoriaux*, rapport nº 3 de la série « Pour les femmes : éducation et autonomie », Ottawa, Réseau national d'action-éducation des femmes, 1991, 639 p.

CARDINAL, Linda et Cécile CODERRE, *Une formation par ou pour les femmes : enquête sur les activités de formation des groupes de femmes francophones hors Québec*, rapport nº 4 de la série « Pour les femmes : éducation et autonomie », Ottawa, Réseau national d'action-éducation des femmes, 1990, 125 p.

CORBETT, Noël, éd., *Langue et identité : le français et les francophones d'Amérique du Nord*, Québec, PUL, 1990, 400 p.

DESLIERRES, Michel et Ronald C. LEBLANC, *Le Système économique canadien et ses institutions*, Moncton, Éditions d'Acadie, 1990, 80 p.

Le Fait français en Amérique du Nord : répertoire descriptif, réalisé par Denis Turcotte, avec la collaboration de Céline Marquis, Édition 1991-1992, Sainte-Foy, Qué., Québec dans le monde, 1991, 186 p., « Organismes hors Québec ».

GASSE, Yvon, *Posséder mon entreprise : une approche dynamique de création*, Moncton, Éditions d'Acadie, 1991, 311 p.

*SÉRANT, Paul, *Les Enfants de Jacques Cartier : du Grand Nord au Mississippi, les Américains de langue française*, Paris, R. Laffont, 1991, 290 p.

TESSIER, Jules et Nicole MAURY, *À l'écoute des francophones d'Amérique*, Montréal, Centre éducatif et culturel, 1991, 400 p.

THÈSES

CONNELL, Anne Conway White, *The Acadians of Louisiana : The Integration of a Mini-Course into French Language Classes*, Ph.D., University of Mississippi, 1989, 145 p.

COUTURIER, Jacques-Paul, *La Justice civile au Nouveau-Brunswick à la fin du XIXᵉ siècle : le cas du comté de Gloucester entre 1873 et 1899*, Ph.D., Université de Montréal, 1990.

DAYAN-DAVIS, Claire, *Le Rôle de la femme dans le roman franco-canadien de l'Ouest*, M.A., University of Manitoba, 1989.

JULIEN, Richard, *The French School in Alberta : an Analysis of a Historical and Constitutional Question*, Ph.D., University of Alberta, 1991.

LEMIRE, Denise, *Les Services préscolaires de langue française dans Ottawa-Carleton : une pseudo-priorité*, M.A., Université d'Ottawa, 1990.

MARCHAND, Micheline Marie, *La Colonisation de Penetanguishene par Les Voyageurs, 1825-1871*, M.A., Université Laurentienne, 1988.

PATRICK, Donna Rae, *Structural and Social Aspects of Language Change in a Francophone Town in Western Canada*, M.A., McGill University, 1988.

PLAZE, Roland, *La Colonie royale de Plaisance (1689-1713) : impact du statut de colonie royale sur les structures administratives*, M.A., Université de Moncton, 1991, 218 f.

PRUD'HOMME, Françoise, *Expression d'une identité alimentaire : la poutine râpée acadienne*, mémoire de D.E.A. en anthropologie sociale et sociologie comparée, Université Paris V - René Descartes, 1990, 80, 26 f.

SAVAS, Daniel Johnathan, *Interest Group Leadership and Government Funding : the Fédération des Franco-Colombiens : Community Organization or Government Agent?*, Ph.D., University of British Columbia, 1988.

TREMBLAY, Linda, *L'Affichage commercial en Acadie : un signe d'affirmation ethnique*, mémoire de recherche pour l'obtention du baccalauréat en géographie, Université Laval, 1990, 52 p.

WELCH, David, *The Social Construction of Franco-Ontarian Interests towards French Language Schooling : 19th Century to 1980s*, Ph.D., University of Toronto, 1988.

YOUNG, John Howard, *The Acadians and Roman Catholicism : in Acadia from 1710 to the Expulsion, in Exile, and in Louisiana from the 1760's until 1803*, Ph.D., Southern Methodist University, 1988, 453 p.

Colloque : « *La liberté dans les marges : les poétiques du multiculturalisme dans les Prairies* ».
Du 8 au 10 mai 1992 à l'Université de Calgary.
Information : Madame Caterina Pizanias
              Département de sociologie
              Université de Calgary
              Calgary (Alberta)
              T2H 1N4
              télécopieur : (403) 282-9298

Deuxième colloque de l'Association des professeurs des littératures acadienne et québécoise de l'Atlantique.
Les 29 et 30 octobre 1992, à l'Université du Nouveau-Brunswick à Frédéricton.
Information : Monsieur Robert Viau
              Département d'études françaises
              Université du Nouveau-Brunswick
              Frédéricton (Nouveau-Brunswick)
              E3B 5A3
              téléphone : (506) 453-4651

Troisième colloque sur les Oblats dans le Nord-Ouest canadien.
Les 14 et 15 mai 1993 à Edmonton.
Information : Monsieur Raymond Huel
              Département d'histoire
              Université de Lethbridge
              Lethbridge (Alberta)
              TIK 3M4
              téléphone : (403) 329-2540

Comment communiquer avec

FRANCOPHONIES
D'AMÉRIQUE

POUR TOUTE QUESTION TOUCHANT AU CONTENU DE LA REVUE

AINSI QUE POUR LES SUGGESTIONS D'ARTICLE :

FRANCOPHONIES D'AMÉRIQUE
DÉPARTEMENT DES LETTRES FRANÇAISES
UNIVERSITÉ D'OTTAWA
165, RUE WALLER
OTTAWA (ONTARIO)
KIN 6N5
TÉLÉPHONE : (613) 564-9494
(613) 564-4210
TÉLÉCOPIEUR : 564-9894

POUR NOUS FAIRE PART DES NOUVELLES PUBLICATIONS,

DES THÈSES SOUTENUES,

AINSI QUE DES ÉVÉNEMENTS UNIVERSITAIRES (COLLOQUES) :

LORRAINE ALBERT
DÉPARTEMENT DES COLLECTIONS
BIBLIOTHÈQUE MORISSET
UNIVERSITÉ D'OTTAWA
OTTAWA (ONTARIO)
KIN 6N5
TÉLÉPHONE : (613) 564-7024
TÉLÉCOPIEUR : 564-9886

POUR LES QUESTIONS D'ABONNEMENT,

DE DISTRIBUTION OU DE PROMOTION :

LES PRESSES DE L'UNIVERSITÉ D'OTTAWA
UNIVERSITÉ D'OTTAWA
603, RUE CUMBERLAND
OTTAWA (ONTARIO)
KIN 6N5
TÉLÉPHONE : (613) 564-9283

BON DE COMMANDE PERMANENTE

Je désire passer une commande permanente pour recevoir :

Francophonies d'Amérique
ISSN : 1183-2487

Bon de commande _____.

Veuillez expédier _____ exemplaire(s) des prochains numéros de cette revue, au prix garanti pendant 1 an de 19,95 $ + TPS, à l'adresse suivante :

Nom : _____

Adresse : _____

Province/État : _____ Pays : _____

Code postal : _____

J'accepte les modalités mentionnées ci-dessous.

Signature : _____ Date : _____

Commandes permanentes — modalités

- Les commandes permanentes ne sont acceptées que pour une période de trois ans. À la fin de cette période, vous recevrez un avis vous demandant de confirmer si vous désirez continuer à bénéficier de ce service.
- Les Presses de l'Université d'Ottawa doivent être informées par écrit en cas de changement d'adresse, de modification dans le nombre d'exemplaires requis ou en cas d'annulation.
- Les envois seront accompagnés d'une facture.
- Tout solde à découvert impayé dans les 30 jours suivant la date de facturation pourrait entraîner la suspension de ce service.

Les Presses de l'Université d'Ottawa
603 rue Cumberland
Ottawa (Ontario)
K1N 6N5
Canada

Achevé d'imprimer
en avril 1992 sur les presses
des Ateliers Graphiques Marc Veilleux Inc.
Cap-Saint-Ignace, Qué.